U0051377

——第六輯

——平實導師 述

ISBN 978-986-6431-10-4

以離念靈知心爲眞如心者，是落入意識境界中，與常見外道合流，名爲佛門常見外道；以六識之自性（見性、聞性、嗅性、嚐性、觸知性、警覺性）作爲佛性者，是與自性見外道合流，名爲佛門自性見外道。近代佛門錯悟大師，不外於此二類人之所墮。

以六識論而主張蘊處界緣起性空者，與斷見外道無二；彼等捨壽時若能滅盡蘊處界而入無餘涅槃，彼涅槃必成斷滅故，名爲佛門斷見外道。此類人恐生斷見之譏，隨即益以「意識細心常住」之建立，則返墮常見之中；一切粗細意識皆「意、法因緣生」故，不脫常見外道範疇。此等人，皆違聲聞、緣覺菩提之實證，亦違佛菩提之實證，即是應成派中觀之邪見也。

《楞嚴經》既說眞如心如來藏，亦同時解說佛性之內涵，並闡釋五蘊、六根、六塵、六識、六入全屬如來藏妙眞如性之所生，附屬於如來藏妙眞如性而存在及運作。如來藏心即是第八識阿賴耶識，妙眞如性即是如來藏心體流露出來之神妙功德力用，諸菩薩目之爲佛性。

此經所說法義，迥異諸經者，謂兼說如來藏與佛性義，並將蘊處界入等一切法攝歸如來藏妙心與其功德力用之中。其中法義甚深、極甚深，謂言詞古樸而極簡略，亦謂其中妙義兼含地上菩薩之所證，絕非明心後又眼見佛性之菩薩摩訶薩所能意會，何況尚未實證如來藏之阿羅漢？更何況未斷我見之應成派及自續派中觀師？其餘一切落入意識境界之當代禪宗大法師，皆無論矣！有大心之眞學佛而非學羅漢者，皆應深入熏習以求實證之。

目次

第十五輯：

自序

《楞嚴經講記》是依據公元二〇〇一年夏初開講《楞嚴經》時的錄音，陸續整理爲文字編輯所成，呈獻給讀者。期望經由此經的講經記錄，利益更多學佛人，藉以生起對大乘法教的仰信，願意景行景從而發起菩薩性；亦藉此書熏習大乘法義，漸次建立正知正見，遠離常見外道意識境界，得斷我見。同時可由深入此書中所述法義的如實理解，了知常住眞心之義，得離斷見外道邪見；進而可以明心證眞，親見萬法都由如來藏中出生，成爲位不退之實義菩薩，親自觀察所證如來藏阿賴耶識心體，絕非常見外道所墮之神我。並能現觀外道所墮神我，實由其如來藏所出生之識陰所含攝，不外於識陰範疇。乃至緣熟之時可以眼見佛性，得階十住位中，頓時圓成身心世界如幻之現觀，不由漸修而成，一時圓滿十住位功德，或能得階初行位中，頓超第一大阿僧祇劫三分有一。如是利益讀者，誠乃平實深願。

然而此經之講述與整理出版，時隔九年，歲月淹久，時空早已轉易；當時爲令學人速斷我見及速解經中如來藏妙義而作簡略快講，導致極多佛性義理略而未說，亦未對部分如來藏深妙法義加以闡釋，已不符今時印書梓行及流傳後世之考量，不符大乘法中菩薩廣教無類及顯示勝妙眞如佛性義理之原則。是故應當加以深入補述，將前人所未曾言之如來藏深妙法義中，可以梓之於文者，以語體文作了大幅度增刪，令讀者（特別是已悟如來藏者）得以前後再三閱讀思惟而深入理解經義。由此緣故，整理成文之後，於潤色之時特地作了補述及大幅度增刪，令讀者得以一再閱讀深思而理解之，藉以早日轉入菩薩位中，遠離聲聞種性；並能棄捨聲聞法義之侷限，成眞菩薩。此外，本講記是正覺同修會搬遷到承德路新講堂時所講，當時新購講堂之錄音設備尚未完善，更無錄影設備，是故錄音時亦有數次漏錄情況，只能在出版前另以語體文補寫，一併呈獻給讀者。

大乘經中所說法義，單說如來藏心體者，已經極難理解，是故每令歷代名聞諸方之大師難以理解，更何況《楞嚴經》中非唯單說如來藏心，實亦兼涉佛性之實證與內涵。如來藏心體對六塵離見聞覺知，而如來藏的妙眞如性—佛性—則對六塵不離見聞覺知，卻不起分別，亦非識陰覺知心之見聞覺知；欲證如來藏心體及眼見佛性者，修學方向與實證條件差異極大，苟非一一實證者，縱使讀懂此經文義，亦無法實證之。何況此經文句極爲精鍊簡略，今時人之文言文造詣亦低，何能眞實理解此經眞義？而欲證知經中所說如來藏心與佛性義，欲求不起矛盾想者，極難、極難矣！特以佛性之實證、內涵、名義，古今佛教界中所述紛紜，類多未知佛性、或未實證眼見佛性現量之凡夫所說者；如斯等人或讀此經，必然錯會而誤認六識之見聞知覺性為常住之佛性；以是緣故，亦應講解此經而令佛教界廣為修正舊有之錯誤知見。

然而此經中有時亦敘述如來藏具足令人成佛之體性，如同世親菩薩所造《佛性論》之意涵，並非《大般涅槃經》中 世尊所說十住菩薩眼見佛性，亦非此經中所說佛性—妙眞如性—現量境界之實證眞義；由是緣故，凡未親證如來藏又未眼見佛性者，往往誤會此經中所說十八界六入等境界相即是佛性境界，墜入六識之見聞知覺性中。是故九年前講述此經時，已依此經所說佛性眞義而略述之，並依此經所說第二月眞義，略加旁述佛性之理；然未盡說，預留讀者將來眼見佛性之因緣，故已隱覆佛性密意而略述佛性之義。藉此覆護佛性密意之宣演佛性方式，促使讀者將來明心之後更有眼見佛性之因緣，得以漸次成熟；或於此世、或於他世，得以一念相應而於山河大地之上，親見自己的佛性，頓時成就世界身心如幻之肉眼所見現量境界，不由漸修而得，一念之間頓時圓成第十住滿心位之身心世界如幻現觀。

又，地上菩薩由無生法忍功德所成就之眼見佛性境界，能由如來藏直接與眾生心相應；雖然凡夫、賢位眾生之心仍不知已被感應，但地上菩薩往往已經於初次相見之時，即已感應其如來藏所流注之種子，由此而知彼眾生往世曾與菩薩結下善緣或惡緣。未離胎昧之已入地菩薩眼見佛性時，具有如是功德，故能由此直接之感應，作出對彼凡夫位、賢位等菩薩應有之開示與因應，此即是三地以下菩薩隨順佛性以後，在無宿命通、天眼通之情形下，仍能妥善因應眾生根性之緣由所在。如是，諸地菩薩於眼見佛性之後所得智慧，迥異十住菩薩之眼見佛性境界智慧，非十住位至十迴向位菩薩所知。一切未眼見佛性而已明心之賢位菩薩，更未能知此。

至於尚未明心而長處無明長夜中之意識境界凡夫菩薩，更無論矣！皆名凡夫隨順佛性。聲聞種性僧人及諸外道，總將識陰六識之見聞知覺性錯認為佛性，據以誣謗十住菩薩之眼見佛性境界，何況能知諸地菩薩所隨順之佛性智慧境界？唯能臆想而妄加誹謗爾。然諸佛所見佛性，又異於十地、妙覺、等覺；謂諸佛眼見佛性後，成所作智現前，能以五識各自流注而成就無量利益眾生之事，化身無量無邊，非等覺及諸地菩薩所能臆測。故知眼見佛性者，層次參差不一，各各有別，少聞寡慧者並皆不知，乃至已經眼見佛性之十住菩薩仍不能具知也！如是眼見佛性境界，則非此經之所詳述者；故我 世尊已於別經再作細說，以令圓滿化緣，方得取滅而以應身方便示現進入涅槃。如斯佛道意涵，深邃難知，苟非已有深妙智慧者，難免誤會而成就大妄語，或因難信而生疑，以致施以無根誹謗，未來捨壽後果堪憂；是故平實於此序文中預爲說之，以警來茲，庶免少聞寡慧凡夫閱後惡口謗法，捨壽之後致遭重報。

此外，時值末法，每有魔子魔民身披佛教法衣演述常見、斷見外道法，轉易佛門四眾同入常見外道、斷見外道知見中；更有甚者，身披法衣而住於如來廟堂之中，實行印度教外道性力派──坦特羅「佛教」──譚崔瑜伽男女雙身合修之意識貪觸境界，夜夜乃至白晝公然宣淫於寺院中，成爲彼等眾人寺院中的公開祕密，唯獨淺學信徒不知爾。如是邪說邪行，已經廣行於末法時代之學密佛教寺院中，台灣海峽兩岸亦皆已普及，極難扭轉其勢，豈符 世尊法教眞義而不違 佛制戒律？身披僧衣而廣行貪淫之行，墮落識陰境界中，豈能相應於眞心如來藏離六塵貪愛之清淨境界？眼見如斯末法現象，平實不能不喟嘆末法眾生之福薄：屢遇如是宣揚外道法之邪師而不自知，更隨之暗地實修雙身法而廣違佛戒，日日損減自己每年布施眾生、供養三寶所得福德。

更有甚者，一心追隨邪師而認定邪法爲正法，不知邪師每每身現好相，佯爲實證及清淨之人；學人由無明所罩故，以護法之善心而與邪師共同造下破法之愚行，將了義勝妙之正法謗爲外道神我、外道自性見；亦將弘揚正法之賢聖謗爲外道、邪魔，坐令邪師勢力增廣，導致邪法弘傳益加普及。是則因於無明及名師崇拜，以善心而造惡業；然猶不能自知眞相，每以壞法及謗賢聖之惡行得以成就，而沾沾自喜爲護法大功焉，實可憐憫。今此經中，佛陀對此廣有開示，讀者若能摒棄以前追隨名師所聞之先入爲主觀念，客觀地深入此書中，一一比對佛語而能深細檢驗；然後一一加以深思，並依本經所說蘊處界功能本質及生滅性之現量加以現觀，即可遠離既有之邪見而轉入正知正見之中；若能正確了知之後，益以正確之護法善行而積功累德，何愁此世無有實證如來藏而悟入大乘菩提之機緣？乃至福厚而極精進者，亦得眼見佛性而圓滿十住位之世界身心如幻現觀。

末後，令平實不能已於言者：對於中國佛門中已存在百年及藏傳佛教已存在數百年之宗喀巴外道法因緣觀及菩提道次第，亦應由此經義而廣破之。謂百年來常有大法師遵循日本學術界中少數人的錯誤觀點，一心想要以學術研究所得取代佛法特重實證的經中教義；而日本近代此類所謂佛學學術研究者，本質仍屬基督教信仰者急於**脫亞入歐**而提升日本在國際上之學術地位，想要與歐美學術界分庭抗禮；於是出之以嘩眾取寵方式而極力批判佛教，冀離中國佛教而且上於中國佛教，於是乃有批判中國傳統佛教如來藏教義之舉——三十年前日本「批判佛教」學派於焉誕生。於是專取四阿含文字表相法義，並扭曲四阿含法義，宣演外道六識論爲基調之因緣觀，取代佛教四阿含所載八識論之因緣觀，自謂彼之謬論方屬眞正佛法，主張一切法**因緣生**故無常，誣指中國傳統佛教如來藏教義爲外道神我。然而，如來藏屬第八識，能出生外道神我，而法界中亦無一法可破壞之，此是一切親證如來藏者皆可現觀而證實之現量；外道神我則屬第六意識或識陰六識，被如來藏所生，乃生滅法；一主一從，二者天差地別，焉可等視齊觀？由此證知日本袴谷憲昭、松本史朗創立批判佛教之學說，純屬無明所言戲論，並無實義。

六十年來台灣佛教則由印順及其派下門人，奉行印順源自天竺藏傳佛教之宗喀巴六識論應成派中觀，採用基督教信仰者反對實證之西洋神學研究方法，曲解四阿含中所演八識論因緣觀正理，刻意否定中國禪宗法教之如來藏妙義，貶爲野狐禪及外道神我；藉此表相建立其不落「俗套」而異於傳統佛教之「超然、不迷信」假象，然後佛光山、法鼓山、慈濟追隨印順而奉行之。

然而印順派之思想本質，乃外道六識論之因緣觀，近承日本不事修證之學術研究學說，遠紹宗喀巴、阿底峽、寂天、月稱、佛護等六識論諸凡夫論師；謂彼等因緣觀外道如是主張：**純由根、塵作為因緣，即能出生六識：不必有本識如來藏持種，只藉六根六塵作為因緣即能出生六識**。又主張意識常住不壞，公然違背聖教。如是外道因緣觀，全違法界現量—違背現象界中可以現見之事實—諸法不自生、不他生、不共生、不無因生之事實，全違龍樹中觀之教示。

而印順派所闡釋之因緣觀、應成派中觀，正屬龍樹所破之**他生與共生**之外道因緣觀；復又違背四阿含中處處隱說、顯說之八識論因緣觀——由第八識如來藏藉所生根塵為因緣，出生識陰六識（詳見拙著《阿含正義》七輯之舉述），本質正屬外道六識論邪見之因緣觀。今此《楞嚴經》中更出之以**五蘊、六入、六界、十二處、十八界皆屬如來藏妙眞如性所出生**之深入辨正，以九處徵心八還辨見之細膩法義，令知「**識陰六識不能自生，根不能獨生識，塵不能獨生識，根塵不能共生識，虛空不能無因生識**」等正理，完全符契四阿含諸經所說義理，而更深入闡述正義。如是深入辨正已，阿含聲聞道所述佛門因緣觀正理即得以彰顯，突顯佛門八識論因緣觀異於印順及宗喀巴之外道六識論因緣觀所在，則佛門學人即可遠離外道因緣觀邪見，疾證聲聞菩提乃至佛菩提，終不唐捐諸人一世之勤修也！

佛法特重智慧，是故成賢證聖而入實義菩薩位中，世世悅意而修菩薩道；或者捨壽後速入三塗永爲凡夫而受苦難，多劫之中常與眞實菩提絕緣，世世苦修仍不得入門，茫然無措；如是二類迥異之修學果報緣因，端在當前一念之中：是否願意客觀分辨，及實地理解諸方名師與平實所說法義之異同所在，不依道聽塗說而盲從之，實即憑以入道或下墮之樞紐及因由也！願我佛門四眾弟子皆能冷靜客觀而深入比較及理解，然後理智而不盲從地作出抉擇。審能如是，則此世即已建立修學佛道之正確方向；從此一世開始，佛道即能快速而悅意地修學及實證，非唯永離名義菩薩位，亦得永斷三塗諸惡因緣，眞成實義菩薩，何樂不爲？

此書既然即將開始潤色而準備梓行，於潤色前不免發抒感想、書以爲文；由是而造此序，以述平實心中感慨，即爲此書印行之緣起。

佛弟子 平實 敬序於竹桂山居

時值公元二〇〇八年 春分

第六輯：

《大佛頂如來密因修證了義諸菩薩萬行首楞嚴經》卷第四

（上承第五輯末完內容）

【「因空生搖，堅明立礙，彼金寶者明覺立堅，故有金輪保持國土；堅覺寶成，搖明風出，風金相摩，故有火光為變化性；寶明生潤，火光上蒸，故有水輪含十方界；火騰水降，交發立堅，濕為巨海，乾為洲潭；以是義故，彼大海中火光常起；彼洲潭中，江河常注。水勢劣火，結為高山，是故山石擊則成炎，融則成水；土勢劣水，抽為草木，是故林藪遇燒成土，因絞成水。交妄發生，遞相為種；以是因緣，世界相續。」】

講記：世界形成之後如何能繼續存在呢？世界不會很快就壞掉，能成為世界相續存在的狀態，當然是有原因的，所以 世尊又開示說：「因為有虛空的緣故，才能夠產生搖動的狀態；由於六識明覺堅固不捨地執著五陰而同時執著山河世界，於是虛空中的地水火風就跟著凝固成山河大地而建立了具有質礙的世界；由堅硬而寶貴的金屬存在最基層來支持著大地，但這種堅硬寶貴的金屬其實是由眾生識陰明覺之性的執著作爲原因，於是有如來藏妙眞如性將金屬寶輪建立起來；由這個金輪的金性作爲支持大地的最基層，來保持世界國土聚合在一起而不會散壞。這時眾生覺知心對堅硬性物質的執著，便由如來藏妙眞如性出生了各種寶石及岩石等物，附著於金寶、金輪而不會散失於虛空中；眾生覺知心則是喜樂於明白了知諸法，而且總是喜愛常常移動而導致風性（動轉之性）出生了。於是金輪（金性）所持的堅覺寶成等堅硬物質便與風性（移動性）共同運作起來，當金輪所持的岩石等物移動不已而摩擦時，就會有極多熱量而產生了火光，而這種火光是以變化爲性，不能常住不動。又如同寶珠溫潤而能含攝水氣一般，眾生心所產生的堅硬寶物藉著『風金相摩』，也就是金性與風性（移動之性）互相作用所出生的火光向上薰蒸的結果，就會有水輪在空中產生出來，由這個水輪來包含及滋潤十方法界。當火光上騰而水輪下降時，互相交接和合以後，便產生了堅硬的大地，而濕潤的水輪積聚就成爲大海，大海中乾燥後的地方就成爲水中的陸地。正是因爲這個道理，那大海中於是就有火光常常生起；而大海所包圍的陸地上，就有江河常常流注著大水而成爲河流。在這當中，當水勢不如火勢時，就乾燥而結合成爲高山；由於這個緣故，當大山石塊移動推擠相擊的時候，便會成就熱焰，熱焰若是融化以後就會釋出水分。當土與水和合而土勢不如水勢時，便向上抽出而成爲草木，由於這個緣故，樹木及森林若是被大火所燒時就成爲灰土；若是被人用力纏絞之後就會成爲水分，剩下的部分仍然是灰土。這都是由於眾生識陰的覺知性以及對於諸法具有明了的自性，不肯住在暗昧無知的狀態中，於是產生種種虛妄執著；當各種虛妄執著互相交雜而發生以後，不斷地互相反應而互相作爲另一方的種子，由於這種因緣而不斷地變化而不消滅，於是世界就相續存在而不會一時就壞滅。」

「因空生搖，堅明立礙，彼金寶者明覺立堅，故有金輪保持國土；」由於有虛空，才能使世界搖動運轉，眾生才能在世界中生存、受報、造業。但是如果光有虛空與世界，而無風輪執持世界不斷運轉，世界終究只能是死寂的，終究無法使有情生存在世界中；只有風輪所執持的世界不斷運轉而保持在一種明暗、冷熱、乾溼……等狀況不斷交替而互相平衡的狀態中，有情才能生存在世界中。所以，有情所住的世界，一定有風輪來執持，維持著一定的變異與平衡；而風輪是不管什麼時候都在的，一直到世界毀滅而進入空劫，風輪才不再影響原來世界中的有情。風輪的生起與運作，其實是因爲虛空之中眾生心的能覺與所明，是如來藏所含藏而流注出來的「無同異中」的「眞有爲法」，由於「相待成搖」才有了搖動不安的風輪勢力生起與存在，使眾生得以生存在不斷變化而又井然有序的世界中，而這個風輪勢力產生的原因就是「堅明」。也就是說，眾生心中一直都有堅固的知覺性存在，這個堅固的知覺性一直想要清楚明白地了知六塵諸法；而這個想要明了諸法的心行是堅固不壞的，所以稱爲「堅明」。當這堅明之性不斷運作時，就會建立、出生了有質礙的世界出來，就叫作「堅明立礙」。當虛空中即將出生有質礙的世界時，這世界必須先有依止，以免世界散壞，於是金輪（或者稱爲金寶）就先出現了；當金寶出現時，其實仍然是從所明以及能覺的堅明來建立的堅硬性，於是有了最堅硬的聚集力量產生了，這就是金輪、金寶，就由這個金輪、金寶的凝聚力來攝持其他物質成爲國土，然後保持國土不致於散失。

「金輪保持國土」，諸位可能聽起來覺得很玄，懷疑這跟佛法、跟如來藏有什麼相干？但是諸位先從物理學上去瞭解看看，人類如果是在月球上跳高，將會是在地球上的六倍高度；因爲在月球上的體重只剩下在地球上的六分之一，這是因爲月球上的地心引力只有地球上的六分之一，其實是因爲月球的重力場只有地球的六分之一而產生了這種差異不同。諸位知道所有物質都有重量，只要一鬆手就會掉到地上；以前的人認爲這是自然性，本來就應該這樣；可是實際上爲什麼會這樣呢？都是地心引力所致，而古人並不明白。如果你拿著一個物品，同樣物質的物品，體積的大小不同，將會影響到極細灰塵的附著量，體積越大的物品表面越容易附著極細灰塵，顯然它的引力比較大；可是比起地球，它的吸引力其實是很小的，因爲遠不如大地的體積呀！可是大地爲什麼會有這麼大的地心引力？主要還是地球核心的金輪的吸引力很強大。

每一個星球世界都有很多的金屬，這些金屬是衆生無法取得的，這些最堅固的金屬是在星球的最核心，最硬的金屬越發會集中到中央的部分；越到星球外層的金屬，密度就越低；星球核心的質量是最密、最重的，所以地心引力對外物最強的地方就是星球的核心，在星球核心的金屬就叫作金輪。這個金輪又名金寶，因爲若不是這些金屬積聚住星球上的一切物質，使這些物質不會散失到虛空中，衆生就無法有世界可以生活及受報了，所以這些金屬就成爲衆生的金寶。請想一想，地球最中心的部分，難道只有熔化了的岩石嗎？顯然不是。因爲岩石的重力還沒有辦法使它自己進入到星球最核心，一定是最重的物質才能成爲星球核心。說白一些，其實是重金屬吸聚了熔岩及已冷的岩石而成爲大體積的星球。

地球表殼下不斷流動的液態物質中，處於最核心的一定是密度最高的極重金屬，一定是屬於比熱熔的純鐵或精鋼的密度更高的金屬；如果有一天科學家有辦法取得地球核心的物質，將會證明 佛說的沒有錯；那些金屬一定是極珍貴的，應該稱爲「金寶」。正因爲熔岩的重力無法與極重的熱熔金屬相比，一定成爲被吸引的客體而不是能吸引的主體；因此每一個大星球的核心就是金輪。而這個金輪是從哪裡來的？是從共業眾生如來藏的明與覺—所明與能覺—來的。有情如來藏心中具有能生識陰明覺的功能，這種**無同異中的眞有爲性**的堅明功能，配合如來藏中的大種性自性，共業眾生如來藏心中這樣的體性感應就會產生這種金輪來保持國土。如果沒有這種金輪來保持國土，不但是地球，所有的大星球都會四分五裂而沒有辦法聚集成爲星球的。

「**堅覺寶成，搖明風出，風金相摩，故有火光爲變化性；**」當這個金輪「堅覺寶」已經成就了，由於眾生心不能安住，總是喜歡攀緣六塵諸法，於是如來藏中堅明種子不能安住—不能定於一境—所以搖明；搖明就是不斷在運動，於是就有風勢出生了，風勢就是動轉的力量。現在的地球物理科學，已經可以有一些智慧能證明《楞嚴經》所說正確。以前有些人讀了《楞嚴經》

時，總是誹謗說：「這部經典中所講的全都是妄想，都是造經者自己想像出來的！」那是因爲他們沒有智慧，無法了知經中的意涵；而我們實證後證明這部經中所說如來藏妙眞如性都是眞實義，他們是無法想像的。現在我們終於也可以從物理學中了知：原來地球好像一個雞蛋一樣，地球表面的大地只是薄薄的一層而已（從地球的厚度來講，地面是很薄的，好比蛋跟蛋殼的比例一般），以前人們都認爲大地很堅固，怎麼踩、怎麼挖都沒關係！那是因爲人類太小，就好像一隻小螞蟻或細菌在蛋殼表面用力踩，總是踩不破一樣。

其實地球只是被一層很薄的地殼包住了，地殼下的物質若是流出來時，可都是熔化了的石頭——岩漿。然而岩漿只是靠近地表的部分，岩漿最內層靠近地球核心的物質，全都是密度極高、極貴重的金屬物質——金寶、金輪。當堅覺寶成就的時候，眾生的心依舊是不能安住，所以就有風輪動能帶動金寶，於是帶動地表下面熔化的岩漿不斷地運轉、流動，不會停止下來；於是地球的公轉、自轉、造山運動，就這樣持續不斷地運作著。而動能（風勢）存在金寶之中，這些金寶互相擠壓摩擦而產生了極高熱度，金寶就成爲液態性的金屬物質，連帶熔化了外圍的岩石，這就是「**風金相摩，故有火光爲變化性**」，這不正是現代的地球物理學所說的大略事實嗎？

也許有人心中懷疑：「地球裡面的熔岩什麼時候會冷卻？」其實不會冷卻。有人覺得奇怪：熔岩不是一直都有在噴出或流出地表嗎？總是有一天會冷卻掉啊！然而卻不會，因爲地殼不斷在運動著，而金寶的風勢（移動性）會保持地球核心繼續產生熱度，不斷地帶著比較表層的熔岩不斷運動；而且表層熔岩及地殼互相擠壓的結果，一樣會有熱力不斷地產生出來，所以不會冷卻。到什麼時候才會熄滅呢？當共業眾生的業報受完了，這個世界該毀滅了，這個風勢就會毀滅掉，於是成爲沒有動力的死星球。所以，當共業有情的業報還沒有受完以前，金輪（堅覺寶）一定繼續「搖明風出，風金相摩，故有火光爲變化性」。既然「搖明風出，風金相摩」，結果有火光成爲變化性了，於是常常會有地震或者會有火山爆發。

而且有的火山是常年都在流出岩漿，正是這一段經文的註解啊！夏威夷不就是這樣嗎？夏威夷是火山爆發成就的，現在則是因爲有一個出口，讓熔岩不斷流出來，所以不會大爆發而毀滅。如果火山出口有一天被蓋住了，時間久了以後夏威夷就不免會產生火山爆發的現象啦！所以說，由堅覺寶的成就，搖明風出，就會風金相摩，然後就會有火光產生了各種變化性，這就是地球上的寫照。

「寶明生潤，火光上蒸，故有水輪含十方界；」既然有火光作爲變化性出現了，接下來就是金寶、風勢（動轉力量）以及所明的六塵諸法作爲助力，產生了貪愛之水的潤澤作用；當眾生貪愛三界諸法的愛水遇到了火光，於是上蒸而使虛空中有了水氣。意思是說先要有溫度，才會使水分成爲液態而有水氣出生；當虛空中存在著許多水氣時，這時水輪就遍含十方界了！所以水大遍在十方虛空中，只要某一處有世界形成了，就把虛空中的水大吸聚而讓眾生受用。那時金輪搖動（就是風金相摩）而產生了溫度時，空中固態的水遇到火光上蒸，就成爲水氣遍布於世界上方空中，這就是水輪含十方界。因爲在十方世界中的火與水之間的關係，一直都會是這樣的。

「火騰水降，交發立堅，濕爲巨海，乾爲洲潬；」當火光上騰而水氣下降時，互相交會而發生了變化，堅硬的地大被冷卻而向下聚積成爲固體，便建立了大地的模樣；上騰的火光融化了虛空中固態的水，於是這水氣凝結成爲水滴而下降，這樣「交發」的結果就產生了兩個現象：在很多水聚集的水濕之處便成爲巨海，乾燥無水的地方便成爲洲潬。洲是很廣大的陸地，潬就是水中的沙堆、沙丘一類。

「以是義故，彼大海中火光常起；彼洲潬中，江河常注。」由於這個道理，大海之中火光常起。以前的人沒有地球物理知識，又太相信自己有限的智慧，當他們讀到這裡時就說：「騙人！大海之中都是水，哪有火光？」現在已經有很多影片拍攝出來，先不說別的地方，單是夏威夷海底就一直有熔岩冒出來，眞是海中火光常起，哪裡講錯了？不斷冒出來的熔岩，那就是火光啊！有人拿一根木頭丟到熔岩裡去，不到一秒鐘就燒起來了，那溫度很高啊！

而且，大海之中也眞的是火光常起，這也有攝影家冒險潛入深海拍攝出來，有的大海中是有熔岩不斷冒出來的，所以地殼才會被推移，時間久了便產生大地震。而且海中還有很多地方一直都有火光存在，也就是地下熔岩與海水接觸的地方，那裡海水溫度很高，熔岩的高溫上升而使水的熱氣冒上來，那裡水溫高達攝氏兩、三百度，附近仍然有細菌及蝦子在那裡生存。因此這段經文中說「大海中火光常起」，確實不是騙人的。以前的人若是信心不具足，讀了這段經文時就會大膽地說：「哎呀！哪有這回事！我們看見的大海到處都是水，哪有火？水中有火才是怪事呢！」現在地球科學卻已經證明事實確是如此的。而洲潬之中則是「江河常注」，所以陸地上常常會下雪、下雨，山上下了雨或下了雪以後，就常常有水流動而成爲溪河江流，不斷地流注著雨水、雪水。

「水勢劣火，結爲高山，是故山石擊則成炎，融則成水；」在這陸地上的流水滋潤過程當中，如果水的勢力是比火的勢力差，那麼凝結鞏固的勢力比較強烈，於是就會凝結而不消融；次第凝結的結果就變成高山，這是因爲水勢劣於火勢的緣故，也就是火勢強過水勢。就是說，火山的熔岩流出來遇到了水的時候，或是海底地表下的熔岩擠出來時，火勢勝過了水勢，所以就次第向上推擠，最後便是「結爲高山」。因爲火勢勝過水勢，所以往往在大海中平白無故就冒出一個火山出來，成爲一個火山島。火山島成就以後，在地殼推移碰撞之下，被擠壓到壓力很大的部分，又會因爲壓力太大而變熱；這時又會使水氣上升在空中，遇冷而形成水時就成爲地面上的水了。「山石擊則成炎」，是地殼互相移動摩擦時，互相推擠時壓力很大的地方，在深層的部分就會熔化掉，表層的部分會突然互相錯開，於是就產生地震啦！

都因爲這個緣故，最近讓住在台北的大眾體驗一下五級的地震；震央是在蘇澳那邊，那裡則是六級地震。據說九二一地震是這次蘇澳地震的加倍。這回台北五級地震，大家就哇啦哇啦地大聲呼叫！我們左鄰右舍都跑到戶外去，都不敢呆在房子裡。我卻不管，繼續在電腦前打字；可是我也沒辦法打字，因爲我那個椅子掛有輪子（大眾笑…），所以我只好抓著桌子邊緣，無法打字了！但我還是賴著不走，我就看它要怎麼樣，反正我如果沒有地震時該死的業，就不必逃嘛！假使是有這個業，那我也不必逃（大眾笑…）因爲想逃也逃不掉，那我逃跑幹嘛？於是我就抓著桌子不動。可是我又想：「**這樣也是不行，我剛剛打上去的那一些資料，萬一停電當機了，怎麼辦？**」我就拿起滑鼠想要存檔，可是沒有辦法動作，因爲一直搖晃，椅子滑來滑去，沒辦法操作，只好抓著桌子等它安靜下來。後來才終於存檔成功了。

這就是說，由於眾生的心不能安止，相待生勞、擾亂攪動，才會有地震。如果這個地球世界的眾生心都安止了，就不會有地震啦！因爲金覺寶明就停住了，怎麼還會有地震？但是眾生的心不能安住，如來藏含藏的「**堅明立礙**」與「**搖明風出**」，就會一直都有地震發生。都因爲共業眾生的如來藏心中有這些種子不斷在運轉，所以就使得所依的世界變成這樣，都是業力導致這個情形。因此「**結爲高山**」之後，其實還是火勢勝過水勢時所出現的。既然是火勢所出現的，因此高山巨石互相磨擦擠壓時，有些部分就又融化而成爲熔岩了；而地殼表層的部分就會突然錯開，於是產生地震。因此而說「**擊則成炎，融則成水**」，岩石又變成液體狀態了。

「土勢劣水，抽爲草木，是故林藪遇燒成土，因絞成水。」那麼土勢，也就是地大的勢力如果是比水勢差，雖然不會被水勢所融化掉，卻會被水勢侵奪而向上抽出來，於是便成爲草木——**抽爲草木**。草木是從地大之中攝取了地大成分而出生的，顯然那時水勢是勝過土勢的，所以說土勢劣於水勢。水勢侵奪了地大而向上方抽出成爲草木，甚至蔚成森林以後，若是遇到大火所燒時，所有森林中的草木又會回復到原來的本質，全都成爲灰土了。草木本來就是如來藏妙眞如性從土地中攝取土地的成分而生長出來的，被大火燒了以後當然還是要回歸到原來的土地，**「是故林藪遇燒成土」**，又會被燒成灰土，又歸回地大去了。但若是有人把草木拿來用木製或鐵製的機器，很強力的扭絞或壓搾時，又會成爲水了，也就是把草木中的水分擠壓出來了，剩下的部分則是地大土質了。

「交妄發生，遞相爲種；以是因緣，世界相續。」像這樣交互而虛妄的不同因緣發生的時候（交就是互相參差，是互相交叉變化而有種種不同狀況），在眾生心的虛妄知覺互相交叉運作後的結果，使得如來藏妙眞如性中的大種性自性變生了虛空中的四大物質，大種性自性就是四大物質的種子。再由眾生心的虛妄覺知而使共業有情的如來藏，將虛空中的四大聚集成爲山河大地，如來藏中的共業種子即是山河大地的種子。山河大地出現之後，接著就有火勢、水勢、土勢、風勢的交互運作，同樣是「交妄發生」，於是就有草木、林藪出現在大地上，這時地水火風等微細大種就稱爲植物的種子。有了植物以後，有情的如來藏住持在有情色身之內，就可以從林木草類中攝取四大物質，色身得以成就及成長，這時如來藏中能使植物生長、成熟、爛壞的功能，就稱爲有情色身生存的種子。以此緣故，人間的地水火風等四大種子才能互相攝取、互相壓迫、互相生成、互相毀壞，都是互爲種子，所以說「遞相爲種」。所以人間有樹的種子、草的種子、五穀的種子等等無量無邊的種子，可以維持有情在人間生存受報以及再造新業。正因爲如此，由這個因緣而說世界會相續存在，不會一出生不久就壞掉，有情眾生才能受報及繼續造作新業。

【「復次，富樓那！明妄非他，覺明爲咎；所妄既立，明理不踰；以是因緣，聽不出聲，見不超色；色香味觸，六妄成就。由是分開見覺聞知，同業相纏，合離成化；見明色發，明見想成；異見成憎，同想成愛；流愛爲種，納想爲胎；交遘發生，吸引同業，故有因緣生羯羅藍、遏蒱曇等。胎卵濕化

隨其所應——卵唯想生，胎因情有，溼以合感，化以離應；情想合離，更相變易；所有受業，逐其飛沈；以是因緣，眾生相續。】

講記：接下來 佛又開示說：「富樓那！能明白六塵的了知心是虛妄的，能明的覺知心與所明的六塵也都不是心外之法，都是自己如來藏心中的法性；眾生由於不懂這個道理，所以落入能覺的覺知心與所明底六塵中，由於執著能覺與所明，這個能覺與所明就成爲流轉生死的過咎了。這時能覺與所明的妄覺既然已經建立了，於是就被限制在明性之中，對於能明的道理就無法超越了；由於這個因緣，所聽的內容就不會超出聲音之外，所見的內容就不會超出於色塵之外。同樣的情形，色聲香味觸法等六塵的侷限也就形成了，於是就開始流轉於六塵之中，於是六種虛妄的能覺與所明便成就了，這就是欲界中的有情眾生。」

「也正是由於這個原因，本來完整的如來藏明性——具足各種功能性的如來藏自性，就把自己的所有完整功能，分離出六識的能見、能聞乃至能覺、能知之性，成就了識陰，從此以後識陰六識就專門了知六塵了；到了這個地步時，欲界中的眾生同樣都有能覺知六塵的識陰了，凡是所造的異熟果報業種相同的眾生，由於業力互相糾纏的緣故，就出現了合、離、成、化等四種受生的狀況；這時由於能見（包括能聞乃至能覺能知等六種功能，都稱爲見）想要明了現前而不斷滅，於是就有色陰及色法六塵出生了；由於能夠明見的緣故，於是就有各種不同的想跟著成就了。」

「當各種不同的想成就了以後，凡是見解不相同的有情之間，便成就了憎厭之情；凡是見解相同的有情之間，便成就了愛戀之心。然後，由於這個流轉不斷的愛戀之心作爲種子（作爲功能），於是在互相想念而不願分離之後，收納了雙方的想念而成就了胞胎；於是欲界有情男女交遘的事情便發生了，這時就會吸引了往世造作同一種類業行的眾生來入胎，以此緣故而有父母及四大作爲因緣所出生的受精卵，以及入胎後發展了十四天而成就的皰狀細肉團，乃至進一步發展成各個階段的胎身等等。」

「這時候，就由於所造的業行差別不同，於是隨著各個有情所應承受的異熟果報，就有了卵胎溼化四種不同有情的受生了：卵生有情都是由於了知性（阿含說：想亦是知）所產生的同類認同之想而決定來世受生之處所，胎生有情則是由於情執所生的貪愛或厭惡來決定是否受生於將生之處所，溼生有情因爲沒有情執而以聚合來感應受生，化生有情則是以分離的狀態而與來世異熟果報相應。由於情、想、合、離這四個狀況不斷地互相改變代替，以此緣故而有應受業報的有情眾生，隨逐於業種而不斷地上升善道或下墮惡道，不斷地變換而輪轉不停；正由於這個原因與業種的所緣，所以三界中的眾生就相續不斷而不會滅絕。」

「明妄非他，」眾生總是想要永遠有明性——永遠都能明了六塵諸法，所以不斷地攀緣六塵中的種種法，想要一直領受六塵中的各種境界；對五塵境中的順心境直接領受，是低等有情的生物性，於是為了五塵而與別的同類有情產生極大的鬥爭而喪身捨命。高等生物就可以從五塵中去領受法塵，不會單單執著物欲而如同低等生物一樣，只為了食物就拼死拼活地鬥爭，願意連命都賠上去。而今天的佛門修行人中，不論大師與學人，都同樣落入法塵中，總是想要求得覺知心制心一處所獲得的輕安境界，以為就是解脫、就是涅槃、就是大乘法中的開悟，仍然是落入識陰的明性境界中，不離法塵中的順心境，仍是常見外道境界。

這樣的明性，本來就是虛妄法，因為都是有生必滅的生滅法，並非常住不變的自心如來，所以 佛說「明妄」——六塵中的明性是虛妄的。其實，不論這個能夠明瞭六塵諸法的明性（能明了性和被明了的種種虛妄六塵），其實都不是外法，本來就是自己的如來藏種種法性中的一部分，所以說「非他」

嘛！意思是說，明性雖然是生滅法，是虛妄的，而這個明性與所明的六塵境界相分，其實都是自己的如來藏所顯現的，並不是自心以外的法性——非他；所以也不必像定性聲聞聖人一般急著要滅掉明性與六塵諸法——不必急著滅掉自己十八界而進入無餘涅槃中。換句話說，見分明性、相分六塵，都是你的自心如來藏所顯現的；只要保持著如來藏的所有法性而有智慧現觀這個實相，對自己如來藏所生的蘊處界萬法都無執著，讓所有法性繼續現行，而在所有法性現行之中細觀諸法本來無生，細觀如來藏所含藏的一切法性種子，漸次實證圓滿以後，也就成佛了。這正是 世尊提示「明妄」、「非他」的用意所在。

「覺明為咎；」在 佛陀出現於人間以前，天竺地區一直都有許多外道出家修行人，想要證得不生不滅的涅槃，也有人想要證得傳說中所說的佛果如來。然而許多眾生出家修行以後，為什麼都沒有辦法眞正回歸到如來藏的本然清淨涅槃的狀態中安住呢？都是因為「覺明為咎」——都有這種由能覺和所明來產生的過咎，所以無法實證解脫果，更無法實證自心如來，成佛當然就是奢談了。這是因為眾生心不能安住，一直想要攀緣六塵，所以能覺和所明的六塵就這樣互相攀緣而「交妄發生」，於是每一世死後都不得不繼續受生，以免能覺與所明消失而不存在；都是因爲心中恐懼能覺與所明消失以後會成爲斷滅空，所以必須一世又一世不斷地受生，因此「覺、明」就成爲過失。眞悟般若的菩薩們都知道，能覺與所明或者能明與所明，正是眾生流轉生死的原因，所以 佛說「覺明爲咎」。

當代佛門中的所有大修行人——各大山頭所有大法師們，也是一樣不肯安住於能覺及所明不存在的境界中，總是想要保持了了常知、離念靈知，有時是靜坐而住於未到地定的法塵境界中；大多數的大師與學人則是連未到地定都沒有證得，只能在靜坐中一直與語言妄想對抗。他們覺知心中總是想著放下煩惱而自由自在，都是想要保持能覺與所明清楚分明地存在。至於藏傳佛教，那可是極力追求人間最粗重五欲的境界，想要在男女雙修之中獲得長時間的遍身樂觸；不但如此，還心心念念想著每年要多辦幾次男女輪座雜交，希望可以連續幾天持續住在樂空雙運的淫樂境界中，而且妄想這種欲界中最粗重煩惱的境界就是**超越三界**的報身佛境界。這些人，不論是在佛門內或佛門外，全都是追求能覺與所明繼續現前的凡夫，或是極力追求身識與意識我所的貪淫者，全都不離識陰與六塵，只是所追求的能覺與所明有其輕重差別的不同罷了；本質同樣是識陰六識與六塵的能覺與所明，卻都同樣不知道這個明性與所住明了靈知的六塵境界，全都是虛妄的。佛陀早就知道眾生這樣的執著，所以說這個明性是虛妄的——明妄。不知「明妄」的道理，不論名聲有多麼響亮，全都是犯了「覺明為咎」的過失。

「所妄既立，明理不踰；」所明的六塵以及妄知妄覺既然成立了，那麼能明的道理也就可以思而知之啦！都不會超過這個範圍。為什麼說眾生覺知心的所知，不會超過能覺與所明的範圍呢？因為從能覺與所明的本質來看，一定如是：永遠住在生滅性質的能知能覺覺知心境界中，而這個能覺的覺知心六識則是住在所明的六塵生滅法中，不能外於六塵或法塵而存在。所明虛妄的道理既然正確地建立起來了，能明的覺知心必然虛妄底道理，就不可能被超越了；意思就是說，能明的覺知心一定住在所明的六塵境界中，而能覺與所明全都虛妄不實，這個道理是絕對不可能被推翻的。

「以是因緣，聽不出聲，見不超色；色香味觸，六妄成就。」凡是所聽，都不會超出聲塵之外；聽聞性的功能差別，一定只會在聲塵之內才能發生作用；能聞之性沒有辦法用來看色塵，也沒有辦法用來了知冷熱痛癢等等，所以「聽不出聲」。至於能見之性所能運作的只是見的功能，見的功能只能夠在色塵上產生作用，不可能用能見之性來看見聲音。也許有人會這樣說：「我從聲音的分析儀中，可以看見聲音有很多波狀性的軌跡，所以我能看見聲音啊！」然而那個所見仍然是色塵而不是聲音，只是藉色塵來了知聲音的變化而已，依舊是不曾聽見聲音；所以能見之性仍然不能看見聲音，還是要以能聞之性來聽見聲音。既然眼根、眼識是永遠不能看見聲音，當然一樣不能看見香塵等五塵，所以「見不超色」。

這當然是在一般情況下來說的，定境中以及修證到達不同層次時，當然也會有不同於人間常情的奇特體驗。在人間一般的情況下，六根與六識各自有其作用，不能互相變換功能，不能把自己一根一識的功能擴大到其他所不能接觸的五塵範圍，除非是意識本來就能了知六塵。那麼在這種情形下，色聲香味觸法等六塵中有了覺知心六識來作了別，而這六塵全都是如來藏所出生的生滅有爲之法，於是就有六種妄心、妄塵的行爲成就了。

「由是分開見覺聞知，同業相纏，合離成化；見明色發，明見想成；」由於如來藏中的無明種子流注，使得有情想要繼續保持在能覺與所明的六塵境界中，不想住在沒有能覺與所明的絕對寂靜涅槃境界中，於是就從如來藏的各種自性之中細分出來六種功能，即是面對六塵時的能見、能聞、能嗅、能嚐、能覺、能知等六種自性。這六種功能在成佛以前是不能互相融通的——

—成佛之前在定境以外都是不能互相融通的，於是六種功能各自運作而互相配合，便成爲人間有情生活中的覺知心情境。由於有六種功能在人間生活而造作了種種心行與業行，這時共同造作了同一種業行的有情，就會因爲同一種業行的緣故而互相糾纏得更緊密；於是就在「同業相纏」的情況下，由於造業時雙方的利害貪愛及憎厭等不同行爲，就有了合、離、成、化的不同受生情況。在這種情況下，被無明及業種所驅使的緣故，能見的功能明白地存在與運作，於是有了色塵在覺知心中發起；隨即就有能聞乃至能知的功能生起與運作，於是其餘五塵也就跟著在覺知心中被明白地了知——六塵已經具足存在覺知心中了。當有情眾生明見之時——見聞覺知等見分明性清楚明白而不停地了知六塵時，種種了知以及認同之想便成就了，這就是「明見想成」。

「異見成憎，同想成愛；流愛爲種，納想爲胎；交遘發生，吸引同業，故有因緣生羯羅藍、遏蒱曇等。」這時既然已經有能覺以及對於同類的認同，於是胎生有情同類之中，就會產生兩個情況：第一種情況是，所知所見不同時，雙方都無法認同對方的看法與處事的行爲，互相成爲厭憎對方的狀態，於是成爲「離」；第二種是所知所見相同時，雙方就會喜歡同在一起，於是越來越貪愛對方，於是成爲「合」。在第二種情況下，同想有情不斷地流注出貪愛的種子—不斷流注出貪愛的心想與口行身行作爲功能—於是由於這種貪愛的功能性而在中陰境界時生起顚倒想，將生爲男者即想成與母和合，將生爲女者即想成與父和合，都因爲此想而「注」心於男女根中受樂；於是「流愛爲種」，中陰身即流入愛涎之中，被愛涎所拘而隨種入胎，這就是「合」。這都是由於貪愛來世父母而生妄想，由自己在父母和合時所生起的妄想而進入母胎，所以 佛說「納想爲胎」，這就是欲界人身所產生的色身胎生功能。

有了色身上的胎生功能，一定是因爲已經產生兩性器官的差別，於是就有欲界兩性交遘的行爲發生，成爲欲界眾生可以受生的因緣，這就是「成」。這時就會由於過去世心想相同而常在一起造作共同業行的有情，於死後被吸引過來，在未來世父母交遘時入胎受生，於是「納想爲胎」的過程開始不斷地重複。由於有「納想爲胎」的現象出現了，於是欲界人間就有了父母及四大作爲因緣，能夠讓同業的有緣眾生死後重新入胎受生，這就是欲界的「成」。入胎後就有第一週以內所出現的受精卵、第二週才出現的皰狀小肉團……等不同階段胎身的出現與存在。依照胎生有情眾生各自的業緣，或有

三、五個月就出生的動物，或者如同人類十月滿足而出生，或者如同大象等類胎生有情，需要更長時間住在母胎中繼續成長以後，才能出生。這就是胎生的有情眾生。

在《阿含經》中曾說，人間本來沒有人類；都是從光音天中由於報盡而下墮欲界天中，然後才又下墮於人間而成為人類的：剛開始時，下墮欲界天中的人們還能自由飛行，並且也有身光照耀，那時還沒有兩性的差別。後來因為有人貪食地蜜，色身漸漸粗重而無法維持長久的飛行能力；地蜜吃完以後，出生了地味；地味吃完以後，又有地肥出生，然後才有天然粳米出生。眾生在貪食這些美味食物以後，色身粗重而完全不能飛行了，只能在地上行走，身光終於失去。

由於這個緣故而在人間常常同在一處，於是就有「異見成憎、同想成愛」的事情發生；同想成愛的有情希望互相結合，於是漸漸有男女根產生，達成互相結合的目的，這是欲界「成」的開始；最後則是由於淫行的增上而使如來藏產生了胎胞，於是人間的有情開始了胎胞受生的循環過程。這就是由「異見成憎、同想成愛」作為開始，然後「流愛為種，納想為胎」；能夠使同業有情來受生以後，正當「同想成愛」的男女雙方正在交遘時，就「吸引同業」

的有情來受生入胎了；由於這樣的因緣，所以才會有「因緣生羯羅藍、遏蒱曇……等」處胎時的不同時期不同狀態的胎身，於是欲界完全「成」了。

「胎卵濕化隨其所應——卵唯想生，胎因情有，濕以合感，化以離應；情想合離，更相變易；所有受業，逐其飛沈；以是因緣，眾生相續。」當欲界的人間有情開始能夠受生時，也會因爲業種的不同而產生了胎卵溼化等不同受生狀況；而這四種不同受生狀況的受生原因，當然不是隨機受生的，而是隨其心境及業種有所感應而受生的。譬如「卵唯想生」：卵生有情，父母夫妻之間的情執比較輕微，而輕想之心比較偏重，於是就由於想（阿含中說「想亦是知」）的緣故，受生爲卵生有情。一般而言，卵生有情比較少情執，除了較高級的鳥類以外，大多數的卵生有情（譬如昆蟲類）都是只住在了知五塵的境界中，對於法塵的了知是很少的，而且是不必依止父母親扶養，也都不必哺乳，所以牠們的情執也就相對減少，所以 佛說「卵唯想生」。

卵生有情既然偏於想而不重於情，所以卵生有情大多數是會飛行的。因爲想輕而情重，特重感情的有情適合成爲胎生有情；當眾生偏於想而厭惡沈重，想要輕身高飛而不想被情感所繫縛時，就成爲卵生有情；於是受生於卵中，孵化之後漸漸生長出羽毛而可以飛翔於天空中。大多數則是如同蝴蝶、昆蟲才剛孵化之後，只保持著極小範圍內的五塵了知性，只顧著吃，以求快速長大；一旦長大了，立即化成蛹，完全不動，心中只有飛升之想；不久之後隨即化生成功而蛻出蛹殼，已經有了翅膀或蝶翼，可以立即飛升到想要去的地方，這就是「化」。又如天龍、金翅鳥等，同樣是卵生有情，也都同樣不樂於父母子女之情，希望輕舉高升，出生以後就各自飛翔而獨立生活，所以說「卵唯想生」。

「胎因情有，」至於胎生有情，就偏重於情感了；譬如父母與子女，妻子與丈夫，兄弟與姊妹，師長與晚輩，師父與弟子，互相之間都是很重視情誼的；由於重視情感的緣故，就成爲胎生有情了。胎生有情之間大多數都有情執而維持一生一世的關係不變，乃至屬於胎生的動物有情類，至少都會維持親情，直到成長而不得不離開父母；乃至也有母性動物維持一生一世關係都無改變，這正是胎生有情的特徵，所以 佛說「胎因情有」。此外，胎生有情的成因，原本即是由於兩兩相愛而致成胎，如阿含部《起世因本經》或《大樓炭經》中所說；既是兩兩相愛的心性，這類有情當然還是要回歸到胎生類裡面來，夫婦母子父女互相愛重，情執難以斷除，所以 佛說「胎因情有」。

「濕以合感，」濕生有情，譬如魚類，全都是在水中具足濕氣的地方出生的，必然是與水相合的，離水就無法成熟及出生了，這也是「合」。濕生有情的受生，不必等待、或者說不必一定要在父母交遘和合的境界中同時受生；這與胎生有情在父母交遘和合時受生是不一樣的，但是一定要與濕性和合才能受生。也就是說，濕生有情只要父母和合（譬如受精）完成之後，再各自分別來水中受生於水中的卵內，一定都要與濕性和合才能受生成功；若是受精卵被放置在乾處，或者放在沒有流動的完全靜止水中，又沒有水生植物時，受生就無法成功。所以濕生有情一定要與濕性相合才能感生，都不能離開濕性，這就是「濕以『合』感」的意思。

「化以離應；」化生有情的情況又不相同，而且同樣是化生有情，互相之間的層次高低差別也非常懸殊，上從四空天、四禪天，中如人間的昆蟲類，下如地獄有情等等，同樣都是化生的有情；但是這些有情眾生，都有同一種現象，就是與親屬相離，情執極淡薄。譬如最高層次的化生有情，從初禪天人到非想非非想天有情，他們會化生到色界天成爲天人，或是化生到四空天成爲無色身的有情，都是由於他們心中思想著輕安的境界而想要上升，想要離開自己目前所住的沈重境界。由於想上升而不願住在欲界粗重的色身中，也不想被胎胞親情所繫縛，希望離開眷屬、離開欲界境界，所以便以離心而往生色界天中成爲天人，一生一世都無眷屬繫屬，永離眷屬及欲界貪愛。或者想要遠離色界身的粗重，於是由於這個輕安想而遠離色界身，受生於無色界中。這兩種受生都屬於化生，都由定力化生於色界天或無色界中，也都同樣是由於「遠離」之想而化生於色界或無色界中，所以佛說「化以『離』應」——化生有情都是以「離」的作意來應對未來世的受生。

人間的昆蟲類有情，也是以離爲應的。譬如蝴蝶，由於輕想而離情，所以入住卵中而出生以後，並無厚重情執，只是自顧自的不斷進食，促進生長，從來不作任何的思惟觀察與貪愛。等到想要變化的本錢具足了以後，就不再進食，於是開始離開原來毛毛蟲的境界，漸漸轉變成爲蛹。成爲蛹以後，仍然是以離爲基礎，漸漸轉變成蝴蝶，離開蛹的境界相，成爲可以飛離地面的輕想有情，這也是「化以離應」。凡是因想而化生的有情，全部都是與父母、兄弟、姊妹、師長、好友相離的，這也是「化以離應」。若是應該往生到地獄道中的有情，往生地獄中時也是化生的；這時已經不是由於心中想要生到殊勝之處而化生，卻是想要遠離惡業惡報而化生於地獄中，無法經由中陰身來作求生善處的比較與決定了；受生於地獄的有情，也都與所愛的親屬遠離而獨自受苦的，這仍然是「化以離應」。

「情想合離，更相變易；」然而眾生輪轉於三界的無量生死過程中，情與想的狀況並不是單純不變的；也就是說，往往不是單純重情或單純地只有想，而是有時候多情少想，有時情想均等，有時少情多想，是常常在情與想之間互相增減變換的。譬如情若增多時，想就相對地減少；情若減少時，想就相對地增加。這種情與想互相增減變易的現象，是往昔無量世生死過程中一直都存在著；當情增加時就是與情相合而與想分離，當情減少時就是與情分離而與想相合；當想增加時是與想相合而離情，當想減少時則是與想分離而合情，所以「情想合離，更相變易」。這裡的「更」字讀作「經」音。「更」就是一再的意思，「更相變易」就是再三地改變的意思；所以貓狗等動物，若是想增而情少時，未來世可能受生爲鳥類；鳥類若是想減而情增時，未來世就可能受生爲貓狗類動物。三界六道中的有情正是這樣「情想合離，更相變易」，不會永遠是同一類有情。

「所有受業，逐其飛沈；以是因緣，眾生相續。」三界中的有情就在無量世的生死過程中，在情與想的增減合離之中，不斷地變過來變過去；無量世的生死過程中所領受的業果，也就隨逐著情想的合離變易，而導致上飛或者下沈。譬如原本生在初禪天中的天人，也許有一世由於胞胎情執的種子流注而產生現行了，那時欲界的貪愛現行了，於是變成情多想少的情況；當他的色界天身壽命已盡時，就會下沈而與欲界人間的往昔有緣男女相應，於是由於情多想少的緣故，就在有緣男女交遘時，入胎而成爲多情的人類，開始執著父母與兄弟姊妹了，這就是情多想少而受業下沈了。

若是人間修行人，由於斷除了胞胎之情，不再貪愛男女之間兩兩相愛的感情時，由於情執極少，心多住於輕想的定境之中，愛樂於色界或無色界無負擔的輕安境界，這時心境已經改變爲想多情少；不再愛樂欲界中的男女愛情，也不再對親情有所愛戀了，捨報後就會因爲心境想著輕安的無負擔定境；如此成爲純想而無情時，就會出生到色界或無色界去；這時就是上飛而不是下沈了，這就是「所有受業，逐其飛沈」，所受的業報都是隨逐於各自心境的上飛或下沈來決定的。

於是三界中的一切有情眾生，就在這樣的因緣之下，或者由多情改變爲多想，或者由原來與濕相合的水生有情而改變爲與舊有沈重境界相離的空行有情，或者由原來無情、寡情的卵生昆蟲改變爲多情、專情的胞胎眾生，或者由原來與濕性相合的有情轉易爲與沈重色身相離的化生有情；總是在無量世生死之中一再地改變，從來都沒有一定不變的本質。也就是說，一直都是在「情想合離」的狀況中不斷地「更相變易」著；除非是已經開始修行而且是進入見道位而不再退失的有情，才會朝著固定的方向發展。正是由於這樣的因緣，所以三界中的各類有情眾生，就這樣子相續不斷地受生；在這些有情不斷地「逐業受生」的過程中，必須要有受報的場所以及實現情想心境的環境，於是山河大地就這樣子漸次出生了，然而一切有情的如來藏卻仍然是本然清淨而不會改變本然清淨的自性。

【「富樓那！想愛同結，愛不能離，則諸世間，父母子孫相生不斷，是等則以欲貪為本。貪愛同滋，貪不能止，則諸世間卵化濕胎，隨力強弱，遞相吞食，是等則以殺貪為本。以人食羊，羊死為人，人死為羊；如是乃至十生之類，死死生生，互來相噉，惡業俱生，窮未來際，是等則以盜貪為本。汝負我命，我還汝債，以是因緣，經百千劫常在生死；汝愛我心，我憐汝色，以是因緣，經百千劫常在纏縛；唯殺盜婬，三為根本；以是因緣業果相續。富樓那！如是三種顛倒相續，皆是覺明、明了知性，因了發相，從妄見生，山河大地諸有為相次第遷流，因此虛妄終而復始。」富樓那言：「若此妙覺，本妙覺明，與如來心不增不減，無狀忽生山河大地諸有為相，如來今得妙空

明覺，山河大地有爲習漏何當復生？」】

講記：世尊開示說：「富樓那！想念與貪愛共同糾纏而打成一個結了，貪欲與情執就生起來了，因此就互相貪愛而不能捨離了；這樣一來，人間各種有情世間，就有父母子孫一世又一世互相貪愛而互相出生所以不能斷絕；這種父母子孫一世又一世互生的事情，其實是以男女欲、眷屬欲的貪愛情重作爲根本。接著由於有了欲貪與眷屬愛，當貪與愛同時同處而互相影響滋長以後，貪的心行不能遏止了，那麼欲界中的各類有情世間，卵胎溼化等四生有情，就隨著各自力量的強弱差別而有對他類有情互相之間互相吞食的行爲，這一類行爲則是以殺貪爲根本。由於殺貪的緣故，以人身宰殺羊身作爲食物；那些被人吃掉的羊死了以後就因爲被人吃的緣故，人類虧負了那些羊，所以那些羊就有了資格投胎爲人；至於一生都在吃羊的人們，死後就因爲虧欠羊的緣故而去投生爲羊。如同這個道理一般，乃至十生之類的有情眾生，一世又一世死了又生、生了又死、死死生生無窮無盡之中，也一樣互相吃來吃去地強取其他有情的身肉；這十生之類的有情眾生們，同時住在欲界人間而同樣都有這一類惡業同時存在；就這樣子窮盡未來際都是如此互相殺害、食肉，這十生之類的有情眾生，都同樣以盜貪作爲輪迴的根本。」

「當人類互相有所虧欠時，或是人與羊互相虧欠時，道理都是一樣的；你曾經負欠了我一條命而再來受生償還我一條命，我曾經虧欠你一些債務時就得重新受生來償還你的債務；由於這樣的因緣，歷經百劫、千劫之後仍然常在欲界中生死不停。人類會互相成爲眷屬的原因，則是由於你往世愛戀我對你的心意，而我往世憐惜著你給我的身色，由於往世就種下了這個愛憐之緣，縱然已經百劫、千劫之後，我們雙方還是會常常在欲界中互相糾纏繫縛著。以上所說的貪，歸類起來正是以愛貪、殺貪、盜貪等三種貪作爲生死的根本。由於這樣的原因與種種助緣，所以業種現行成爲果報，果報之中又造成現行而成爲業種，就這樣業果相續不斷地重複著。」

「富樓那！就像是由這三種貪而引生的顚倒想，導致欲界有情生死相續不斷；推究這三種貪的根本時，都是依能覺的覺知心與所明的六塵，在其中能夠明白地了知世間相的體性，由於能了知世間諸法而發起各種世間相，然後從虛妄見之中出生了這三種貪。爲了要繼續使能覺與所明存在，才能實現愛貪、殺貪、盜貪等行爲，以及實現由這三種貪所造作出來的業種，於是山河大地中的各種有爲法的種種事相，就順著應該有的次第而不斷地遷變及流轉不停，因此使得這種虛妄的現象結束之後又一再重新開始。」

富樓那聽完了就向 佛陀稟白說：「假使這個如來藏微妙的覺精（佛性），是本來微妙的知覺而具有明性，是與如來心同時同處而不增不減的，卻已經沒有緣由地忽然出生了山河大地等有爲法的相貌；而如來今時已經證得這個微妙空性的明性覺精，那麼如來的妙心覺精中所含藏的山河大地有爲習性的有漏法性，未來在什麼時候將會再度出生呢？」

「想愛同結，愛不能離，則諸世間，父母子孫相生不斷，是等則以欲貪爲本。」由於人類於往昔世中互相往來時，想念與貪愛互相糾纏而產生結縛了，所以總是一世又一世互相愛戀而互有貪著；這樣的情感總是如膠似漆一般地堅固凝結成爲一團，於是就不能互相捨離了。在這種情況下，死了以後就由於往世互相貪愛的種子流注，於是在往世有緣的男女和合時，死後的中陰身就會看到他們正在和合的境界，那時又由愛貪而再度生起愛戀之心，於是「流愛爲種、納想爲胎」，就受生於往世曾經愛戀過的男女家中，再度延續往世的愛貪而成爲父女、母子。欲界人間的哺乳動物莫非如此，於是往世的子女有時轉而改當父母，往世的父母有時死後來入胎中而成爲往世子女的子女或孫子女；就這樣父母子孫相生不斷。這種情況，都同樣要藉著淫欲的實行才能完成受生，猶如《圓覺經》中所說欲界中一切有情皆因婬欲以正性命，本來就是以欲貪作爲受生而取得來世人類性命的唯一辦法，所以 佛說「是等則以欲貪爲本」。

「貪愛同滋，貪不能止，則諸世間卵化濕胎，隨力強弱，遞相吞食，是等則以殺貪爲本。」「貪愛同滋，貪不能止」，是說卵胎濕化四生有情，由於眷屬之間互相有淫欲及愛貪，由於欲愛及互相貪著的緣故，爲了貪愛眷屬的緣故而想要利益眷屬，於是隨著卵生、胎生、濕生、化生不同種類的有情各自所擁有的威德勢力強弱不同，就產生連續不斷地互相吞食的現象。這都是由於欲貪而對不同種類有情做出了殺害生命的行爲，因此說這是殺貪，世尊就說「是等則以殺貪爲本」。

「以人食羊，羊死爲人，人死爲羊；如是乃至十生之類，死死生生，互來相噉，惡業俱生，窮未來際，是等則以盜貪爲本。」人類圈養了羊，羊雖然貪著人類牧養的食物，但是並沒有意願提供身肉給人類食用；而人類則是貪愛羊的血肉而圈養了羊群，便以人身宰殺了羊身來食用，或者宰殺了羊身來販賣羊肉。如此一來，羊欠了人類的食物，然而「以人食羊」時，卻也是牧養的人欠了羊的身肉；推究身肉與食物時，身肉牽涉到性命，因此身肉的比重遠重於食物。這時人與羊之間互有所欠，卻是人欠於羊更多；於是就必須互相酬償業債，於是「羊死為人，人死為羊」，由以前的羊生而為人來提供食物，由以前的人生而為羊來提供身肉，才能互相酬償欠債。然而人類並不是單單只吃羊肉，還有其餘十種眾生類的有情身肉，人類也是一樣會加以捕食的，這種人羊互相欠債而互相受生酬償的現象，也就同樣會在其餘十生有情的互相關係中，在因緣成熟時實現，因此 佛說：「如是乃至十生之類，死死生生，互來相噉。」這樣互相造作惡業不曾中斷過，所以「惡業俱生，窮未來際」，同樣都是以第二種貪—盜貪—作為生死的根本。

常常有人純粹從世間法來看因果，就無法正確了知因果了。譬如有人認為：「我是以錢財去買羊肉、豬肉回來煮食的，當然沒有虧欠豬羊，所以不用還債，該還債的是養豬羊來賣的人。」然而，牧養豬羊的人付出了穀麥等食物，羊欠他的是食物而不是身肉；羊被殺而被人取肉時，人是欠了羊的身肉而不是食物；買肉的人經由牧人而吃了羊的身肉，這個吃肉的人欠了牧人的是羊的身肉，而牧人欠了買肉者錢財；將來酬償業果時，就依這個因果去酬償，不能將身肉、食物、錢財互抵的。若是推究到底時，羊並沒有同意把身肉用來還食物的債，所以牧人及買肉的人都成為盜肉者；因此而說牧人及買肉的人都是盜貪，是因肉貪而竊盜了羊的身肉，才說這是盜貪。而羊無功受食於牧人，牧人未得羊的同意就取羊的身肉，買肉人也未徵得羊的同意就買了羊的身肉，同樣都有惡業，必須轉生易位而各自償還所欠的食物或身肉。這樣在人間一世又一世「**互來相噉**」而且習以爲常之後，就成爲「**惡業俱生**」，當然得要「**窮未來際**」繼續重複這種酬償業果的過程，因此而導致欲界生死不斷、痛苦無量。

「**汝負我命，我還汝債，以是因緣，經百千劫常在生死；**」由於欲界有情住在人間時，常常是在吃羊的時候，人們虧欠了羊一條命，未來世得要受生爲羊而償還羊命；然而羊也虧欠了人們的食物，當然得要生來人間償還以前所吃的人類供養給羊的食物。於是人死爲羊，羊死爲人，必須不斷地在這種惡業因緣之下互相酬償業果，當然就得要常常受生於欲界人間，歷經百劫、千劫而常常處在生死痛苦之中。這正是說明「業果相續」的原因啊！

「**汝愛我心，我憐汝色，以是因緣，經百千劫常在纏縛；**」但是，人類互相之間呢，卻又有所不同了！由於往世你總是愛戀著我的心意，由於往世我總是憐愛你給我的身色；就由於這樣互相愛戀、貪著的緣故；縱使歷經許多世的分別之後，未來世中一旦相遇了，往世的情愛種子便又繼續流注出來了！於是歷經無量世的死後受生過程之中，有時成爲父女、母子，有時成爲配偶；這樣一世又一世互爲父母子女而更增加愛貪，於是歷經百劫、千劫之久，仍然是常常都在欲界中被愛貪所纏縛著，不能出離生死。而這種愛貪的根本，其實仍然是淫欲。若不是欲貪，就不會產生「**汝愛我心，我憐汝色**」的愛貪，也就不會有百千劫中常在欲界生死的事了。

「**唯殺盜婬，三爲根本；以是因緣業果相續。**」欲界人間的有情，一直長時間流轉於人間而生死無量，都是由於殺、盜、淫這三種惡法而產生的貪心作爲根本；如果能夠離開殺貪、盜貪、欲貪等三種貪，就不會有殺、盜、淫等三種生死業，不會再繼續有人間各種成就業果相續的因緣，人間的生死也就結束了。

「**富樓那！如是三種顛倒相續，皆是覺明、明了知性，因了發相，從妄見生，山河大地諸有爲相次第遷流，因此虛妄終而復始。**」世尊接著向富樓那尊者開示說：不論是殺貪、盜貪、欲貪，欲界有情總是或多或少有所偏重，並不是全然沒有這三種貪；由於這三種貪互相滋長，並且由於人與人間的貪愛同時互相滋長著，又因爲心想顛倒而不能如實了知業果之間、人畜之間的互相關聯，於是就在這種顛倒想及愛貪不斷的身口意行之中，輪迴於欲界中的現象就相續不斷了。然而，若是推究到最後，當然還是由於人們都有**能覺**

與**所明**，因此而擁有確實能明白了知六塵的知覺性，所以因爲這個了知性而能夠發起欲貪、殺貪、盜貪等事相。

事實上，這種能在欲界六塵中擁有**能覺**與**所明**，而能夠了知什麼是同類眷屬，什麼是可供食用的眾生肉，什麼是可以野蠻吞食的不同類有情。這種覺了之性—**能覺**—其實都是妄覺，然而欲界眾生總是由於顛倒想而生起虛妄見的緣故，便把這種妄知妄覺當作是常住的自我，於是就全部都在**能覺**與**所明**等妄知妄覺境界中安住自心。這時，爲了實現惡業、酬償業果，當然就得要有山河大地作爲舞台，以便酬償業果及重新造業、增長貪愛；由於這個緣故，共業有情的如來藏心就依其妙眞如性（覺精、佛性）的運作，共同出生了山河大地；於是欲界中的各種有爲法，便開始次第遷流了。當一期共業全部酬償完畢時，這個供作業果酬償的舞台（山河大地）也就跟著次第毀壞，然後又再出生另一個山河大地，供作下一期共業有情繼續重新開始的舞台；當山河大地出生了以後，人間世界中的各種有爲法，也就跟著次第遷變而流轉不停了，所以說：「**山河大地諸有爲相次第遷流，因此虛妄終而復始。**」

富樓那言：「若此妙覺，本妙覺明，與如來心不增不減，無狀忽生山河大地諸有爲相，如來今得妙空明覺，山河大地有爲習漏何當復生？」由於富樓那尊者這時是剛才迴心大乘法中修學大乘，對於 世尊所說的道理，當然是還沒有貫通的，於是才會提出這個問題來：「假使這個如來藏微妙的覺精，是本來微妙的知覺而具有明性，是與如來心同時同處而不增不減的，卻已經沒有緣由地忽然就出生了山河大地等等有爲法的相貌；而如來今時已經證得這個微妙空性的明性覺精，那麼如來的妙心覺精中所含藏的山河大地有爲習性的有漏法性，未來在什麼時候將會再度出生呢？」這個問題，如今看來，卻好像是在爲那些完全不懂佛法的印順法師等人請問的。因爲他們對於本性清淨的如來藏心竟然會有染污，已經是無法理解的了；這裡更說六識心的知覺等自性也都是虛妄的，而印順法師所認爲的禪宗開悟卻是意識心在六塵中的直覺，他那樣所謂的開悟當然也是虛妄的，那麼究竟應該以什麼作爲如來藏心呢？又該以什麼作爲如來藏心的妙覺、眞覺呢？而實證如來藏心的覺精（佛性）以後，又如何現觀這個如來藏心與覺精確實都是不增不減的？印順法師等人是怎麼想都無法理解的。

如來藏就是未來成佛時的如來心，事實上，當眾生都還在凡夫位、異生位中的時候，這個如來心就已經是不增不減的；不增也不減的如來心，竟然會忽生山河大地等等有爲法的相貌出來；那麼 釋迦如來證得的如來心也一樣是不增不滅的，看來是與眾生位的如來心一樣，那麼如來證得「妙空明覺」而不是落入識陰之中，如來之心應該也是會跟眾生的如來心一樣，忽然又出生了「山河大地有爲習漏」。那麼這樣一來，成爲如來又有什麼意義呢？富樓那尊者這個問題問得好，世尊所回答的內容正該給印順法師等人知道才是啊！可惜他們都不信《楞嚴經》，其實也是因爲讀不懂所以產生誤會而不信。

【佛告富樓那：「譬如迷人，於一聚落惑南爲北，此迷爲復因迷而有？因悟所出？」**富樓那**言：「如是迷人亦不因迷，又不因悟；何以故？迷本無根，云何因迷？悟非生迷，云何因悟？」**佛**言：「彼之迷人正在迷時，倏有悟人指示令悟；富樓那！於意云何？此人縱迷，於此聚落更生迷不？」「不也，世尊！」「富樓那！十方如來亦復如是，此迷無本，性畢竟空；昔本無迷，似有迷覺；覺迷迷滅，覺不生迷；亦如翳人見空中花，翳病若除，華於空滅；忽有愚人於彼空花所滅空地待花更生，汝觀是人爲愚爲慧？」**富樓那**言：「空元無花，妄見生滅；見花滅空，已是顛倒；敕令更出，斯實狂癡；云何更名如是狂人爲愚爲慧？」**佛**言：「如汝所解，云何問言『諸佛如來妙覺明空，何當更出山河大地』？又如金礦，雜於精金；其金一純，更不成雜；

如木成灰，不重爲木；諸佛如來菩提涅槃，亦復如是。」】

講記：世尊告訴富樓那尊者說：「譬如迷路的人，在一個聚落之中弄不清楚方向，總是把南方當作北方。這個迷失方向的人，他的迷，是因爲迷而有了迷？或者是因爲悟知所迷的方向而出生了迷？」富樓那尊者答覆說：「像這樣的迷人，既不是因爲迷而出生了迷，也不是因爲悟而出生了迷。爲什麼呢？迷本來就沒有所依據的根本，爲什麼會因迷而出生了迷？悟知方向時也是不會出生迷的，爲什麼會因悟而出生了迷？」

佛陀又問：「那個村落中的迷失人，當他正在迷失時，忽然有一個悟知方向的人，指示他方向而使他悟知方向了；富樓那！你的意下如何？這個人縱使迷失了方向，是否還會對這個聚落再度出生了迷？」富樓那答覆說：「不會的，世尊！」只要這一次確認出正確方向了，以後就不會再迷失方向了。世尊就說：「富樓那！十方如來也是像這樣子，這個迷並沒有具體的根本，迷的自性畢竟是不存在而空無的；以前本來就沒有迷這個事物，只是似乎有一個被迷的覺知存在；當自己已經覺察到有迷的時候，迷也就滅失了；覺悟到什麼地方被迷的時候，也就不會再出生迷了。」這也就是說，只要弄清楚自己是迷在什麼地方，那個迷也就不存在了！迷是沒有自體性的，只是因爲不明白所應明白的方向而說有迷，迷的是方向而不是這個迷本身。迷本身是不存在的，所以弄清楚方向以後，迷就消失了，不必再去滅掉迷。

世尊接著又說：「又好像眼睛生了內障的人，在一處空地上看見虛空中有花；他的眼睛內障如果被醫師除掉了，他以前所在空地上看見的空中花就會隨即從虛空中滅除了。然而，忽然有一個愚癡人在眼睛的內障被除掉以後，竟然還去那個虛空花已經被滅掉的空地上，癡癡等待虛空中的花重新再出生；你且觀察這個等待虛空花的人，究竟是愚癡人或是有智慧底人？」（講到這裡，時間又到了，且待下回分解。）

今天有人提出三個問題：「導師法安：弟子有以下三個問題，懇請導師慈悲開示：(一)以下經文說阿賴耶識恆生恆滅，是否是有生滅的意思？爲什麼不說不生不滅呢？懇請導師開示。『阿賴耶識從無始來，爲戲論熏習諸業所繫，輪迴不已；如海因風起諸識浪，恆生恆滅不斷不常；而諸眾生不自覺知，隨於自識現眾境界；若自了知，如火焚薪，即皆息滅，入無漏位，名爲聖人。』」假使大家有注意到這段經文中的某些字句，就會知道阿賴耶識是否有生滅，就不需要再問我了。記得很多年前，我有一本小冊子（現在還在印行，是灰色書皮的那一本），裡面列出一張表，從每一個主張的進退兩方都加以說明，這樣講到開悟的簡易辨正法，辨正所有人落入每一邊時所證的眞心是對或錯。在其中有談到不斷亦不常，非生滅也非不生滅，讓佛教界用來檢察自己所悟、所明的心是眞或假。

讀大乘經典時確實很難懂得其中的眞義，若是想要眞懂，可得要找到如來藏，然後才能漸漸讀通。今天這一張問題中引述經中的法義，說阿賴耶識「如海因風起諸識浪，恆生恆滅不斷不常，」千萬別斷句錯了，不是「恆生恆滅不斷不常」，「不斷不常」四字要斷到後面去，要成爲另外一句，也就是這四字之前要加上逗號。還沒有悟的人往往錯解經義，於是斷句時就斷錯了！閱讀經典時，得要悟了才能正確斷句。經文中講的是：「譬如大海水，因爲猛風一吹，於是就生起了識浪。」海水是講第八識，猛風是講六塵境界，又叫作境界風；境界風一吹，阿賴耶識心體就生起「諸識浪」——七個識波浪就出現了，這七識波浪是「恆生恆滅」的。這是說，七識波浪是永遠不斷地出生而且永遠不斷地壞滅；但是阿賴耶識心體，卻因爲這個緣故而顯示祂的常住性，所以叫作「不斷不常」。因爲阿賴耶識心體常住而不曾一剎那中斷過，卻因爲有往世所熏習的無明種及業種，使得境界風不斷地出現，於是阿賴耶識心體就不停地出生七識波浪，而且使七識波浪持續地一再壞滅，生滅不停，所以祂所含藏的七識種子不常；七識心種子及七識心現行時，都歸屬於如來藏，所以說如來藏阿賴耶識不常。這個不常是講阿賴耶識所含藏的七識心種子及業種、無明種等，不是指阿賴耶識自體。阿賴耶識心體因爲所含藏的七識種子等法恆生恆滅，不是常住，所以不常；然而阿賴耶識心體卻是常住不斷的，無始劫以來不曾斷滅過一剎那，所以不斷；總合這樣的不斷與不常，就成爲「不斷不常」，千萬不可以把「不斷不常」跟「恆生恆滅」湊成一句。

爲什麼阿賴耶識「不斷不常」？因爲祂體恆常住。這個道理，我在每一本書中幾乎都這麼寫，而且會中同修們實證後的現觀，也同樣證實祂「體恆常住」。心體既是恆而常住，怎麼可以說是會斷滅的法性？當然不該說祂「恆生恆滅」。「恆生恆滅」是指七識種子等有爲法，不是指阿賴耶識心體。意識覺知心每天都會中斷，而阿賴耶識從來不曾中斷過一剎那啊！「體恆、常住」就是心體不曾也不會中斷的意思。但是也不可以說阿賴耶識全體是常啊！因爲祂所含藏的七識種子「恆生恆滅」，無始劫以來一直都有七識波浪不斷地出生，又不斷地壞滅了；但這七識心就如同海水表面生起的波浪，要有業風、無明風、境界風的吹襲，才會出生七識波浪，所以叫作「如海因風起諸識浪」。

但這句經文說的只是生起了七轉識波浪，不是阿賴耶識心體有生起、有壞滅，而是阿賴耶識心體所出生的七轉識波浪會生起及滅壞：「恆生恆滅」。七識波浪現起以後就隨即壞滅，這種常常生起以後又常常壞滅的現象是永遠存在著的，直到入了無餘涅槃時才會停止，所以才說是「恆」。所以凡夫眾生們的七識波浪都是恆生恆滅的——七轉識波浪是永遠不斷地出生而且永遠不斷地壞滅，是生滅不斷的。正因爲這個緣故，所以在阿賴耶識心體常住而所含藏七識種子生滅無常的狀況下，就說阿賴耶識「不斷不常」。那麼這樣瞭解了以後，就不需要再問阿賴耶識心體是否有生有滅了！

「**而諸眾生不自覺知，隨於自識現眾境界；若自了知，如火焚薪，即皆息滅；**」可是眾生（包括二乘無學聖人）沒有辦法覺知這個現象，這也是事實；因爲眾生不曾證得阿賴耶識心體的所在，又怎能了知這個眞相呢！所以才說「**而諸眾生不自覺知**」。由於不知這個眞相，就隨著自心阿賴耶識所顯現的七轉識種種境界流轉下去啦！這就是「**隨於自識現眾境界**」。那麼如果有人能夠了知阿賴耶識不斷不常而能出生七轉識的識浪，就是經文所說的「**若自了知**」，這就是禪宗證悟明心的菩薩摩訶薩們。這些菩薩們能觀察阿賴耶識使七轉識波浪恆生恆滅，而阿賴耶識自體永遠不斷，就能出生法界實相的智慧了，這時就好像用大火把柴薪焚燒掉了！這就是「如火焚薪」。「薪」就是木材，「薪」比喻我見等煩惱。只要了知阿賴耶識的所在，確實體驗而深信不疑，我見等煩惱就可以隨即息滅，就進入無漏位中。既然已經進入了無漏位了，當然就成為佛法中的聖人了。所以證悟阿賴耶識的明心不退菩薩們，都能現觀如來藏阿賴耶識不斷不常而離斷常兩邊，就是經中說的聖人。

如今我們娑婆世界中，這兩天又多了三位聖僧，因為這次禪三中有三位示現聲聞相的法師證悟了。為什麼說是聖僧呢？既然現在提問的這一段經文中講到「聖人」二字，我就在這裡順便說明一下：如果證得阿賴耶識心體，現前觀察阿賴耶識常住不斷，卻能「恆生識浪」，當境界風一吹，就產生了七識波浪。這七轉識波浪不斷地現前，當然就不斷地壞滅；這個恆生恆滅的現象一直都存在著，所以七識波浪無常，然而阿賴耶識卻依舊不斷亦不常。現在我們既然多了三位聖僧，因為他們這一回證得如來藏了，能夠現前觀察這個事實了，所以我現在說的話，他們可以當場為我證明：**法界實相眞的是這樣啊！**而這一段經文中也告訴我們：能夠這樣了知阿賴耶識時，就「如火焚薪」。也就是無始無明已經被打破了，這時一念無明中的見一處住地也滅掉了，這至少是大乘通教中的初果聖人，同時也是大乘別教中的七住位賢人了！所以他們當然是聖僧啊！當他們悟後能夠不退轉—不懷疑自己的所悟而確認阿賴耶識心體就是如來藏—再進修斷除修所斷的煩惱，便漸漸地成就解脫果以及邁向初地，當然是進入無漏位中的聖人。其實，在證悟之時就已經是息滅見惑而成爲初果聖人了，而且這一段經文中也說，證得阿賴耶識而現觀祂不斷不常的菩薩們，是「**即皆息滅，入無漏位**」的，當然就是聖人嘛！但是聖人證果時，無果可得，正是無所得法，而我們也不會核發證果證書的。所以說，眞正要懂經文，不是那麼容易的。得要實證了才能眞正讀懂，印順法師不肯實修親證，所以研究了六、七十年佛學以後卻全部都搞錯了。

昭慧法師有一次在香港過農曆年時演講說：**三轉法輪經典，如來藏經亂講一通……**。（她暗示的大意是如此）**既然說是自性清淨心，怎麼又可以說祂有染污？**不但公開這麼講，還印在她的《弘誓雙月刊》中登出來。如來藏含藏染污種子，然而祂自己卻是清淨性啊！祂現行的時候都不貪不厭不瞋不愛，永遠都是這種清淨性啊！怎麼不能叫作清淨心？但是祂所含藏的種子：七轉識種子、無明種子、業種、三界愛的種子，全都是染污性的，所以經中說「**自性清淨心而有染污**」。所以勝鬘夫人說明了自性清淨心而有染污的兩個眞實存在的法相時，佛陀說了一段話加以印可：「**自性清淨心而有染污，**

難可了知。有二法難可了知：謂自性清淨心難可了知，彼心爲煩惱所染亦難了知。如此二法，汝及成就大法菩薩摩訶薩乃能聽受，諸餘聲聞唯信佛語。」確實是法界中的實相。

佛陀爲勝鬘夫人印可的第一個法，意思是說，這個自性清淨心很難證得。所以你想要了知這個自性清淨心是怎麼回事？眞的很難！只有智慧很好的利智菩薩，得要是智慧很利的菩薩才能了知。那你們明心了以後，心裡就這樣想：「我是利智菩薩了。」（大眾笑…）是啊！但是這個自性清淨心中竟然含藏著染污種子，未明心的人是很難理解這個道理的，所以第二個法才說：自性清淨心中含藏著染污種子，這也是很難了知的法界眞相啊！這也是利智菩薩才能了知的。所以你們悟了以後說：「我悟後有時還是免不了會生一點氣，這也是染污，可是我的如來藏時時現前都是這麼清淨，眞的慚愧！我還是要轉依祂，以後要一點一滴來改變自己。」就這樣轉依如來藏的清淨自性而漸漸去息滅煩惱薪，這時當然更是聖人了。這個道理，不迴心的二乘聖人只能夠相信　佛所說的聖教，承認有這麼一個自性清淨心而有染污，卻是沒有辦法親證的。所以二乘人由於信佛語故，相信這兩個法自己雖然不能親證，卻一定是法界中的事實。可是印順法師等人是不相信的，所以公開否定第七、八識，主張一切人都只有六個識，完全不相信人類有八個識。昭慧法師信受印順法師的邪說，她在香港演講時也同樣地公開否定，並且登載於她發行的月刊中，成爲公開謗法者。所以說，想要讀懂經文，眞的很難，除非已經實證了。

這張問題紙，接下來又問：「(二)、有人出示以下經文，說在家衆爲出家衆說法爲不如法，不知經文所示眞義爲何？又該如何消除其疑惑呢？懇請導師開示。經文的出處是《法苑珠林》卷九十八：『又《大五濁經》云，佛涅槃後當有五亂，一者當來比丘從白衣學法，世之一亂。二者白衣上坐，比丘處下，世之二亂。三者比丘說法不行承受，白衣說法以爲無上，世之三亂。四者魔家比丘自生現在，於世間以爲眞道諦，佛法正典自爲不明，詐僞爲信，世之四亂。五者當來比丘畜養妻、子、奴僕、治生，但共諍訟，不承佛教，世之五亂。』」如今台灣佛教界中，有哪一個比丘畜養妻、子？或許眞的有，但都不會宣揚出來讓大家知道，我也從來不想瞭解；縱使瞭解了，證實了，我也不想講出來。

如果在家衆爲出家衆說法爲不如法，那麼就有問題了！古時有那麼多的俱解脫、三明六通的大阿羅漢去兜率陀天，聽　彌勒菩薩說法，也是　彌勒上座而大阿羅漢們在下面坐。請問：彌勒菩薩是在家眾或是出家眾呢？是在家眾、出家眾？是在家之身啊！祂在兜率陀天可不曾受過聲聞出家戒，而且是穿天服、戴天冠，還留著長頭髮啊！請問祂是在家身或出家身呢？又如古時佛世的 維摩詰居士是在家或出家呢？文殊、普賢又是示現為在家相或出家相呢？千萬不要誤解經典的意思，或者把一個凡夫比丘寫的書當作聖旨看待。也不要因為有出家法師看見在家人能說法，寫了文字而拿來作文章，於是就跟著凡夫法師的愚癡言語而盲目信受。

什麼是在家與出家？我在《念佛三昧修學次第》書中都已經講到那麼清楚了！大乘菩薩僧中有勝義菩薩僧、凡夫菩薩僧，會外那些法師們到現在都還眞的弄不清楚嗎？其實應該是弄清楚了，只是受不了我示現在家相卻能演說勝妙法吧！等覺、妙覺菩薩絕大多數都是示現在家相的，初地以上的菩薩們百分之九十五都示現在家相，即使娶妻生子了，但本質上卻都仍然屬於出家人，因為都是「生如來家、成眞佛子」。所以說，想要眞正修學佛法（不是修學羅漢法），還眞的要有智慧才能判斷正說或邪說呢！

關於菩薩僧，我記得以前聖嚴法師座下有個弟子叫作果通法師，因為昭慧法師說經典中有說菩薩僧（菩薩僧有分為在家與出家的不同）。那位果通法師不信有菩薩僧，只信有聲聞僧，就寫文章跟昭慧辯論。因爲在農禪寺，他們的門風是：不論你們居士們修行多麼好，出家法師還是至高無上的——即使出家以後什麼都不懂，也還是至高無上的。你們在家居士即使悟了道，還是得要低聲下氣，不許說法，更不許幫助別人鍛鍊看話頭功夫及建立正知見，那都是出家法師才能做的。在我離開農禪寺之前那兩年中，我都不敢講話；當人家問我任何法義時，我都只說：「**是！不是！**」或者只說：「**好！不好！**」所以當時有許多人誤會我，就這樣說我：「**蕭居士太惜法，都不肯教導別人，他眞苛！**」其實是因爲我不能講話，因爲那個道場是獨尊僧眾爲尊的，我是不許說法的。因爲我曾經被寺裡的凡夫法師在正式場合當眾「洗過臉」的，我當然知道不能爲人說法，所以那兩年我都不講話，只做事（雖然他們都沒有實證，而我早就實證了）。

但是你們要瞭解：在佛世時，大乘佛菩提道的證悟，並不是以出家眾爲主的，表面看來還是以在家眾爲主的。而那時大乘佛教中看來看去都是在家眾，其實現在家相的許多菩薩們本來就是出家眾，卻都不示現出家相。因爲示現比丘、比丘尼相的出家人都是受聲聞戒的人，然而受菩薩戒的人卻不必一定要出家，即使出家了也往往不受聲聞戒而示現爲在家相的菩薩。菩薩出家了當然也可以加受聲聞戒，但不是受了菩薩戒就一定得出家，然而受聲聞戒的人一定要出家。受聲聞戒以後出家了，如果不以菩薩戒爲正戒，而以聲聞戒作爲正解脫戒，反而將菩薩戒定位爲別解脫戒，請問：他修的是什麼法門？當然是二乘聲聞法的解脫道，最多只能成爲阿羅漢。

但是出家而且受了菩薩戒以後，若是以菩薩戒爲依歸，那就是出家的菩薩僧。可是，出家的菩薩僧中，又有出家相和在家相之別。譬如 文殊、普賢菩薩，全都是出家的菩薩僧，卻只受菩薩戒而不受聲聞戒，都不剃髮，也不穿著已被染成壞色的聲聞僧衣，而是穿得如同天人一般的華麗；祂們雖是出家人，卻示現在家相。維摩詰菩薩則是在家的菩薩僧，娶妻生子卻仍然是等覺菩薩，依然是菩薩僧——諸地菩薩都是菩薩僧。當時只有 彌勒菩薩是現聲聞出家相的菩薩僧，因爲祂同時兼受聲聞戒與菩薩戒，以便幫助 世尊統攝所有阿羅漢等聲聞僧。佛世的菩薩僧就已經有這麼大的不同了，這卻是當代佛門中的大法師們所不知道的歷史事實，至於大多數的小法師們可就更不知道了。

但是，在家人如果要說自己是菩薩僧，至少得要證悟了，才有資格說得上；若是還沒有證悟，或是悟錯了，就不算是菩薩僧。若是嚴格定義的大乘菩薩僧，那可是入地以後才能算是真正的菩薩僧，因爲這正是經中所說的「生如來家、成如來子」，是如假包換的菩薩僧。所以你們在同修會的講經法會中，不要像會外不知內情的人們那樣隨便亂說：「大家都坐在下面聽經，可見下面坐的都是凡夫僧以及在家的凡夫。」雖然都坐在下面聽我講經，其中卻有很多菩薩僧，在家與出家的菩薩僧都有。因爲既斷三縛結，也通般若，甚至於有一些人還能通達第三轉法輪經典的種智之學；這都是由於實證了如來藏，能現前體驗祂，現前照見如來藏隨時隨地都那麼分明現前，當然是菩薩僧。但是在人間，我們仍然要尊崇聲聞相的住持三寶；所以不管有沒有悟，只要現聲聞出家相，我都請他們坐到前面來。

因爲真實證悟的菩薩們根本不計較身相，根本不會執著聲聞出家相。所以大乘菩薩們示現聲聞出家相的人並不多，即使因緣需要他們出家，大多也會示現在家身相而出家，如同 文殊、普賢一般，這是佛世已然而不是現在佛教界這個樣子。證悟菩薩們總是不計較身分的，雖然是真正的菩薩僧，也沒有因爲證量與身分的高貴而生起慢心。譬如 維摩詰菩薩特地去見阿羅漢，爲他們說法，往往是一位又一位訶斥：「你這位阿羅漢說法錯了，不該如此說。」遇到另一位阿羅漢時也說：「你這個說法錯誤，不該誤導眾生。」

有時甚至還當面斥責俱解脫的大阿羅漢：「那個人身上本來無瘡，你爲什麼要把他剜肉補瘡？」或者說：「他本來沒有病，你爲什麼要增加他的病？」總是訓示阿羅漢們。但是，當他要訓示阿羅漢們，要爲阿羅漢們說法之前，總是先向阿羅漢頂禮；因爲阿羅漢們迴心大乘以前，心中總是有聲聞出家身分的執著。

在佛世大乘法弘法的早期，阿羅漢們大多還沒有迴心大乘，他們都看不起在家菩薩們，所以當 維摩詰居士向他們頂禮時，他們大多是站著受禮的，很少人避身到側面來扶起 維摩詰居士的。你們從大乘法的實證立場來看這件事情，顚倒還是不顚倒呢？維摩詰是等覺菩薩啊！阿羅漢如果迴向大乘來修學佛菩提道，都還不到第七住位，最多只是三賢位中的第六住滿心罷了！然而第七住修到第十住滿心之後，還有十行、十迴向等著他們修習；之後還要進到初地，入初地以後再進修兩大阿僧祇劫才能到等覺位。想想看：阿羅漢離菩薩等覺位有多麼遙遠？簡直是天地之別。然而天卻來跟地頂禮，阿羅漢也敢站著受禮，這是爲什麼呢？是因爲他們有聲聞出家相與證量上的執著，認爲自己是人天應供，卻是還不懂佛菩提的。

拉回到現代來說，其實，眞正的出家，是出離三界家的人。身出家而心未出家，只是表相上的出家，不是眞的出家人。至少得要斷了三縛結，才能算是眞正的出家人；可是斷了三縛結而且色身也出家了，卻不知道大乘三賢位中的第七住菩薩心境與智慧。七住菩薩身雖在家，心卻住在出三界的本來自性清淨涅槃境界中，而且又同時在三界境界中利樂有情、自度度他，這種心境不是未迴心的阿羅漢們所知道的。所以出家的本質是什麼？大家都因為我藉今天這個問題的解答，可以進一步深入瞭解。

但是菩薩如果悟了——開悟明心了，他雖然示現聲聞出家相，也不該認為自己是出家的聖者；不該這麼想，因為這樣就不是眞正的出家人啦！他就是沒有成功轉依如來藏的凡夫了！認為自己證悟了，是聖僧了，已經是落入五陰之中了；從如來藏實際理地自住境界中來看，哪有什麼證悟與出家的事相可說呢？所以，還沒有證悟之前，崇拜聲聞相的出家人，我認為是正常的，我並沒有責怪的意思，只是把出家的眞正義理為大家說明。

我這一世是在家人，但我才是眞正的出家人，不論是從實證上來說，或是從出家的歷史來說。我在佛世就出家了，親承　佛陀教導，一直保持著出家身，直到上一世才沒有再出家，住在江浙苟且偷生一輩子。那是因為時局非常混亂，根本不可能弘揚正法；若是強行弘揚如來藏正法，只會很快喪身捨命，不如靜靜等待時機。但上一世終究沒有機會可以弘揚正法，直到這一世，才有機會可以弘揚正法，但也還是困難重重的。所以我出家以來，已經是兩千多年了；若是這樣算來，那些才出家一、兩世的出家人，有什麼可以傲人的呢？因此我還是這樣說：**是不是出家人？要依往世經歷及證量來決定，別只看這一世的表相。**那麼我上座說法時，有什麼過失呢？

《法苑珠林》的編寫者那樣寫，當然是有其時代背景的，不一定如同那位出家人摘錄出來給您的這一段文字意思那樣；將來把這個講經內容整理成文字時，請編輯者再求證一下，弄清楚《法苑珠林》中的原意再作說明，我這裡就暫且不評論它。（編案：《法苑珠林》卷98該段文字之後有如是記載：「今時屢見無識白衣，觸事不閑，詐為知法，房室不捨，然爲師範。愚癡俗人以用指南，虛棄功夫，終勤無益，未來生世猶不免獄。故智度論云：『有其盲人自不見道，妄言見道；引他五百盲人並墮糞坑，自處長津，焉能救溺？』」這是指陳當時說法的白衣並未見道，仍未寡欲故不能棄捨世財，身未出家，卻欺詐當代學佛人而自稱有道，出世爲人師範，以凡夫知見妄說佛法，戕害眾生法身慧命。這是指責未證道的在家凡夫，詐稱有道而誤導眾生，並不是在指責確實證悟「智慧到彼岸」的在家菩薩僧。又，《法苑珠林》並不是經典，是古時一位名爲釋道世的僧人所撰，意在勸誡佛門中人：凡是還沒有證道的人，不要隨意爲人師範、爲眾生說法，以免誤導眾生而犯下了地獄業。）

我要說的是，說法者是否有實證，這個前提才應該是學佛人最重要的考量標準。若是還沒有實證，縱然身穿僧衣，頭上燙了戒疤出家了，又能如何？實證的是那個人本身，爲人說法時也是那個實證者本身，不是由僧衣或戒疤來實證、來說法的。如果身穿僧衣、燙了戒疤出家，就表示他確實有證量，或表示他說法一定不會錯誤，那麼所有人只要出家穿起僧衣，燙了戒疤以後，應該就會變成都有證量、很能說法，而且所說的法都會正確了！那麼這樣一來，顯然會說法的人並不是那個人，而是那件僧衣及戒疤了！然而有這個道理嗎？所以，有無證量，說法有沒有錯誤，是看那個說法者本身，而不是看他是否有穿僧衣？是否有燙戒疤出家？

如果對經典有深入讀過，只看《華嚴經》就知道這個道理了。《華嚴經》中 善財大士五十三參，其中有兩參是參訪 文殊師利，實質上是五十二參。這五十二參就是成佛之道的實修，是從初信凡夫位直到等覺位的過程。在那五十二參裡面究竟有多少在家菩薩？又有多少出家菩薩？而出家菩薩之中又有幾位是示現聲聞相的？諸位有沒有算一算？我曾經好奇而算過，只有七位示現聲聞相的出家菩薩，而且其中有五位是在最前面、最低的層次中；這五位之中，有四位是比丘，都還在十信位中；另外一位比丘尼是剛過了十信位而進入初住位中，剛剛開始外門勤修布施行。其餘兩位聲聞出家相的菩薩是等覺位的 彌勒比丘，另一位則是第四行位的比丘尼。其餘的出家菩薩，特別是等覺位的 文殊與普賢大士，雖然也是出家人，卻都示現在家相。

善財大士五十三參中的善知識們，最究竟而排在最後面的是誰呢？是文殊跟彌勒。善財大士所參訪的善知識中，越到後面，層次越高；可是最後面的那些菩薩們，有哪一位是示現出家相的菩薩？只有 彌勒菩薩一位，其他就沒有了！眞正大乘出家人的 文殊與普賢，也都示現在家相，不示現聲聞出家相。凡是修學佛菩提道想要成佛，到初地以後大多數是示現在家相的，目的只是爲了儘早除掉煩惱障的習氣種子。阿羅漢們只斷煩惱障的現行而不斷除習氣種子流注，入地的菩薩們卻都要同時斷除習氣種子，所以要現在家相，讓無智的凡夫們橫加磨鍊啊！

這就像那一位聲聞相的出家人，今天藉我們這位同修提出這個題目來問我，意思是說：**你只是一個居士，怎麼坐在上面說法？竟敢讓至尊無比的比丘們坐在下面聽法**。我知道他是在表達這樣的意思，但是我無所謂，大家也不要因此而起了惱亂。我反而是要藉這個機會感謝他，讓我有機會把正確的道理說給諸位聽，提升大家的正知見。當然，如果有哪位聲聞相的出家人，能夠像我這樣說法，我也願意下座聞法，諸位應該也是願意我下座聞法的。那麼我也很歡迎有這樣的聲聞相出家人上座說法，我可以少費一點力氣，也可以有更多時間為今世所設定而至今還沒有完成的道業繼續努力。

那麼，色身不論出家或在家，都只是一世的表相。如果是您原來的師父抄了這段文章來問我，回去以後就請您問問您的師父，請問他到這一世為止，總共出家幾世了？我是從 佛陀在世時就在佛座下出家了，直到上一輩子才示現在家相，在江浙生活，這一世是第二世示現在家相。因為我接下來的佛道過程中大部分會以在家身來修行，而且我這一世幹的事情非得要在家才行。你們看見《狂密與眞密》的內容沒有？出家法師能那樣寫嗎？那樣寫出來以後人家會說：「哎呀！師父！你怎麼寫這個東西？」（大家笑…）可是，如果不像那樣寫得很詳細、很清楚，藏傳佛教又會繼續混淆是非，說他們的密續不是我說的那個意思，那麼破斥藏傳佛教的工作仍然達不到效果，依舊會功虧一簣，將來還得重新再詳細寫出來。但是，在必須寫得很詳細、很露骨的情況下，聲聞相的出家人可以作嗎？方便作嗎？不但不方便，也不能作，所以我得要現在家相，於是我怎麼寫都沒關係（大家笑…），佛門中人讀了以後終於知道藏傳佛教是什麼了，就不會再被藏傳佛教所騙了。雖然覺得有一點點黃色味道，可是大家都會說：「那是在家居士寫的啦！沒關係啦！」不信的話，你們請悟圓師父提筆寫寫看（大家笑…），他一定說：「我不敢寫，一定會被罵死了。」一定不敢寫，瞭解了嗎？

有很多的因緣一直變來變去，但是我沒有執意說我下一輩子一定要在家或一定要出家，我都無所謂。反正 佛叫我出家我就出家，佛安排我在家我就在家，我都無所謂。那麼這一世安排我在家，我就作這件事情，這就是我這一世要現在家相的緣故；因爲我既然要來作藏傳佛教的終結者（大家笑…）就一定要現在家相啊！如果我這一世穿起僧服來，也是不敢執筆寫出這種書本啊！假使寫了出來，人家隨便哪個徒弟問我說：「師父！你怎麼敢寫出這種東西？辱沒僧寶！」那時該怎麼回答？說老實話，我這一世現在家相，寫這種書出來，都還有一些同修對我說：「老師啊！那個無上瑜伽的內容，能不能不要寫？」但我還是得要寫，否則藏傳佛教喇嘛們還是會繼續狡辯，那麼破斥藏傳佛教邪謬教義的工作就無法徹底完成了。你們想，我這一世現在家相，而我們的同修們大多也是在家之身，都還有不少人認爲我這樣詳細描述藏傳佛教的無上瑜伽，覺得眞是不好意思；那我如果出家了，還能作這種破盡藏傳佛教邪法的事嗎？當然不行！

至於想要破斥印順法師的邪法，我也不能出家。我若出家了以後，剃度師、軌範師、親教師、依止師都會命令我不許寫出來。那時，是不是要違背師命？我是不是要違背呢？若是不違背師命，就只能眼看著正法被繼續破壞下去；若是要違背師命，就得背棄師門，然後就是一堆毀謗之言，欺師悖祖等等難聽的話都會傳出來。縱使寫出《狂密與眞密》，佛教界也會因爲我違背師命而不肯信受；若是要遵照師命，卻又不能動筆囉！那麼眼看正法被他們繼續破壞下去時，又該怎麼辦？要坐視不理嗎？所以大家應該要瞭解：如果是凡夫菩薩僧，一定現出家相，因爲在家人不可能稱爲僧；但如果是勝義菩薩僧，可就不一定了！會有出家相，也有在家相的菩薩僧。大家還要特別注意，千萬別將外道寫的東西拿來在佛門裡面用，譬如一貫道故意創造一部僞經，然後說：「地獄門前僧道多。」又畫個圓，畫個地獄，說地獄的入口有很多佛門出家人等著入地獄。這眞是居心叵測，然而怪的是，竟然也有一些比丘還跟著瞎起鬨，跟著外道這樣說，著實令人不解。

所以大家對佛法要有正見，譬如關於勝義菩薩僧，佛世的 彌勒菩薩、地藏王菩薩都現聲聞出家相；至於其他的出家等覺菩薩們，大家可以算算看：觀世音菩薩呢？大勢至菩薩呢？文殊、普賢呢？都和在家的 維摩詰一樣示現在家身相，卻只有 維摩詰菩薩一個人是在家人，其餘的出家等覺菩薩也都示現在家相。然而 維摩詰菩薩仍然是出家人，因爲祂是「生如來家、成眞佛子」，是不折不扣的菩薩僧，在大乘佛法中的階位不下於 文殊、普賢、觀音、勢至。所以不要用色身的聲聞相或在家相等表相來作文章，在這上面作文章時一定會作錯；如果更進一步，因爲只看色身的出家或在家表相就謗人而謗正法，那可就完蛋了！因爲這是既謗勝義菩薩僧，又謗最勝妙的大乘正法，捨報後就得下地獄去。這一下去，絕對不是兩劫、三劫就能出來，一定是七十大劫，而且是下無間地獄；無間地獄的一天等於我們人間幾劫呢？那些謗勝義菩薩僧的聲聞相的出家人，可都不懂。而且無間地獄中，同樣是三十天一個月，一年十二個月，這樣想想看，無間地獄的七十大劫是多久的時間？那麼久的時間裡，都要在那裡領受從無間斷的極大苦惱。假使諸位有因緣遇到執著聲聞出家相的人，當他們謗法又謗賢聖時，可得要跟他們說清楚。而這張問題中引述出來的內容也眞的是邪惡：「當來比丘畜養妻、子。」經文中的當來比丘當然是講現在的比丘們，然而即使是有，我們也要隱瞞，要遮蓋啊！免得世人因此而把所有佛教比丘都視同世俗人，全都認定是暗中養妻生子的惡人，佛法還能弘傳下去嗎？

第三個問題：「導師書中常提及宣化上人因謗第一義諦，捨報時墮入鬼神道，許多佛子閱後頗有疑問，可否請老師詳述此事前後因果及可徵之相狀，以解群疑。」這件事情在公開場合來講，實在是不好啦！不過如今既然公開問了，我事先也不知道今天會有人問什麼題目，如今也就只好講了。宣化法師有大神通，是大家公認的，連號稱神通很厲害的馮馮居士，都自稱他的神通不及宣化法師。但是神通救得了宣化法師嗎？神通可以看得見自己誤導眾生以後，將來所要負的因果嗎？都看不見。宣化法師在捨報前那幾個月神智錯亂，要是有人不信，可以去查證啊！去問跟在他身邊的比丘、比丘尼眾，你們都可以去問，而且也有人寫在文字上登載出來了。宣化法師在捨壽前那一段時間，弟子們已經弄到沒辦法了，後來去大陸找一位有神通的氣功師請求幫忙，那位氣功師也不敢管，他說：「你師父神通比我大，他都對治不了；我神通比他差，我還有辦法嗎？」就這樣子胡言亂語而過世了，這是佛教界很多出家法師所知道的事。

所以他死後，聽說南投縣蓮因寺的懺雲法師每晚都為他迴向，也都為他施食，因為聽說他落入鬼神道去了！但是宣化法師死後的事，少人了知，他們都只知道生前而不知道死後事。我們有位師姊以前跟宣化法師有大因緣，宣化法師剛去美國時負債一千萬元，這位師姊發了願，要幫他把債務了掉，於是就幫他處理。雖然她也曾受到宣化法師座下很多法師責難，但她還是忍辱實行，還是設法把宣化法師那一千萬元負債了掉。了掉之後因爲宣化法師座下有很多人排擠她，這位師姊只好回台灣來。後來她在我們會裡學法，當她學會無相念佛之後，過不久，宣化法師往生了！那時同修會成立不久，正是我們參加中正紀念堂的元宵燈會那一次。這位師姊在宣化法師往生後，每逢她禮佛作無相念佛功夫時，宣化法師就來現前，總是容顏慘澹，卻都沒講話。師姊看了也很難過，因爲她跟宣化法師的因緣是那麼深。當她第二天禮佛時，宣化法師又來了！連著三天都如此。後來師姊問親教師該怎麼辦，親教師來問我，我說：「**既然她還沒有悟，就請她以無相念佛的功德幫他迴向吧！**」第四天禮佛時法師又來了，師姊就爲他迴向——用她學會無相念佛的一心不亂念佛功德爲他迴向，然後他就不見了！從此以後就沒有再來了，可能已經得了功德離開鬼神道了！

但是這件事情佛教界知道嗎？都不知道。今天既然有人以文字公開提問了，我只好公開說明。曾經有人說：「**宣化法師就是收太多供養了，所以才**

會落鬼神道。」眞是胡扯！他受了供養以後，並沒有積聚起來專門作爲自己使用。據說他吃得很儉省，住得也很儉省，戒律也很清淨，在這種情況下，不可能是因爲收人供養而墮落鬼神道的。那他爲什麼會落入鬼神道中？是因爲說法錯誤。他最有名的說法錯誤就是：「一萬隻螞蟻的眞如合起來成爲一個人的眞如，一千個人的眞如合起來成爲一條鯨魚的眞如。」這是他在世的時候常講的，因此誤導了許多眾生。好在他很努力在弘揚佛法，持戒非常地清淨，是我所恭敬的人；只是因爲智慧沒有開，才會虛妄講說第一義諦，造就惡業。如果他當時接受廣欽老和尚對他的評語，不要自認爲開悟，不講第一義法，繼續努力參禪及度人，那就沒事啦！

宣化法師的開示，等於說眞如是可以合併、分割的；就像是藏傳佛教說成佛以後眞如要跟佛合併，所以他們觀想自己的心或光明要融入佛的心中或光明中去。所以藏傳佛教說瑪爾巴死的時候，對他的妻子（他有七個太太），他觀想七個妻子的心，把她們的心從一個人融入另一個人心中，七個心融成同一個心以後，再觀想融入他自己心中，再觀想自己成佛而使七個妻子都成佛。這樣說法弘揚的人，全部都是嚴重的破法行爲。但是這些破法的行爲，都還沒有印順法師那麼嚴重。宣化法師只是錯說第一義諦，不是故意破壞；

印順法師卻把第八識眞如心否定，使得二乘涅槃成爲斷滅空，也使得大乘法的甚深般若變成戲論，又暗示說第三轉法輪的唯識諸經是外道神我思想，是後人創造出來的。宣化法師只是錯說第一義諦而已，果報已經是這樣；而我無量世以前有一次惡意評論善知識，也只有評論一句話而已，就落到了旁生道而成爲老鼠去了。這是我定中所親見的，在定中還讓我體驗老鼠的生活，老鼠也是八識心王具足的；也重新體驗當時那隻老鼠怎麼跟貓鬥智，那時我思索著要怎麼逃過牠，結果還是鬥智輸了，一爪就被撲死了。好在福德夠，一世老鼠身就了掉那句話的惡業了（所以我絕對不會在沒有根據的情況下，就說別人的法義錯了）。這是我親自的體驗，請諸位學佛法時一定要小心。

你們都可以來問問題，但是不要來挑戰。雖然我常說我很笨，但是放眼佛教界，還沒有人可以挑戰我。雖然事實上如此，但是我仍然不敢生起絲毫慢心，因爲全部都靠背後這一位 瞿曇老人幫襯我，而我總是覺得距離祂的境界好遙遠、好遙遠。我總是覺得自己智慧非常不足，卻又可以講出當代一切大師們所無法講出來的妙法。我雖然是從小被二哥敲腦袋敲大的：「你怎麼這麼笨？老是拿東西去送給外人。」但是這個最笨的、最小的小弟寫出來的書，那位常常敲我腦袋的最聰明哥哥，到今天都還讀不懂；而我這個智慧卻不是一生一世能成就的，是一劫又一劫慢慢修學上來的。在世間法上籠罩別人，這方面我很笨；但是在佛法上面，馬馬虎虎還可以應付一些。所以我們很歡迎大家來問問題，但是千萬不要來污辱大乘三寶；因爲大乘勝義三寶的本質，那位提問的聲聞法師是不懂的。所以，以後別再寫出有辱大乘勝義菩薩僧的問題來，這樣對他自己並不好。

但是今天您幫他問了出來，不是因爲自己有所質疑，而是因爲有聲聞法中的出家法師誤導了您。您若是爲了教導眾生而提出這個問題，我卻是要感謝您；因爲您製造一個機會，讓我有機會把這個事情說明出來。以上是今天當場發問的問題。藉這個機會要交代諸位：**讀經典或論著時不可以全部相信，要先判斷是眞經或是僞經？是眞論或是僞論？**若是凡夫位的古人著作，就得保留一些了。譬如說經典，密教部的經典大多數就不純了，更有外道模仿密教部的密續經典再創造一些經典出來，那就更有問題了。譬如密教部有一部經叫作《佛說八陽神咒經》，然後就有附佛法外道創造了一部《天地八陽神咒經》，混進佛門中。這「經」一看就知道是中國人創造的，因爲經中還會拆字，而且是拆中國字，那裡面說「左撇爲天，右撇爲地」，佛陀還會爲中國人拆解中國字嗎？但是新竹有一個藏傳佛教的精舍，卻把它印出來到處流通，現在都還在印行啊！密教部的經典，可以說百分之九十九是僞經，外道再模仿密教部的僞經，再創造出僞僞經，然後印出來流通，說這樣會有功德。這樣印製流通出來以後，會有什麼功德呢？會有下地獄的「功德」。

所以佛法很難弘揚，到了末法時代，什麼現象都會有，眞的令人感傷。

我今天拿到這一份《法鼓》月刊（編案：是和報紙一樣「全開」的兩大張對摺，共有八頁），請大家看看最後一整頁的報導，全部是聖嚴法師與藏傳佛教喇嘛們往來的事情，對象全部是邪淫的藏傳佛教喇嘛！我們最近印出了《狂密與眞密》，他們這一份大概是二十幾天前編輯的，故意把聖嚴法師與藏傳佛教喇嘛常常往來的報導篇幅弄得很大，故意繼續用藏傳佛教來自抬身價，似乎想要與我們破斥藏傳佛教的立場打對台，看來法鼓山準備要公開行走藏傳佛教邪淫的路子了！依我看，藏傳佛教的本質，等到《狂密與眞密》四輯都讀完了，藏傳佛教就沒有密可言啦！不再是「密」宗了。法鼓山研究藏傳佛教將近二十年，到現在還不知道藏傳佛教的底細嗎？或者其實是裝迷糊？

但是藏傳佛教的底細，我們比他們知道得更清楚。我這一世研究藏傳佛教多久？不到兩年。我把他們的《密續》讀一讀，就勾起過去世在藏傳佛教覺囊巴時的一些東西，於是就把它寫出來。我們《狂密與眞密》後面附的那些參考書目，都是藏傳佛教的東西；每一本我都是大略的翻一翻就知道內容了！有的書本我一次兩行就讀過去了！人家一目十行，我沒那麼厲害啦！我一目兩行讀完了，不然那兩百多冊，我能有多少時間來讀？但我卻很清楚地了知藏傳佛教的內容了，而今天法鼓山爲什麼還要公開地繼續搞藏傳佛教的東西呢？當然背後是有原因的，所以這就是末法。

因此，大家對佛法應該要有正確的知見，如果沒有正確的知見，問題將會很嚴重；有時候所作的業行不是善業而是惡業，但是卻往往會把惡業當作是善業；那時造作了破壞正法的惡業，還以爲是在護持正法呢。印順法師不是自以爲正在護持正法嗎？但是他造的護法功德卻好像拿一把沙土丟到指甲上面來，他的護法功德就像指甲上面殘留下來的沙土那麼少，而他破法的惡業卻像大地土那麼多。因爲印順法師把三乘佛法的根本砍掉了，印順對佛法所解說的義理，已經讓二乘法變成斷滅空，也讓大乘的般若變成戲論——性空唯名，印順更將第三轉法輪的經典定位成外道神我。印順法師把整體佛法完全否定掉，用他**自以爲**是的解脫道來取代眞正的佛菩提道，也取代了佛門中眞正的解脫道，那他的三乘佛法還有什麼可說的呢？所以印順法師的問題非常嚴重，諸位學佛法時眞的要很小心。

在路上，有時候看見一條狗躺在屋簷下，我也不敢起一個惡念說：「踢一下，看牠會怎麼樣。」我都不敢！因為有時候牠可能是菩薩的一種示現，或是故意藉這種方式快速消磨自己貪著尊貴身分的極微細習氣種子，這很難說。有時看見一個外道，有的人心中也許這樣想：「你這個外道怎麼也在說佛法？哼！真是個外道。」別只看他的外道身相，有可能他是大菩薩，卻故意示現外道相，入外道法中，用外道法度外道入佛門。譬如薩遮尼揵子是個大外道啊！但是他後來卻度了一位國王信佛，後來見到 佛的時候，佛才說明這是地上的菩薩。不知道的人往往跟著大眾罵：「外道！」然而罵了大菩薩以後，捨報時該怎麼辦？該怎麼辦呢？所以我評論某些大師的法義時，從來不是作人身批評，只作法義辨正；而我判論他們法義的時候，也不看他們在家或出家的身相，只看他們所說的法義。

最近藏傳佛教又出現了一個阿王諾布帕母，其實應該是附藏傳佛教的外道，藏傳佛教不一定會承認他。這個人在台灣出版了書，有可能是義雲高假扮冒名的，就像仰鄂益西也是他化名的一樣，他應該是一個人有三個身分。但是他寫了一本書，有人送給我；我看是從我《念佛三昧修學次第》書中抄過去的，可是因為講的道理並沒錯（因為是抄我的法義嘛！）既然沒錯，我就不評論他。但是義雲高以自己的身分錯說了佛法時，我就得評論；至於他用這個化名寫的書，我就不評論；可是他用仰鄂益西名稱寫出來的書中法義錯了，我就得要評論。但是，台灣東海岸的某某法師竟然因此就私底下說：**因爲我不曾批評阿王諾布，所以我是支持藏傳佛教的**。她這樣說，其實是心術不正。說法時不應該這樣，應該憑著良心來說；對就對！不對就不對！不該含糊混淆。不能因爲對方的身分就故意那樣說，應該依法論法。

所以如果有一天突然有個外道出來弘法時，所說的法完全符合佛法，我也會認同他；不但認同，我還會寫在書上公開認同他。可是如果印順法師身現佛教聲聞相的法師身分，德望那麼高，示現聲聞比丘相，他若是說錯了，我還是得要照規矩辨正，不能賣人情。不管是什麼身分，如果我的老爹說法錯了，我照樣評論，絕對不能拿佛法作人情啊！如果我錯了，我照樣批評自己，並且往往寫在書中公開懺悔、認錯、訂正，必須要這樣子啊！有這樣的無私無我心態，才夠資格修學大乘佛法。如果都是在表相上面做文章，那個人一定不是眞正的菩薩；即使受了菩薩戒，也只能稱他爲新學菩薩。新學菩薩的毛病很多，經中 佛陀講過有很多種。諸位在這上面也要多留意，修學佛法時若是沒有絕對把握，最好少說話；閉嘴最好，只作壁上觀。等人家筆仗打過幾年或十幾年以後，你再來下決定嘛！明哲保身才是聰明人，在你還沒有絕對把握之前，在你還沒有親證之前，儘量不要說話，不要去說誰對誰錯。

還沒有具足把握之前，不論你說誰的法對，有可能他其實是錯誤的，那你支持他的時候就變成破法了！因爲讚歎邪法也是破法的行爲。如果人家所說的法正確，你卻說他是錯誤的，這也是破法；譬如被印順法師誤導了，就把弘揚如來藏妙法的菩薩說成是外道神我，可就是嚴重破法的事情了，所以學佛時要很小心。那麼這一次禪三（既然要講次法，我就多說一點），有位師姊在小參室中，我一直考她（我這叫作問答——以問爲答，佛常常用這種方法），以問爲答。有很多人剛進小參室的時候，都是只知道總相：「**啊！如來藏就是這個。**」只知道這樣，可是般若智慧出不來啊！可是等他們離開小參室的時候就七通八達了！因爲我施設了一些題目來考他們。表面看來是我在刁難，所以進來小參室時我就東問一句、西問一句、南問一句、北問一句，若是覺得還不夠，就跟著向上問、往下問，四維上下都問遍了，不就七通八達了嗎？所以出了小參室的時候，這也知道，那也知道。

可是有些人眞的是知見不夠，就說我刁難他。今天我講出這件事情，被我講的人先別生氣，應該要高興的是：當我拿你出來講的時候，你已經成就了幫我作法施的功德。但我不會說出你的名字，你也別自己對號入座。（大家笑…）有一位師姊進了小參室，我就不斷地問她，拿《維摩詰經》的話問她：「法離見聞覺知，怎麼說？」「菩薩諸有所作都從道場來，怎麼說？」「不知是菩提，怎麼說？」「不會是菩提，怎麼說？」「不知是菩提，怎麼又會說知是菩提？」七顛八倒亂問一場，這位師姊當時受不了，就跟我說：「哎呀！老師！你不要跟我玩文字遊戲嘛！」（大家笑…）可能她沒讀過那一部經典，我不以爲怪，也不以爲忤。

如果是在外面的道場，主七和尚早就把她趕出去：「妳怎麼罵我是文字遊戲？」可是我們監香老師說：「奇怪！她說老師這是在玩文字遊戲，老師還一心要把法送給她。」我說：「我不覺得有什麼奇怪的，因爲既然來參加了禪三，就是由於知見不夠才沒有悟嘛！所以我們就是要幫忙嘛！那她可以被錄取，一定有被錄取的因緣，我們就透過這樣考來考去，她就增長智慧了。」所以我對她說：「這個不是文字遊戲，這樣一問一答以後，妳才能夠增長實相般若，智慧才能夠湧發。」我相信她回去以後也知道果然如是。這就是問答——以問作答，當我問了以後，她的答案立刻就會出現，於是就有很多的智慧開始跟著出現。但是，我不會覺得她那樣說是在罵我，或者是在嫌我。我完全沒有生起那種念頭，我還是跟她講法，說得很高興。雖然很累，卻真的是法喜充滿。

有位師姊說：「老師！我覺得你這次禪三眞勇，好勇猛哦！」她看我精神百倍，其實我是累垮了！昨晚解三回家休息，我今天卻是睡到早上十點半才起床，因爲三天來都沒有怎麼睡。第一個晚上我也完全沒睡啊！因爲我看到竟然有老菩薩七十幾歲了，晚上不睡覺，還在那邊拼命參究，我看了實在感動。這一批人正是這樣，所以我就陪著幫他們。當然也有很多人去睡覺了，大約還有十幾位半夜還在大殿上拼命苦參，一晚都沒睡覺，我就稍微指點一下。到了凌晨兩點鐘，實在支撐不住了，我才去洗澡，上點藥膏，躺上床時已經凌晨兩點半了！可是躺到四點半打板時還是沒辦法睡著，因爲那個鋁門響聲很大；大家半夜還在參禪，有的人是出禪堂，要進寮房去睡覺；有的人是正好小睡以後出寮房，進禪堂，所以鋁門一直有人拉過來又拉過去，不停地拉著，聲音鑾響的，吵得睡不著。我這回帶了五顆安眠藥去，那時想：「得要吃藥才行。」於是起床吃了，但是躺到打板起床時，仍然都沒睡著，所以第一個晚上根本沒睡。

我就跟賴師兄說：「你得要供應濃茶哦！否則大概沒精神一整天支持小參。」於是整天就猛喝茶，然後每一個鐘頭就一定要去洗一次手；所以這回是每小參一個鐘頭就得休息五分鐘去洗手，當然就順便出來看看大家狀況怎麼樣，有時也指點一下。這一次的護三作息也與以前不同，我們有排時間，規定護三人員在某些時間要進禪堂禮佛，我要看大家無相念佛功夫。如果我認爲功夫夠了，或許可以引導一下，看能不能眼見佛性。所以每過一個鐘頭，我也得出來看他們禮佛時的狀況，得要一個又一個蹲下來端詳他們。我們辦十三次禪三以來，這也是第一次有人中途溜走。但是也好，了掉一樁因果。因爲過去世護持過正法，應該有緣參加禪三。但是中途走人了，這個因果就了了嘛！至於以後能不能再參加我們的禪三？可就是另外再看新的因緣、新的因果了。所以有些事情很難說，不知其中因果的人往往會作錯誤的判斷而亂講話，對自己並不好。所以請大家學佛時務必要小心，不要亂講話，也不要隨著會外那些悟錯的凡夫們所說的錯誤法義，跟著似是而非地隨便講，那都是有因果的。

因此，有些事情最好是有把握才說，沒有把握時最好不說。就像是我寫書一樣，如果沒有證據拿在手裡，我一定不會寫在書中。所以到現在爲止，還沒有一位藏傳佛教的法王、仁波切或者喇嘛打電話來抗議的，因爲我們都有根據嘛！包括藏傳佛教黃教，他們以前都說：「我們都沒有男女雙身法。」但是到現在爲止，藏傳佛教黃教一直沒有人打電話來抗議。以前他們都說：「我們宗喀巴是禁止修雙身法的，所以我們以前不修，現在也沒有在修，我們都禁止雙身法的。」但是他們其實都是公然說謊，而我們現在寫出來，把根據列出來：宗喀巴是怎麼說的，在哪一本書的第幾頁。所以現在還沒有任何藏傳佛教的人來抗議我說他們都有雙身法。

但是也有藏傳佛教的信徒打電話來說：「眞的像蕭老師書中寫的那樣嗎？」我們的答覆是說：「眞的是那樣，而且都有引經據典。」雖然那個引經據典的經與典全都是《密續》，但事實上眞是這樣。然後那位藏傳佛教行者就說：「喔！阿哪眞正有影，眞正會死整窟。」（閩南語）他怎麼會想到這一句話：「死整窟。」悟圓法師聽懂嗎？不懂！我翻譯成國語：「如果藏傳佛教眞的是像你們書上寫的那樣，眞的會整池全都死掉。」我們今天對藏傳佛教要作這件事情，不是因爲恨，也不是因爲仇，更不是要跟他們爭名聞利養；因爲我們把藏傳佛教的法義破了，他們的信徒也不會來供養我—他們的信徒只會恨我而不會供養我—因爲我把他們的夢想破滅，使他們的偶像也破滅了，他們很痛苦，怎麼可能會來供養我？

即使有一天想通了，知道我是救了他們，所以捧了錢財來，我也不受供養。我從來不接受人家金錢、珠寶、色身等等供養，我都不受。所以我們不是因爲恨，或者是因爲別的貪著等原因來作，只是想要讓他們轉變，想要讓他們把外道法丟掉，回歸佛教正法，讓所有藏傳佛教裡的「學佛人」都不會再被藏傳佛教邪法所害。這都只是因爲藏傳佛教那些法義全都是錯誤的，都與佛法無關。而顯教的法義，跟大藏經中密教部的《楞嚴經》法義是完全一樣的；換句話說，藏傳佛教如果回歸《楞嚴經》密法，我就不說他們是外道；如果還要繼續維持藏傳佛教原來的外道雙身法，我們就得要逼他們聲明自己不是佛教，要讓整個社會都知道他們不是佛教。假使他們已經宣稱不是佛教了，那他們再怎麼樣弘法，假使仍有很多眾生願意被他們誤導，但因爲他們是外道而不是繼續打著佛教的名義，那我們也都不會再去評論他們了。我的想法很簡單，藏傳佛教不要再以什麼佛教法王、什麼幾地菩薩的姿態出現在佛教中，想要繼續用雙身法來指導顯教中的比丘、比丘尼們，說一定要修他們的法才能證果、才能成佛。

有個佛教文物店的老闆說：「修雙身法時所用的普賢王如來雙身像很好

賣，因爲有很多出家人來買光了，所以目前沒有現貨賣給你們。」我們是爲了《狂密與眞密》的封面需要照相，所以去買，卻買不到。後來是下了定單，二個月後才獲得（編案：就是第二輯封面的雙身像）。當時我們聽了這些話，心裡很沉重，心想：台灣佛教竟然也已經被達賴喇嘛他們搞到這個地步了。法鼓山以及陳履安等人這幾年（編案：此是二〇〇二年夏天所說）也都大力在幫著支撐藏傳佛教，一起把台灣佛教搞成今天藏傳佛教邪見橫流的地步，所以我們認爲這件辨正藏傳佛教法義的事情，還眞的要徹底去做。不過，在還沒有發展到今天這麼嚴重的三年前，我就已經覺得藏傳佛教在台灣弘法的事態嚴重，所以《狂密與眞密》一定要寫出來。而我們在三、四年前就預告出來了，但他們不信邪，他們心裡想：「你又沒學過藏傳佛教，不懂密法，能寫出什麼密法的書籍？我們偏要借重藏傳佛教的名號來拉攏信徒。」所以他們是抱著看笑話的心態在等《狂密與眞密》的出版。如今我們這本書出版第一輯了，他們沒有反應。沒有反應其實是異常，如果他們自認爲藏傳佛教是佛法，就應該要有反應才對啊！不管是負面的或正面的反應。但是曾經或者仍在暗中繼續搞雙身法的大小山頭大小法師們，以及藏傳佛教的所謂法王們，至今完全都沒有反應——都沒有人寫書針對我的《狂密與眞密》來辨正藏傳佛教的法義，這眞是異常。

那麼我就看他們要不要轉變，我要求他們要轉變；如果各大山頭的所有法師們不肯脫離藏傳佛教，那就請他們脫離佛教。因爲藏傳佛教就像依附在佛教身上的吸血鬼，千年來一直咬住佛教的動脈，一直吸著佛教的血在壯大，而佛教就因此一直萎縮下去。我們要把這個藏傳佛教吸血鬼拔開——請他們聲明不是佛教，跟佛教脫離，那我就不再評論他們了。就像清海那個女人一樣，她已經表示不是佛教了，那我就不評論她。因爲大家如果知道她不是佛教，卻還是要去跟她學，那是宗教信仰的自由啊！當然我們不想干預。但她如果說她是佛教，講的卻是外道法，那我就得要寫書辨正她了。我們的原則就是這樣，不想跟他們爭短長，不想跟他們一較高下。但他們弘傳的是不是佛教的法義？這一定要說清楚。若不說清楚，佛教的了義正法就會漸漸轉變成外道法，當代佛教就會如同天竺佛教後期一樣——只剩下佛教的外殼，裡面全是外道法——名存實亡。

所以我們對藏傳佛教的看法就是這兩點：第一、藏傳佛教要把外道法丟掉。第二、不然就聲明他們不是佛教。這樣就解決了。我們要求於藏傳佛教的，期待於藏傳佛教的就只是這樣，我們並不想趕盡殺絕。但是，既然藏傳佛教法義全都是外道法，卻把外道法拿來套在佛法的最高層次上面，說藏傳佛教的外道法是比佛法中的最勝妙法更勝妙的，宣稱他們是眞正的佛教，還宣稱顯教的法義太粗淺，必須歸依他們，說他們的外道法才是最究竟的佛法，那我們就無法接受。今天既然有人問了這麼尖銳的問題，我們乾脆就回答得徹底一點，讓大家對藏傳佛教、對法義有比較深入的了知，這未嘗不是好事，也成就了那位代提問題的同修的大功德。

言歸正傳，繼續再來講《楞嚴經》。上一週講到「迷」，迷跟悟是對立法，迷人會迷是因爲不明瞭事實，但是迷並不是具體存在的東西。而悟也不可能產生迷，因爲悟的性質本來就是滅掉迷，才會被稱爲悟，所以悟當然不可能出生迷。迷，就好像金礦，悟就好像純金。金礦被提鍊成爲黃金以後，那黃金就不會再變爲金礦沙石。就好像一個人在村落中迷失了方向，一旦有人告訴他正確的方向時，他就不會再對同一個村落迷失方向了！同理，悟了以後是不會再有迷出現的，譬如明心證得如來藏以後，就會永遠都知道如來藏的所在，不會在後來又找不到如來藏；所以如果悟了以後還會再有迷出現，說他後來又找不到如來藏所以說悟境退失了，那就表示他的開悟是假的。

同樣的道理，悟了以後，或者成佛以後，絕對不會再輪迴退轉成爲凡夫眾生。如果成佛以後還會再輪迴退轉而成爲一般眾生，我看，現在諸位都可以回家了，不必再修學佛法了！因爲會退轉的成佛之法已經變成生滅法了。所以 佛說：「如果有一個愚人，在那個因爲眼睛出毛病而出現了空中有花的空地上，重新在等待眼翳所生的虛空花，那個人究竟是愚人？還是有智慧的人？」那個人已經知道以前在那一個空地上所看到的虛空花只是幻相，是因爲眼睛不正常，被眼翳所幻而假有的花所迷；眼翳既然除掉了，幻見的虛空花當然也就跟著滅除了，迷就消失了。他既然已經知道了，後來眼翳被醫除以後，卻還想要在當初看見空花的那一個空地上，等待幻生的虛空花重新再出生，當然是很愚癡的人。佛用這個事例來反問富樓那尊者。

富樓那就回答說：「虛空中本來就沒有花，」「元」就是「原來」。患了眼疾內障的人，在原來那個空地上所看到的虛空中本來就沒有花啊！當時只是因爲眼疾而妄見有花出現在虛空中。也是因爲後來眼疾被治好了，所以虛妄地看見虛空中的花滅了，正常人是不會看到虛空中有花被滅掉的。「當那個人誤以爲虛空中的花滅掉以後的空無是眞實，而不知道虛空本來無法，所以當他把虛空中的花滅了以後的空當作是眞實法時，就已經是顚倒想了；如今更進一步希望虛空中滅掉的花重新再出生，這個人實在是又癡又狂啊！又如何可以再指稱像這樣的狂人是愚癡或者是有智慧呢？」有智慧的人，根本不想談論這種愚癡人的行爲。因爲如果還要繼續談論這種事情，豈不是跟那個愚人一般地愚癡了？這眞是大家都知道的愚癡人，根本不值得一提，何必再去討論那個人是有智慧還是愚癡呢？

富樓那答覆完了，佛就開示說：「就像你所瞭解的意思一樣，那麼你爲什麼還要問我說『諸佛如來的微妙覺悟所證的光明空性如來藏心，在什麼情況下還會因爲愚癡無明而再度生出了山河大地』呢？」富樓那尊者眞的不應該這樣問啊！「又譬如金礦的道理，礦沙雖然跟精金混雜在一起，可是經過提鍊以後，當金礦一旦被提鍊成爲精純黃金時，就不可能再被人重新夾雜於礦沙之中了，這是絕對不可能的。就好像木柴被火燒成灰以後，絕對不可能再被還原爲木柴一般。諸佛如來所證得的菩提涅槃，也是一樣的道理。」絕無可能在證得佛地的菩提涅槃之後，又會再度變成愚癡的凡夫；所以諸佛如來證得菩提涅槃以後，都不會再像凡夫眾生一般，由如來藏繼續變生山河大地。

這意思是說，諸佛如來受生於人間，是因爲大慈大悲，爲度眾生而來人間受生，不是有業種、有無明、有習氣種子而來人間受生的。諸佛如來的第八識心，已經不會與有情眾生的如來藏共同變生山河大地了，因爲已經沒有業果需要酬償了，也不需要提供造業的場所來讓諸佛如來造業了，所以諸佛如來的如來藏變生山河大地的動力根本就不存在了。因此說，諸佛如來在本質上是因爲大悲願力而入於眾生心想中，不是依業力或無明種子而來人間受生的。像這樣究竟的悟境，怎麼有可能會退失呢？既不退失，諸佛如來的第八識心就不可能還會再度出生山河大地，更不可能再度流轉於山河大地中繼續生死了。

常常有大師說：「悟了以後是會退失掉的。」這種錯悟大法師這樣交代被他印證的徒弟們。我倒是想請問你們找到如來藏的證悟者，不論是新悟或是十年前就悟得如來藏的同修們：「你們所悟得的如來藏，如今有沒有不見了？」都沒有啊！或者問問三位新明心的聖僧們：「有沒有不見了？會不會不見了？」悟出來很久的聖僧們就不問，只問這回禪三新悟出來的三位聖僧：「會不會又不見啦？」（三位法師答：不會。）你看！他們當場說了，不可能不見了。那些大法師們怎麼會說悟了以後的悟境會消失掉？絕對不會啊！

只有一種情形的開悟，才會說悟境會退失掉，就是般若智慧沒有發起。

爲什麼呢？因爲是聽來的密意，又沒有去參加禪三被我東考西考，因此沒有被我把般若智慧激發出來，那就只知道一個總相，智慧是無法出生的。這個密意若是探聽來的，根本就沒有參禪過程中的體驗啊！當然只知道說：「這個就是啦！這個就是啦！」但他是聽來的，不是自己找到的，沒有參禪體究的過程，智慧當然出不來，哪天若是遇到一個大名聲的假善知識籠罩說：「你悟的內容是假的，我這個離念靈知才是眞的啦！我不管你悟的是什麼東西，反正你是假的啦！你只要聽我的就對了。」由於是探聽來的，不是自己參出來的，就沒有智慧可以分辨眞假，然後就因此而自我否定，所以才說他的悟境退失了。但是我要公開請問那些退失的人：「你們以前在我幫助下所知道的如來藏心，如今還在不在呢？有沒有消失了？」還是在啊！那又怎麼可以說是退失了呢？

只有一種人是會退失悟境的，就是落入意識心中，以意識覺知心是否離念，作爲悟境是否繼續存在的判斷標準。當他們下座以後，覺知心中又生起念頭了，語言文字又在覺知心中生起了，於是就說是離開悟境了！原來那些大法師們都是落在意識境界中，只是未斷我見的凡夫大法師，和常見外道一模一樣。還有大法師是落入識陰六識中，一天到晚都說：「能見、能聞、能嗅、能嚐、能覺、能知的心，就是眞如佛性。當你正在聽法時，當我正在說法時，都是有這些功能的，只要心中沒有煩惱，把一切都放下了，這時清清楚楚明明白白地了了常知，這就是開悟了。」好了，這樣子悟了以後，才過沒有多久的時間，他們覺知心中又生起煩惱來了，沒有辦法保持在能見、能聞、能覺、能知的清楚分明境界中，覺知心已經跑到煩惱上面去了，或者覺知心中又生起語言文字了，於是就說是悟境退失了。這些大法師們全都落入這一類識陰或意識的境界中了，與常見外道完全一樣，全都是錯悟的人。

所以，有很多人對佛菩提不瞭解，產生了誤會。可是，自己不瞭解也就罷了，爲什麼卻要故意裝作瞭解、裝出一副證悟的模樣而去誤導衆生呢？今生好在我當居士，沒有親教師、軌範師、依止師可以管我，我就去作該作的事情。反正 佛交代什麼，我就作什麼，那些大法師們都管不著我。如果哪一天有大法師、大居士來找我，要求我別作這個、別作那個，那我就說：「你去跟佛請求，如果佛叫我停止，我就停止。我絕對沒有第二句話。」我就是這樣子啊！佛法中本來就該依法論法啊！離了法，講那一些事相上的事，都是沒意義的，所以他們就因此而說我不圓融。但是我卻從來都不說他們不圓融，請問，這樣是誰圓融？誰不圓融？其實是說我不圓融的人自己不圓融嘛！我們都只是就法論法，不批評他們在世間的不好行為。所以他們現在都恨我，恨得牙癢癢的；可是又不能說我的壞話，在佛法上又沒辦法辨正。

這是因為會裡有人在我幫助下悟了以後，還派他當親教師，近來竟然還回頭咬我一口，說我不圓融，跟著會外的凡夫法師們亂起鬨，一起來反對我，想要維護那些破壞正法的大法師。那麼我就在《我與無我》的新春講題中加上了一些事相上的話，所以他們現在也不能說我不圓融了。因為大家都會想：「**人家都沒有說你們大法師不圓融，你們倒說人家不圓融。**」所以他們現在就恨得牙癢癢的。那些抵制我所弘揚如來藏妙法的法師們，當然是越來越少了，未來他們將會越來越孤獨，因為一直有人在起義支持如來藏妙法啊！而我從來不作人身攻擊，所以他們就沒有機會說我不圓融；而他們在法義上也不能說我，所以拿我沒有辦法。眞的像上週我跟諸位講的那樣：「**天要下雨，娘要嫁人。**」他們對我是無法可管的。

儘管那些大法師們私下對我恨得很，私底下都罵死我了，可是都不敢出頭來公開講話。因為我沒有閒話可以讓他們講，無法對我作人身攻擊。我又不在外面包養小老婆，又不收人家紅包；不論誰送了黃金、珠寶來，我也一概不收。如果要說我有時候收受某些同修自己田裡種的菜，這個我就由著他們去評論，我無所謂。因爲我認爲，如果連我所幫助的人開悟了，而人家自己田裡種的菜，我也拒絕了，那我是不是嫌那個菜太賤呢？假使幫對方證悟了以後，連對方自家田裡平常種的菜也拒絕，實在是太矯情了，那是自命清高嘛！怎能說是和光同塵呢？那他們如果想要評論這事兒，我當然會歡喜接受，不會作任何抗辯。

言歸正傳，法的修學、熏習，一定要以 佛所說的聖教量爲依歸。假使有人所親證的現量違背了聖教量，我可不管他是天王老子，照樣要辨正他的錯誤，免得他繼續誤導眾生。如果是忉利天的天主，或是哪一天上的天主，說法若是錯誤而又堅持說是正確的，想要繼續誤導眾生，我還是一樣辨正他的法義，不管他的身分。他若是有大神通想要拿我的命，沒問題！反正我的如來藏誰也破壞不了，我可以重新再投胎爲人，繼續弘法、繼續破斥他，用來救護眾生。好在今天忉利天主是釋提桓因，根本沒有問題。過了忉利天，也沒有哪一天的天主願意管人間的事，所以也沒有問題啊！

所以我在人間怎麼作，只要不違背聖教量，韋馱菩薩從來不管，諸佛菩薩也都冥祐，讓我努力去作。昨天禪三結束時，我臨走前，特地到大殿禮佛告假，大殿上的三尊佛都禮拜過了，然後再到供桌前禮拜 觀世音菩薩。禮拜起來時，看到 觀世音菩薩一直笑著，祂一直跟我笑啊！我就說，也許只是我的幻覺吧？反正我就是看到 觀世音菩薩一直在跟我笑著，很歡喜的模樣。於是我想，大概這一次禪三是圓滿的，沒犯什麼大毛病，所以菩薩歡喜。（編案：當時是借用貢寮鄉的慈願寺舉辦禪三，大殿上供著三尊佛，佛像前的供桌上供著一尊觀世音菩薩像。）

在回家的路上，就跟我同修說：「**觀世音菩薩一直笑。**」我說：「**我不曉得這是不是幻覺。**」然而，凡事只要問心無愧就可以了。我這一世不求什麼，只求一件事：上一輩子我捨報的時候見了 佛，很慚愧，因爲沒世間智慧而犯了錯誤；這輩子捨報時只求無欺、自安，可以心安理得見 佛。我上一輩子犯錯，並不是故意犯錯，是沒有世間智慧去觀察，被人利用了還以爲是在做善事。我這一世求的就是不要被人家利用去做惡事，還以爲是在做善事。我只求捨報時見了 佛，可以問心無愧；然後隨 佛指示，我就照辦，就是這樣。這是我唯一的所求，所以我不求名聲，不求人家恭敬供養，不求世間財物，只求這一點。我這麼辛苦，也就是爲了這一點。

這是題外話。我今天題外話比較多一點，牢騷多一點，不過也是讓大家瞭解我們在作什麼。我們今天所作的事情，未來二十年後、三十年後若是有人重寫佛教史；或者是未來的佛教學者，他們將會根據我們留下的記錄來寫佛教史。因爲現代社會是不論作了什麼事，都會有記錄留下來的；未來寫佛教史的學者們，一定會重新再寫過。而且在未來世中，當你們證量提升到某一個程度時就會看見（如果你們未來世修到我這個地步的時候），定中或夢中都會看見過去世跟蕭平實幹了什麼事情，所以才使得現在佛教正法還存在著，那時你們將會很歡喜。

就好像我有時候看見過去世修學佛法的過程，雖然猶如昨夢一樣，但畢竟是已經眞正經歷過了。所以這一件護法的大事情，諸位一起和我參與了，未來世中的功德不可限量。正因爲有諸位的參與，我才能作這麼多事；也因爲你們在下面把我推上來，我才能作這些事，我一個人一定作不了。所以如果能夠使佛教正法再延續到月光菩薩降世爲止，絕對不是我一個人的功勞，諸位都應該「與有榮焉」。應該有這個觀念，不要覺得不好意思，應該覺得「與有榮焉」。接下來　佛又開示說：

【「富樓那！又汝問言地水火風本性圓融，周遍法界，疑水火性不相凌滅；又徵虛空及諸大地，俱遍法界，不合相容；富樓那！譬如虛空，體非群相，而不拒彼諸相發揮，所以者何？富樓那！彼太虛空，日照則明，雲屯則暗，風搖則動，霽澄則清，氣凝則濁，土積成霾，水澄成映；於意云何？如是殊方諸有爲相，爲因彼生？爲復空有？若彼所生，富樓那！且日照時，既是日明，十方世界同爲日色，云何空中更見圓日？若是空明，空應自照，云何中宵雲霧之時不生光耀？當知是明非日非空，不異空日；觀相元妄，無可指陳；猶邀空花結爲空果，云何詰其相凌滅義？觀性元眞，唯妙覺明，妙覺明心先非水火，云何復問不相容者？眞妙覺明亦復如是，汝以空明，則有空現，地水火風各各發明，則各各現；若俱發明，則有俱現；云何俱現？富樓那！如一水中現於日影，兩人同觀水中之日，東西各行則各有日；隨二人去，一東一西，先無准的。不應難言：『此日是一，云何各行？各日既雙，云何現一？』宛轉虛妄，無可憑據。」】

講記：世尊開示說：「富樓那！另外一個你所問的問題，你說『地水火風本性圓融，周遍於法界，』」請注意！不要把法界當作是虛空或想像法，因爲虛空無法，而想像法是虛妄的想像，本無實質。法界就是一切法的界限，也就是一切法的功能差別（因爲諸法的功能各有差別而有界限，故稱爲法界。所以法界就是法的功能差別、法的界限）。一切法在哪裡才有呢？在眾生身上才有，離了眾生身就沒有一切法，所以法界就在眾生身上。那麼地水火風的自性也是攝在法界中，如 佛前面所說，四大的自性也是圓融的，周遍於一切眾生的法界中，也就是周遍於眾生的各種功能差別中。因此，富樓那尊者就懷疑說：「水性火性是否不相凌滅？」「凌」就是凌駕，是壓過對方，「滅」則是把對方滅掉。既然水性與火性同樣周遍法界，當然就不應該是水性凌滅了火性，也不該是火性凌滅了水性；因為兩個法性都周遍於法界中，是同時並行存在於法界中的。

一般人若是聽到這個說法，大概會想：「那麼水性、火性應該是混雜在一起，就好像奶粉跟水混合而溶合在一起。」這是一般人的想法。但是，法界中周遍的水性與火性，卻是講水的自性與火的自性，不是指具體的水體與火質。富樓那尊者又是提出來想要徵明另一個問題。「徵」就是提出來詢問，用比對來證明。「你富樓那又徵明說：『虛空及諸大地，也都全部遍於法界中，那麼虛空的虛通與大地的障礙就應該互相排拒而不應該互相包容。』」「不合」，意思是「不應該」，不是一般人所說的「不合併」。

佛又說：「富樓那！譬如虛空的體性並不是有很多種法相，」如果是紙，或是物品，可以說是「群相」。譬如同樣都是紙，但因為品質不同，就會有一種紙、兩種紙，或者三、四、五種紙；又譬如汽車，同樣都是汽車，也有許多種不同廠牌以及各種不同造形與功能，所以也有群相。但是虛空沒有群相啊！虛空沒有不同廠牌及不同品質，有誰可以說一個虛空、兩個虛空或一種虛空、兩種虛空嗎？不可能的。娑婆世界的虛空一直通到西方極樂世界的虛空，極樂世界的虛空又通到更西方無量無數世界的虛空，仍然是同一個虛空。而我們娑婆世界與極樂世界都是在同一個世界海中，在這個倒三角形的世界海中的十幾層世界中的同一層裡，我們在蓮華藏世界海中只是猶如大海中的一個小點而已。而這個世界海通到另一個世界海的距離，我們無法想像，因爲現在太空中的哈伯望遠鏡，也只能看到這個世界海中，同屬於我們這一層中的比較靠近我們娑婆世界的一些三千大千世界而已，同一層中比較遠的大千世界就已經看不到了；至於其他幾層中的大千世界根本就看不見，何況是別的世界海？然而從這個世界海到另一個世界海中間的虛空，仍然是同一個虛空；乃至窮盡十方一切世界海以後，仍然是同一個虛空啊！因爲虛空就是空無，所以沒有「群相」，只有一個虛空，無邊無際。

因爲虛空無體，依附於色法的邊際而說有虛空，本質上就是沒有法，無有數量，也沒有邊。虛空如果有邊，才會有兩個以上的虛空，才會有群相，才能說有一個虛空、兩個虛空，或者說一種虛空、兩種虛空，所以虛空沒有群相。如果有人認爲虛空有邊際，那麼就請問他：「如果說虛空有邊，請問：到虛空的邊緣以後，那個邊緣的外面又是什麼？」這是很簡單的邏輯，但是有些科學家還是搞不清楚，一直在說我們這個宇宙的邊際大概是多遠，他們說那就是虛空的盡頭。這是不合乎因明學，也不符現代科學邏輯的。假使這個宇宙的邊際（就由任何一個人任意指定吧）當他指定說某一處是這個宇宙的邊際時，那麼請問：「那個邊際的外面又是什麼？」還是虛空嘛！虛空是無邊無際的，無窮盡的。虛空既然沒有邊際，還能夠有兩個嗎？還能夠有群相嗎？當然不可能有，所以說虛空沒有群相，所以佛說虛空「體非群相」。

「譬如虛空，體非群相，而不拒彼諸相發揮，」虛空雖然「體非群相」，可是虛空唯一，只能施設一個名詞說只有一個。虛空雖然只有一個，但是從來不排斥或推拒三界中各種法相的發生與揮灑。譬如太陽、月亮、雲、水氣、火性、地性……等，虛空對這些全都不會排拒，一切法相都可以在虛空中發生與運作。而三界中的各種各類法界群相，其實本來都是由如來藏心所產生的；譬如外在的山河大地、日月虛空等一切群相，都是由共業眾生的如來藏妙心共同成就的；一切有情各自覺知心中所觸知的山河大地、日月虛空等一切群相，則是由各自的如來藏妙眞如性所成就的；而如來藏心體猶如虛空一般無形無色，雖然能生諸法而使各種法界現前運作，祂自己卻從來不會對三界中各種法界有所障礙，卻總是能夠隨緣應對而依祂自己的功能差別，顯現出各個有情各自應該擁有的相分境界，也使各個有情擁有當時應該具備的明了覺知功能，這就是三界中因果律現象背後的眞相。

由此證明如來藏妙心可以運作祂自己的覺精（佛性——妙眞如性），在三界六道中隨緣無礙地任運實現因果；而三界六道中的「群相」本由如來藏妙眞如性所生、所顯，因此如來藏雖然猶如虛空無形無色所以也是「體非群相」，卻不會排拒三界六道中一切不同法界的「群相」，並且是由祂在背後支持而使得三界中的各種法界「群相」得以發揮，所以佛說：**如來藏如同虛空一般，體非群相，而不拒彼諸相發揮**。對於已經實證如來藏心體而證實祂有妙眞如性的七住菩薩而言，這是如實語；對於已經眼見佛性而證明佛性確實存在一切有情身中的十住菩薩而言，這也是如實語；對於能夠隨順佛性而多分或少分運作佛性的諸地菩薩而言，這更是如實語啊！至於如來藏爲什麼不會排拒諸法群相，而能使諸法群相繼續發揮呢？佛接著就提出說明了：

「**彼太虛空，日照則明，雲屯則暗，風搖則動，霽澄則清，氣凝則濁，**

土積成霾，水澄成映；於意云何？如是殊方諸有為相，為因彼生？為復空有？」佛說：「富樓那！那個太虛空，當太陽照耀的時候，虛空中就明亮起來了；如果是有烏雲屯聚起來時，虛空可就烏暗而出現暗相了；如果有大風猛吹時，虛空就產生了劇烈的搖動而有動相；當烏雲被大風吹開的時候，虛空就變得清爽開朗了；假使空中的水氣已經凝結而濃稠時，虛空就變成混濁的感覺；若是有微細塵土累積著不被大風吹走，就會有塵霾籠罩的渾濁之相；假使有雨水下過的時候，虛空中的細塵就被雨水帶走，使虛空變得如同被水澄清而可以映照一般地清明。這些事例，在你富樓那的意下是怎麼看待的呢？就像是這樣的各種不同處所的虛空中，有這麼多的有為法相；這些有為法相，是因為那些太陽、烏雲、大風……等法而產生的呢？或者是因為虛空而產生的呢？」佛陀是從虛空與群相的互動之中，說明虛空與群相是不相障礙的，以這個道理來說明如來藏的「體非群相，而不拒彼諸相發揮」，所以根本不必像富樓那一樣問水性與火性是否會互相凌滅；也不必問「虛空與大地既然同樣遍滿法界，就不應該相容」而事實上卻為何能夠相容的問題。佛陀說明了虛空與群相不會互相障礙而能相容的事例以後，接著就從日照與虛空的關係，提出反問，想要使富樓那瞭解眞相：

「若彼所生，富樓那！且日照時，既是日明，十方世界同為日色，云何空中更見圓日？」佛的意思是說，如果主張單單是因為太陽，或者單單是因為烏雲、水、火、土、塵……等諸法中的某一法，就能使虛空改變，是會有問題的。所以就用太陽與虛空的關係作為實例，對富樓那提示說：「如果虛空相的改變，是單獨由太陽，或者單獨由雲等諸法中的某一法，就能改變虛空的法相，所以說是單獨由太陽或者單獨由烏雲來產生明、暗等群相，那麼富樓那！當太陽照耀時，既然是單單因為太陽就能使虛空明亮起來，那就應該十方世界全部都布滿了太陽顏色的明亮色彩，」就是只應該看見太陽自體的光明顏色，「那你如何還能在空中看見有一個圓圓的太陽呢？」對啊！虛空中的明相既然是由太陽單獨出生的，就應該整個虛空中全都是太陽的顏色才對，就不該還能看見虛空，也不該還能看得見虛空中有一個太陽了。

這就好像一大片純白的牆壁，如果是由白漆漆出來的，大家都只能看見白漆的牆壁；不該看見壁上另外還有一個圓圈顯示出白漆的漆桶，因為那個漆桶圓圈並沒有畫出來，當然不能夠說那是圓圈。如果整個虛空中的光明全都是只靠太陽出生的，當然整個虛空中應該都已經布滿太陽了，就應該整個虛空中都跟太陽同樣的顏色，也是與太陽同樣的光亮，又能從哪裡去看到虛空？又怎麼能再看見太陽的所在？這意思就是說，虛空之所以有明相，不只是太陽能使它明亮，還得要有虛空與其他的因素，單單太陽仍然不能讓虛空出生明相啊！所以不能夠說虛空的明相是太陽獨自所出生的，還是得要有虛空。

「若是空明，空應自照，云何中宵雲霧之時不生光耀？」剛才是從太陽方面來說的，佛陀現在又從另一邊來說：「如果虛空中的明相，是由虛空自己顯現出光明，所以是虛空獨自出生了明相；那麼虛空就應該自己照耀出光明來，然而爲什麼卻要等太陽出來照耀時虛空才會有光明的法相？而在中宵（晚上子夜）並且是有很多雲霧的時候，虛空爲什麼不會自己出生光明來照耀於空中呢？」依照虛空自己出生明相的說法，中宵又有烏雲時就應該一樣會有明相照耀於虛空才對啊！所以假使還有人硬要主張虛空中的光明是由虛空自己照明出來的，與太陽無關；那麼子夜雲霧之時，虛空應該還是會繼續放出光明來照耀而如同白晝一般明亮才是。可是爲什麼中宵雲霧之時虛空自己卻沒有光明而不能照耀大地呢？這就證明不是單由太陽、單由虛空來成就群相之一的明相。

「當知是明非日非空，不異空日；」世尊開示說：「從這裡就應該要知道：虛空中這個明相，既不是單憑太陽就能照亮，也不是單憑虛空所能明亮，卻也不可以離開虛空與太陽而說有虛空中的明亮。」「不異空日」是說，非因日明，非因空明，但也不能離開日與空而能有虛空中的光明法相。如來藏心也是如此，不能單單如來藏一法就出生萬法；如來藏必須先出生了山河大地世界、太陽、植物、水、火……等法，才能使共業有情在某一世界業報償盡時，全部轉生到新生成的世界中來，然後才能有各個有情的五蘊世間而產生萬法。這已證明，單有業種、單有無明種、單有山河大地、單有虛空中的一切世界、單有太陽……等，都無法出生有情所知的萬法，必須有如來藏心的妙眞如性來運作，才能配合以上所說的諸法來出生有情所知的萬法。同樣的道理，如來藏心若是不先出生各種因緣時，也不能獨自出生世間各種有為相，就無法出生有情的五陰世間了，又怎能出生有情所知的萬法呢？所以我們可以這樣說：當知覺、明，非藏非陰，不異藏陰。

「觀相元妄，無可指陳；猶邀空花結為空果，云何詰其相凌滅義？觀性元眞，唯妙覺明，妙覺明心先非水火，云何復問不相容者？」「所以我們所觀太陽及虛空的光明相，其實本來就是虛妄法，無可指陳，」太陽、虛空、明相，都沒有一個實質可以指陳出眞實不壞的自體性，因為全都是如來藏妙眞如性；「而你富樓那還像那個愚人一樣在等待虛空中重新出生虛妄的花，想要把虛空中虛幻的花進一步結成虛空中虛幻的果實；像這樣無智，如何能夠詰問水性與火性是否互相凌滅的道理？而能觀的自性原本就是如來藏中的妙眞如性流露出來的功能，純粹是如來藏微妙知覺的明了性，這個微妙知覺而能明了蘊處界等諸法的眞實心，在水性火性被發現之前就已經先於水火二性存在著，爲什麼你富樓那還在問水性火性的不相容，還在問虛空、大地不相容的事呢？」

這意思是說，世尊在前面已經說過，不論是地水火風，同樣都是如來藏妙眞如性所發明出來的，然而如來藏的妙眞如性在發明這些法時，卻還得要「循業發現」；若是眾生的智慧及業果是不應該知道如何引出水或引出火來，縱使有如來藏在，祂的妙眞如性也是無法循業發現水或火的。所以水與火，以及虛空與大地，全都要匯歸於如來藏的妙眞如性中。只要一處有如來藏，而那裡眾生的業是應該有火的，那麼那裡就會有火出現；只要一處有如來藏，而那裡眾生的業是應該有水的，那裡就會有水出現；乃至虛空與大地的道理也是一樣的，全都是由如來藏的妙眞如性而循業發現的，不是單純由水或火本身來運作而出現的。既然都是與如來藏妙眞如性相關，而不是純由外法自身來生滅的，那麼富樓那又何必要徵明周遍法界的水性與火性是否會互相凌滅？又何必要徵明周遍法界的虛空與大地是否不相容？

「**觀相元妄，無可指陳；**」一切有情眾生所看見的種種法相原本是虛妄的，而眾生總是顛倒想，誤以爲是眞實的。爲什麼說眾生顛倒呢？因爲總是把虛妄當作眞實，總是把外境當作是自己所親自接觸的境界，都不知道無量劫以來不曾接觸過外境，所接觸的所謂外境其實都只是自己如來藏所顯現出來的內境。也就是說，眾生所知的一切法相，都是自心如來藏的現量，簡稱「**自心現量**」。「現」是指現前、當前的法，不是由想像所知的法；「量」就是事實或現前存在的境界，是可以現前檢查衡量的。一切法都是自心所現境界的事實——自心現量，眾生對於自心現量不能理解，所以產生了顛倒想，不懂得求證法界眞相如來藏的自心境界，卻總是向外尋求自心如來藏以外的萬法；或如佛門凡夫大法師們總是在追求自心如來藏所生的識陰相應的萬法，所以說眾生顛倒、無明所罩。但是一切證悟賢聖，卻都可以現前加以檢查而證實這是法界中本已存在的事實。

事實上，由於眾生不知道「**觀相元妄**」，不知所觀的六塵一切法相原來就是虛妄的，更不知道能觀的覺知心自己也是虛妄的，如同當時的富樓那尊者不知道法界實相，卻想要指陳所觀的諸法是在自心之外存在著的眞實法。由於不知所觀諸相原本虛妄，不知六塵中的一切法原本都是自心現量，所以就從外法的水性、火性是否應該會互相凌滅？就從外法虛空與大地俱遍法界時，不應該相容而有排拒，向世尊提出心中的懷疑。事實上，因爲有情眾生所見所知的這些法相，全都是各人自心如來藏的現量，並無實質可以舉陳出來。所以世尊責備富樓那尊者說：「猶邀空花結爲空果，云何詰其相凌滅義？觀性元眞，唯妙覺明，妙覺明心先非水火，云何復問不相容者？」說富樓那所提出的疑問，根本是不如理的請問。

「觀性元眞，唯妙覺明，妙覺明心先非水火，云何復問不相容者？」這段經文眞像是在質問末法今天的佛門大法師們，因爲他們全都落入能觀的覺知心中，不然就是錯將所生的覺知心自性誤認爲如來藏的妙覺明性，錯認如來藏所生的覺知心爲常住的眞如心——如來藏。然而「觀性元眞」所講的本來眞實的觀性，卻不是指識陰六識的能觀之性、能覺知性。

譬如昨天禪三時，我跟那些剛破參明心的同修們說：「有很多大師公開講：當一念不生的時候，你不要起分別，那就是無分別心，就是眞如心，眞是錯得離譜啦！」因爲那只是識陰覺知心罷了！所以我跟這些同修們說：「以後如果遇見哪一位大師說：『我一念不生的時候不起分別，這就是證得無分別心，就是眞如心。』那你就請他當場安住在一念不生的不分別狀態，接著問他：『您現在安住於不分別境界了沒有？』（大家笑……）他如果答覆你：『我現在已經安住於一念不生而不分別了。』這時就已經有問題了！對不對？因爲你說話時他還是聽懂了嘛！怎麼還自稱是已經沒有分別了呢？但是你先不跟他談這個道理，「你就說：『我給你三秒鐘、十秒鐘，讓你確實住入一念不生了了分明而不分別的狀態中。』你就看手錶，當然他也知道你正在看著手錶計時；等時間一到，突然就一巴掌打過去（大家笑……），他一定會罵：『你爲什麼打我？』你就問他：『你不是住在不分別的境界中嗎？怎麼會知道我打你？』」我這樣交代那幾位剛明心的同修們。

事實上，當覺知心了了分明時就已經是分別完成了嘛！怎麼可以說了了分明時是無分別呢？以後你們若是遇到有大師這麼說，就這麼對付他，讓他知道一念不生時自以爲不分別，其實還是在不斷地分別著。既然繼續在分別，當然就不是無分別心，不是眞如心。因爲如果是眞的無分別，當你打了他的時候，他一定不會知道嘛！才有可能被打以後還是眞的如如不動。可是你打他一巴掌時他立刻知道啊！知道就是分別完成了嘛！所以才會生氣而質問你。如果是眞正無分別的眞如心，被打時一定沒有感覺，跟石塊木頭一樣無知無覺，卻又一直都在六塵外了了分明；所以，在六塵中的能觀之心，原本就是被生的虛妄法，確實如同所觀的六塵相一般無可指陳哪！在六塵裡的能觀與所觀之中，絕對沒有辦法指出其中哪一個法是眞實的。只有如來藏是眞實法，不是被生之法，卻在六塵外具有能觀之性，這才是「觀性元眞」。如果不瞭解這個道理，就會想要把有生有滅的虛妄識陰的覺知性，錯認爲眞實法而想要修成眞實如如心，正是 佛所說的「猶邀空花結爲空果」，還在希望促使虛空中幻生的假花可以開花結果，這樣的愚人又如何能知道如來藏中的水性與火性、大地與虛空，是否會互相凌滅或者互相含容呢？

從二乘解脫道來說，能觀與所觀都是有生之法，都應該滅掉；具有這樣的見地，才是初果聖人。然後進修而實證能夠滅掉能觀與所觀的智慧境界，不再執著能觀與所觀，願意在捨報時將能觀的自己完全滅掉；對能觀與所觀的執著已經滅盡了，才能證得解脫果而成爲四果聖人。將來到了捨報時眞的能夠把自己（能觀與所觀——識陰六識及所觀的六塵等十八界）全部滅盡，才能進入無餘涅槃，脫離生死之苦。所以，從二乘解脫道來看能觀與所觀，全都是虛妄有生的生滅法。然而迴心大乘法以後，卻要從常住不壞的如來藏心，要從如來藏心的妙眞如性（佛性）來看待十八界中的能觀與所觀，把能觀與所觀等五蘊十八界法攝歸常住不壞的如來藏心所有——把能觀與所觀歸屬於常住的如來藏心所有；然後生生世世以全新五蘊的能觀與所觀，在三大阿僧祇劫中勤修福慧而完成佛道。從這樣的智慧境界來看待有生有滅的能觀底覺知心，這時的覺知心卻是如來藏妙眞如性中的一小部分，本來就屬於不生不滅的如來藏心中局部法性，成爲「一眞一切眞」，這時有生滅性的能觀之心——識陰六識心的知覺性，就不能再說是虛妄的了，這時就攝歸妙眞如性中而成爲妙眞如性中的一部分了！如同手屬於身體的一部分，而不再看作是外於身體的單獨的手，那麼這時附屬於身體的手（附屬於如來藏妙眞如性中的覺知性），必然是和如來藏的妙眞如性一樣是「觀性元眞」的了。

菩薩就是從這樣的現觀之中，從一切法都是如來藏自心現量的現觀智慧中，證實識陰六識的微妙覺了諸法的明了性，全都是微妙覺了的如來藏所含攝的明了性，是由妙覺明心如來藏所出生而且附屬於妙覺明心，成爲常住不壞的妙覺明心中的一部分；所以這時識陰明了性的覺知心，是與如來藏心中的水性火性、虛空大地，同樣都歸屬於如來藏心而成爲一體相應的法性了，自然就不會產生虛空與大地排拒，不會產生水性與火性互相排拒的現象。而世間的水性與火性等法，一樣不會與如來藏妙眞如性產生互相排拒的現象，因為如來藏妙覺明心是在水火性存在之先就已經存在了。既然「如來藏妙覺明心先非水火」，如來藏怎麼會有與水火不相容的事情產生呢？而且水性與火性……等法都是由如來藏妙覺明心的運作，而由識陰覺知心藉如來藏而「循業發現」的，全都攝歸如來藏妙覺明心中，本來同一法源，怎麼會有互相排拒而不相容的「凌滅」事情發生呢？那麼富樓那尊者提出這樣的問題來，也就沒有必要了。

「眞妙覺明亦復如是，汝以空明，則有空現，地水火風各各發明，則各各現；」接著 世尊又開示說：「如來藏眞實微妙的知覺明了之性也是一樣的道理，你富樓那如今是以虛空來覺了太陽的照耀，有了光明然後產生了虛空明相，於是你覺知心中就有虛空的法相出現了；當你富樓那若是藉著虛空來覺了烏雲屯積時所產生的暗相，於是你心中也會有虛空的法相出現了。同樣的道理，地水火風與虛空互相之間的關係，在你覺知心中也都是在這種情況下，被你富樓那各各循業發明出來的，所以你富樓那覺知心中就各各顯現出暗相及虛空、地水火風等法相。」然而這些法相其實都仍然是自心現量，所以也就沒有富樓那所說的不相容或互相凌滅的問題存在了。

這裡講的是什麼？其實就是如來藏的妙眞如性與大種性自性，眾生的如來藏自心恆時有妙眞如性在運作不斷，而如來藏心中也含藏著大種性自性；這個大種性自性同屬如來藏的自心現量，是同一如來藏所有，當然不會互相凌滅，所以才會有虛空中一切法界裡的地水火風空等等。由於如來藏妙眞如性運作了大種性自性，於是有了外六塵與內六塵等相分，覺知心便在如來藏妙眞如性中生起六塵中的明了性，於是就有了虛空相、明暗相、地水火風相……等群相；而這些法相其實都是覺知心所觸知、所明了的，卻同樣都是自心如來藏的妙眞如性所顯現出來的。既然同屬如來藏妙眞如性，都是同一法源，怎麼會互相排拒呢？所以富樓那不知道同樣都是自心現量的緣故，以爲是外火性、外水性……等，才會疑心這些法爲什麼周遍法界卻又不會互相排拒凌滅，竟然還可以相容。

因此，有智慧的菩薩們，不應該向　佛陀這樣子請問：「既然火性周遍法界，水性也周遍法界，爲什麼水性不把火性滅了，或者火性不把水性給燒乾了？」都不應該這麼問，因爲都是「如來藏妙眞如性」，而且也都是「隨眾生心應所知量」而「循業發現」出來的。所以遍法界執透明珠照日，就遍法界火起；若是遍法界都有人手持方諸，也就遍法界都有水生；而水與火出現以後雖然會互相淩滅，但本有的水性與火性都在眾生法界中，卻不會互相淩滅。眞妙覺明也是同樣的道理，所以如果以虛空來明了太陽照耀而顯現出的光明性，那麼就會有虛空出現於覺知心中了；若是以虛空來顯現出地水火風的體性時，同樣就會有虛空相及硬濕煖動等法相顯示出來。全都是「循業發現」「則各各現」。

「若俱發明，則有俱現；云何俱現？富樓那！如一水中現於日影，兩人同觀水中之日，東西各行則各有日；隨二人去，一東一西，先無准的。不應難言：『此日是一，云何各行？各日既雙，云何現一？』宛轉虛妄，無可憑據。」「若是虛空、明相、暗相、地水火風等所有法相，全都循業發現時，這些法相當然也是同時都會顯現出來的；如何會有這種同時發現出來的現象呢？富樓那！譬如在一處水流中顯現出太陽的影子，當兩個人同時觀見那流水中的日影時，接著兩個人各自往東方及西方等兩個不同的方向行去時，兩個人卻都能各自從自己所看的流水中各自看見一個日影；就像是這樣子，隨著那兩個人分別行往不同的方向，一個人向東方行走，另一個人向西方行去，事先沒有約定要行走哪一個方向與同一個目標。」「准的」，「准」是指同一個事先約定的標準，「的」讀作「底」（輕聲的「底」），也就是「標的」，是指目標地或目標物。

「這時他們兩人順著水流往相反方向繼續走下去，不論走到何處，各人所見的水流中都一樣有日影存在，」這其實都是各人自己所見到的如來藏妙眞如性所顯現的日影相分，都是內相分而不是外在的日影相分，所以「這時不應該提出質難說：『這個太陽影子只有一個，怎麼兩人可以各自行走到不同方向的兩個地點以後，還可以各自都看得見日影？事實上確實是兩人各都看見了一個日影而成爲一雙日影，爲什麼顯現在天空中的太陽卻只有一個呢？』因此說，兩人所見的水中日影，其實都不是直接顯現在天空中的太陽，都只是宛轉出生而不眞實的日影，他們所見的日影並沒有能夠單獨存在的常住不壞體性可以作爲憑據。」「宛轉」就是間接以及輾轉的意思，並不是直接的。

所以，事實上各人所接觸到的六塵都是個人自己的內相分，不是直接看到外相分的六塵。經典中有很多地方都在講內相分，只是都沒有用內相分這三個字來說。可是有許多人讀不懂就說：「哎呀！什麼內相分？都是你們蕭老師自己發明的。不信的話，你在電腦上用內相分三個字去搜尋看看，絕對沒有內相分的說法證據。」且不說四阿含中講的內六入與外六入，已經明確的開示有外相分與內相分；如今大家只看這一段經文，佛說爲什麼水性火性各各俱現而不相凌滅？所以水性與火性並不是講水質與火質，而是各人如來藏中的水性與火性，同屬一心；當然也就不會有互相凌滅而不能相容的事情了，這當然是講內相分。外相分的水性與火性，當然也是一樣的道理。

爲什麼會這樣講呢？佛陀就以水流中的太陽影子來作說明，當那兩個人在一起同時看到水中的同一個日影時，接著一個人往東走，另一個人向西走，不論走到多遠的地方，那兩個人從原來的地方所看到的水中太陽都是一直跟著他們存在水中而漸漸分開，各自向東西不同方向移動，卻都一直存在啊！這已經證明一件事實：當那兩個人在出發點同時看見水中日影時，其實已經是各人看到各人覺知心中的日影，不是看到水中的同一個日影。然而，多數人都誤以爲是看到同一個水中的日影相分。事實上，當那兩個人還沒有往不同方向出發時，還在同一個地點看到水中日影時，兩個人所看到的日影已經不是同一個日影了，已經是各人的如來藏心中所顯現的相分日影了，卻都誤以爲是看到同一個外相分的水中日影。

假使我這樣講解了以後，還有人硬要主張說：「兩人在同一地點還沒有往不同方向出發以前，所看到的日影一定是同一個外相分，不可能是兩個內相分的日影由兩人各自看到。」這樣堅持主張而不肯改變的人，將會有大問題出現了：當那兩人隨後各自往不同方向出發時，他們所看的水中日影是否必須先分割成兩個較小的兩個日影，或者是從中央分割成兩個半日形的日影，然後由分割後的兩個日影各自隨著兩個人分別移到不同方向的兩個遠處水中呢？否則怎麼可能走到不同地點以後還可以在水中都能看到圓滿無缺不曾縮小的日影呢？有智慧的人，從我這一問，就會立刻知道兩個人出發之前所看到的水中日影，其實本來就已經不是同一個日影了！既然所見不是同一個水中日影，當然兩人覺知心中所看見的水中日影，一定是兩人都各自看見自己如來藏妙眞如性所顯現的內相分水中日影，而不是共同看見外相分的一個水中日影了！因爲外相分的水中日影不是只有一個，而天空中的太陽並沒有兩個啊！怎能隨著那兩人同時移往不同方向的處所呢？

同樣的道理，一切有情所看到的虛空、大地、日月、明暗、地水火風等等相分，全都是自己如來藏妙眞如性所變現出來的，所以每一有情覺知心中所看見、所聽見乃至所觸覺、所了知的六塵相分，都是各自獨有的相分，都是由各自的如來藏妙眞如性依據六根所接觸的外相分，如實變現出與外相分一模一樣的內相分。這種覺知心所領受的虛空、大地、日月、明暗、地水火風等相分，既然全都是自己的如來藏妙眞如性所變現出來的，當然都是各人自己的內相分，當然都是如 佛所說「本如來藏妙眞如性」。既然全都是自己如來藏妙眞如性所變生的，都是同一法源，那麼虛空、大地、日月、明暗、地水火風等相分，又怎麼會互相排拒而不能相容呢？所以富樓那當時剛剛迴心大乘法時，還沒有證悟以前，也是在還沒有修習深密的一切種智唯識增上慧學以前，當然還是不懂這個道理的。

譬如諸位坐在講堂中聽我說法時，總是看著我；然而你們各人所看到的我，其實都是你們各人自己的如來藏妙眞如性所變現出來的蕭平實影像，都不是直接看到我。所以坐在東邊的你們所看到的我，與坐在西邊的你們所看到的我，影像其實是不相同的，這證明各人所看到的蕭平實影像，都是各人自己的如來藏妙眞如性所變生出來的，所以才會有所不同啊！再從現代已經證實的醫學原理上來說，你們肉眼中所看到的蕭平實影像，都是透過我這個色身顯示影像，然後映現到你們眼根中的視網膜上，而視網膜上的蕭平實影像卻是上下顚倒的，這才是你們如來藏所觸到的外相分蕭平實影像；然後這個影像轉化成訊號，透過神經纖維傳到腦部勝義根掌管視覺的部分，如來藏就依據它而變生出另一個正立的影像，這表示你所看到正立的蕭平實影像，其實只是你如來藏妙眞如性所顯示的內相分影像，不是外相分影像。

又譬如躺在床上睡覺時正在作夢，夢境是正立的還是轉成九十度角的橫向？當你躺在床上作夢時，那個夢境如果是轉成九十度角的橫向，那個夢境中的相分才能主張說，有可能是眞實外境相分；因爲只有這樣才能主張是與外境聯結的，否則夢中的覺知心所住的境界相分，當然還是如來藏妙眞如性所變現的內相分。然而事實上夢境是不是九十度的影像？事實上並沒有如此啊！你們在夢中的世界還是正立而沒有橫轉九十度過來啊！當你突然醒過來時，會有一剎那不適應，覺得夢境與現實的角度不同，才發覺說：「**原來我是躺在床上睡覺，剛才原來是夢。**」在那一剎那轉換成爲與現實境界聯結時，總是覺得怪怪地。這表示夢境中的相分完全是內相分。

因此，你們每一個人看到我蕭平實的時候，都只是看到自己的內相分，所以你們每一個人看見我的影像各不相同。且不說是因爲各人所在的角度不同，即使身處同一遠近方向所看到的完全相同影像，也都只是各人自己如來藏妙眞如性所變現的各人內相分。所以不該從覺知心所見的影像來討論諸法是否會互相排拒的事，也不該從覺知心所見的影像來錯認虛空是否會與大地互相排拒。所以你們是藉著各人自己獨有的內相分，來接觸到外相分的蕭平實影像與聲音，然後由我蕭平實藉著我自己的內相分來透過外相分，而跟諸位有了交集點，就這樣子來共修佛法。所以諸位來正覺講堂與我共修佛法，都是各自處於自己的如來藏相分境界中，從自己如來藏所變生的生滅性的內相分中，與我一起同作夢幻佛事中的修行，當然也是在如來藏妙眞如性所變現的夢幻相分中成就果證。

找到了如來藏以後才發覺原來覺知心的我本來就是虛假的，以前總是以爲自我是眞實的。諸位看這些舉例，知道虛空中的太陽只有一個，可是各人所看到的日影都不一樣，卻都誤以爲所見相同；不論是直接看到天空中的太陽，或是從水中看到日影，都是同樣的道理。而各人所見到的六塵相分，說穿了其實原本就是如來藏妙眞如性所變現出來的啊！因此本來就是如來藏妙眞如性。所以十八界法都是如來藏妙眞如性所變生出來的，宛轉虛妄而無可憑據；卻可以攝歸如來藏而成爲如來藏妙眞如性所變生的法相，全都不能外於如來藏妙眞如性；所以說十八界、六識自性、虛空、大地、日月、明暗、地水火風等相分，都不外於如來藏妙眞如性。能夠像這樣聽懂了，也因爲親證如來藏而隨聽隨入、如實現觀了，就知道其實不必像二乘聖人一樣滅盡十八界等諸法；因爲滅盡十八界等諸法以後，剩下的仍然是十八界俱在時的如來藏妙眞如性，而如來藏心體以及祂的妙眞如性，是在入涅槃前就已經不生不滅的了，就已經是涅槃的了。這樣現觀以後就可以安下心來，不怕辛苦也不怕胎昧地繼續受生於人間，勤行菩薩道，乃至成佛。而如來藏所變現的十八界……等諸法，當然全部都屬於自心現量而不是想像的言說。

【「富樓那！汝以色空，相傾相奪於如來藏，而如來藏隨爲色空周遍法界，是故於中風動空澄，日明雲暗。眾生迷悶，背覺合塵，故發塵勞，有世間相；我以妙明不滅不生合如來藏，而如來藏唯妙覺明，圓照法界。是故於中，一爲無量，無量爲一；小中現大，大中現小；不動道場，遍十方界；身含十方，無盡虛空；於一毛端現寶王剎，坐微塵裡轉大法輪。滅塵合覺，故發眞如妙覺明性；而如來藏本妙圓心，非心非空、非地非水、非風非火，非眼、非耳鼻舌身意，非色、非聲香味觸法，非眼識界、如是乃至非意識界；非『明、無明』，明無明盡；如是乃至非老非死，非老死盡；非苦非集非滅非道，非智非得，非檀那、非尸羅、非毘梨耶、非羼提、非禪那、非鉢剌若、非波羅蜜多，如是乃至非怛闥阿竭，非阿羅訶三耶三菩；非大涅槃，非常非樂非我非淨；以是俱非世、出世故。即如來藏元明心妙，即心即空，即地即水即風即火，即眼、即耳鼻舌身意，即色、即聲香味觸法，即眼識界、如是乃至即意識界，即明、無明，明無明盡；如是乃至即老即死，即老死盡；即苦即集即滅即道，即智即得，即檀那、即尸羅、即毘梨耶、即羼提、即禪那、即鉢剌若、即波羅蜜多，如是乃至即怛闥阿竭，即阿羅訶三耶三菩；即大涅槃，即常即樂即我即淨；以是即俱世、出世故。即如來藏妙明心元，離即離非，是即非即；如何世間三有眾生及出世間聲聞緣覺，以所知心測度如來無上菩提？用世語言入佛知見？譬如琴瑟箜篌琵琶雖有妙音，若無妙指終不能發；汝與眾生亦復如是，寶覺眞心各各圓滿；如我按指，海印發光；汝暫舉心，塵勞先起；由不勤求無上覺道，愛念小乘，得少爲足。」】

講記：很多人讀到這裡時都迷糊了，爲什麼迷糊呢？因爲好像跟事實不符，他們往往會這樣子想。假使是對佛經有信心的，心性也單純而善良的，不會心生狂慢的人，就不敢批評，只會這樣子說：「喔！這實在太深了，我眞的不懂。」只承認自己不懂。至於那些狂傲而自以爲是的人，往往就說：「哎呀！這部經典可能是什麼人自己創造的啦！裡面所說的道理根本是與阿含所說的互相顛倒嘛！」實際上並非如此，而是他自己誤會了《楞嚴經》；凡是對《楞嚴經》會產生誤會的人，一定同時也是誤會阿含諸經的凡夫。因爲阿含諸經所說的道理，與《楞嚴經》所說的道理並沒有互相矛盾或衝突之處，只是有淺深廣狹的差別而已。

佛說：「你富樓那以色法、虛空等七大，來依附於如來藏，或者排拒於如來藏，然而如來藏隨之造作色法、虛空等七大，而周遍於諸法功能差別之中；由於這個緣故，於諸色法及虛空中，風吹的時候虛空中就有動相，當烏雲被風吹走時虛空就澄清了；太陽升上來時虛空就有明相，中夜烏雲遍布時虛空就有暗相。」這些法相其實都是如來藏中的法相，都應該攝歸如來藏的妙眞如性中。「相傾」，是說互相依附，是傾向的意思；「相奪」，是說橫加排拒。「由於不知道如來藏是這樣的體性，所以眾生迷惑而鬱悶著自己的智慧，因此而背覺合塵，」也就是背棄了眞覺而與塵勞中的妄知妄覺和合在一起，總是喜歡住於六塵中的識陰覺知心自己，卻背棄了眞覺，「因此而發起了六塵中的瞪發勞相，於是就有了世間相；而我釋迦如來則是以微妙光明的不滅不生之性，而契合如來藏；然而如來藏精純微妙眞覺的明了性，卻是能夠圓滿地照耀一切法界的。」

什麼是「背覺合塵」？我講一個故事給大家聽。我們弘法最早期時，有個師兄自告奮勇出來當老師，後來覺得我沒什麼名氣，徒眾也不多，所以他被人策動，暗地裡信了月溪法師的離念靈知意識境界，然後就主張說：「阿賴耶識還是應該有另一個所依，應該找到阿賴耶識的所依，才是眞正的開悟。」不認同我所弘揚的阿賴耶識正法，而他所謂阿賴耶識所依的另一個更勝妙心，竟是月溪法師所墮的離念靈知意識心。他後來上課時竟然向學生開示說：「經裡面講『背覺合塵』，所以我們要顚倒過來，要『背塵合覺』，所以我們要離開六塵，要跟覺相應。」他自己就依照月溪法師所講的，一天到晚打坐而住在清楚的知覺中，努力保持覺知，說這樣叫作背塵合覺。但這叫作妄覺，妄覺是一向都與六塵煩勞相應的。其實覺知心的覺是無法離開六塵的，永遠都與六塵相合，所以他正是背覺合塵，卻自以爲是背棄六塵了。所以他是個顚倒想的人。

這一次你們去禪三明心的人，找到了如來藏，請問如來藏有沒有知？如來藏沒有知？（眾答：有）對嘛！既然能了眾生心行，怎麼會沒有知？這樣的知覺才是眞覺。但是又講「離見聞覺知」，不對六塵生起見聞覺知；《維摩詰經》講：「法離見聞覺知」、「不會是菩提，諸入不會故」、「知是菩提，了眾生心行故。」《大集經》也講：「一切諸法無作無變無覺無觀，無覺觀者名爲心性。」既然眞正的心性是無覺無觀的，那爲什麼又有知呢？因爲那是六塵外的知覺，是常住而永遠都不會間斷的，那個知覺才是眞覺。可是那個眞知眞覺不是你修行以後才生起的，而是本來就有的。當你證得如來藏而現前觀察祂，證實祂眞的有這種六塵外的知覺，而那個知覺不是六塵中的知覺，那才叫作眞覺。

那個眞正的知覺又叫作**本覺**，因爲不是修行以後才有的，而是未修行以前本來就有的覺，所以那個眞覺才叫作**本覺**。如果有眾生不瞭解這個**本覺**，那就是**不覺**的人。今天你們證得這個如來藏，知道祂有**本覺**，那你就是**始覺**，所以你們這回禪三破參回來的人都是**始覺**。那我是什麼呢？我是漸覺位的**隨分覺**，因爲我已經悟後起修很久了嘛！我所知道的是，我明心後已經走了兩千五百多年；佛世的時候我就找到如來藏了，只是見性比較晚，到九百多年前才眼見佛性，所以我是**隨分覺**啊！你們剛破參回來時是**始覺**啊！但是從明天、後天起，你就開始漸次覺悟更深的法，這就是走入漸覺位中，要開始**隨分覺**了。得要**頓悟**時證悟了，悟後起修一段時間才有**漸覺**。可是眾生都不知道，背離了這個眞知眞覺，所以叫作**不覺**。《大乘起信論》這麼講，完全正確啊！那些不瞭解的人就亂講，就否定《大乘起信論》，謗說是外道寫的。然而眾生總是不瞭解這些正理，總是落入識陰妄覺中，所以「**背覺合塵，故**

發塵勞，有世間相」。因為總是錯認識陰在六塵中的妄知妄覺作為眞實法，就一定會常常在六塵中打滾，常常與六塵相合而背棄了如來藏心的眞覺，正是背覺合塵。用妄知妄覺這個覺知心六識，當然會跟六塵相應，總是在六塵中的萬法上面用心，「故發塵勞」。發起塵勞之後當然就會「有世間相」，一定會在六塵中喜怒哀樂而產生身口意行，這當然是世間相，三界世間相都是不離六塵的。

上週講到「眾生迷悶，背覺合塵，故發塵勞，有世間相」，我們上週有說要在這個部分補充一些正知見。「背覺合塵」以及「背塵合覺」，是兩千年來學佛人最容易混淆的地方。因為「覺」有眞覺與妄覺，眞覺的部分有廣義和狹義的說法。廣義的說法是包括七轉識的總相，是在意識或識陰的分別以外同時還有眞覺並行及存在，但這是屬於總相的部分；《楞嚴經》所講的妙眞如性也包括這個部分在內，所以才會反覆而細膩地從六根、六塵、六識，也從五蘊、七大不斷地述說，告訴我們這一切全都是如來藏的妙眞如性，並不是從表相上所看見的單純的因緣性和自然性，而是依如來藏的妙眞如性才有表相所見的自然性和因緣性。因此就顯示有眞覺與妄覺的區分。

廣義的說法，既然根、塵、界、大全都是如來藏的妙眞如性，全都攝歸常住眞覺的如來藏心了，當然就不可以再說完全屬於妄覺了。但是，若從狹義的方面來說，只有如來藏的眞覺才可以算是眞覺，所以便有了廣義和狹義的差異。關於這個差異，你如果眼見佛性了，或者至少在見性上面解悟了，當然多少都能知道一點；若是有眼見佛性時，就可以更充分的了知；但是若想要具足了知佛性眞覺，還是得要到了佛地時才能具足了知。所以十住菩薩眼見佛性時仍然尚未成佛，還只是在十住位而已，都還沒有入地呢！

關於如來藏的眞覺，我們在這裡要從狹義的層面來說。因爲這一段經文四句話中所說的就是狹義的解釋，而整部經中則有廣義的解釋，所以我們才會講解得非常多。如果有的善知識自己本身不懂，又加上愛當大善知識、求大名聲，把這一部經講出來時，他自己都迷迷糊糊而沒有眞懂，當然聽講的人一定更迷糊了。

既然前面講了那麼多，又在每一個單元（譬如五蘊的每一蘊講完時，或者在六根的每一根講完時，以及六塵、六識、七大的每一塵、每一識、每一大講完時）都作出小結論，說蘊處界等法全都虛妄，但在每一個單元的最後總結時，爲何又都說蘊處界等法全都不是虛妄法（非因緣、非自然），而全部都說是「本如來藏妙眞如性」？從卷一開始到卷三結束時的全部經文中，一直都是這樣子講的。這樣子講，從文字表面看來，經文中的意思似乎是自相矛盾的，但其實並沒有矛盾。這也就是說，這部經典中，有從狹義的部分來講眞覺、妄覺，但也有從廣義的部分來講眞覺與妄覺。當 佛陀從狹義來講眞覺與妄覺時，是爲了要使大眾分清楚識陰及意根的覺知都是妄覺，大眾才有可能找到如來藏而證得眞覺；但是當大眾證得如來藏眞覺時，就得要從廣義來說眞覺，把如來藏所生而附屬於如來藏的蘊、處、界、大，全都攝歸不生不滅的如來藏與眞覺佛性中，那麼阿羅漢迴心成爲菩薩以後，就可以由此而次第進修成就佛道，不必滅除蘊處界大等法而入涅槃。所以若是想要講這部經，這個部分一定先要弄清楚才行。想要弄清楚這個部分，非得要明心再加上眼見佛性才行；然後還得要有道種智，若是沒有道種智，還是無法全部弄清楚，也是會覺得有一些地方自相矛盾。

其實，當你貫通、通達了以後，就會發覺完全沒有矛盾，而且是太勝妙了！因爲講得太深入、太勝妙，所以明心的人還無法深入理解，所以還不是很懂；眼見佛性的人也不是很懂，所以那些還沒有斷我見、也沒有明心的大師們，當然更弄不懂。當不懂的凡夫大師們講解這部經典時，他們的弟子們當然更聽不懂；所以凡夫大師們讀起來會覺得充滿矛盾，聞法的弟子們自然更是聽不懂而覺得處處矛盾。於是心中就有了疑惑：怎麼會說蘊處界大等法都是假以後，在各個單元結束時又都說不是因緣生也不是自然生，而說都是眞心如來藏的妙眞如性？但是眞正證悟而且生起道種智以後，都會認爲是完全正確而無矛盾。

其實，蘊、處、界、大等世間相，本來就沒有眞假可說，全都是如來藏的妙眞如性。這段經文中的這四句「**眾生迷悶，背覺合塵，故發塵勞，有世間相**」，說的是從狹義的層次來講眞覺以及妄覺。合塵，能與六塵相合的當然是覺知心，當然是意根。我們的意根從來不睡覺，六識覺知心是睡著了以後就斷滅了，然而意根從無始劫以來就不曾睡覺，正因爲祂不睡覺，所以就有覺知；不過祂的覺知很微細，所以有很多人不能理解祂，更不能親自去觸知祂、體驗祂，都是因爲知見不夠，又沒有遇到眞正的善知識教導。

七轉識（意根與識陰六識覺知心）所相應的諸法，都是在六塵上面（種智中所說意根所緣尙有六塵外法），所以合塵，特別是識陰六識，全都與六塵相和合而運作。諸位有沒有發覺到前面所講的六根、六塵、六識、七大、五蘊，凡是講到某一個法時（三界中的某一個法），比如眼識界，凡是講到眼識界就一定配合眼根界、色塵界來說；乃至最後講意識界的時候，一定配合意根界、法塵界來說。這意思就是說，法不孤起；也就是說，六根中的意根加上前六識，一定是和六塵相應的，不是可以單獨生起的。而且，凡屬不能孤起的法，譬如六識心等，都是會與六塵相應的，也就是與六塵和合的意思，所以叫作「合塵」。合塵，就表示一定是跟六塵相呼應，可以感應六塵而不能離開六塵來運作，所以叫作「合塵」。因此，合塵的知覺當然是三界世間中的法，當然不是出世間的法，當然就是妄覺。

換句話說，能夠了知六塵法的覺知心就是妄覺；所以諸位在這裡聽我說法，我在這裡說法，同時也看著諸位的回響，這些都屬於六塵之中的法；能夠對六塵相應而與六塵和合在一起，與六塵同在，都在六塵中運作的，當然就是妄覺嘛！因為都是三界中法，所以全都是世間相。實際上，除了這個妄覺以外還有個眞覺，眞覺才是出世間相；而這個眞覺是眾生所不能瞭解的，乃至不迴心大乘的阿羅漢們也是無法瞭解的。

由於有這個眞覺，所以《維摩詰經》講：「**知是菩提，了眾生心行故。**」所以經中固然講如來藏離見聞覺知，可是祂的離見聞覺知，是從六塵上面來說的，說祂不覺知六塵。因為如果不這樣講，眾生難免誤會，就自以為是：「**那我現在了了分明一念不生，這個覺知心就是出世間法，就是常住不壞的**

真實心啦！」就這樣誤解而落入妄覺了，所以必須要先講眞覺離見聞覺知，必須先講出這個前提：**法離見聞覺知，無覺觀者名爲心性**。先把大前提講出來，讓眾生知道眞實心是離見聞覺知的，是不在六塵中作各種了知的。這樣從眾生的層次去解說，卻又必須預防眾生誤以爲眞覺如同無情一樣完全無覺無知，所以還得要跟大眾說明：雖然眞實法離見聞覺知，卻不同於石塊、木頭，仍有六塵外的知覺，這才是眞覺。

當眾生聽到「**法離見聞覺知**」，往往會想：「**那一定跟木頭、石塊一樣完全沒有見聞覺知**。」可是問題來了，如果是完全沒有見聞覺知而跟石塊、木頭一樣，爲什麼祂又可以稱之爲心？這眞的說不通啊！那麼既然是心，當然是有了知的作用才對，卻又說祂離見聞覺知；離見聞覺知卻又被稱爲識：阿賴耶識、異熟識、阿陀那識、如來藏識。到了佛地時仍然被稱爲識：無垢識。「識」是什麼意思？識就是了別之意嘛！換句話說，識（不論被稱爲什麼識）全部都是有了別性的；正因爲如來藏也有了別性，才能說是眞實心，否則怎麼能稱之爲心呢？既然有了別性而能識別，把眞心如來藏識的了別性稱之爲眞覺，確實是有道理的。這是因爲祂有了別性，能識別，而且又是自從無始劫以來都不曾間斷過，未來也一樣是永遠都不會有一剎那間斷的心，祂的知覺當然才是眞覺。

可是祂的識別性並不在六塵上作任何的識別，所以祂的眞覺對三界中的六塵萬法都是不貪求也不討厭，因此說祂的眞覺是清淨性的；雖然不對六塵作見聞覺知等識別，但祂畢竟是心啊！既然是心，有自己獨特的了別性，然而究竟是在了別什麼、識別什麼呢？祂是在識別你在想什麼事情，所以你心裡想要做什麼事情，完全瞞不了祂，這方面祂是非常伶俐的。當你心中覺得很口渴，決定要喝一杯水來解渴，卻騙祂說「我不想喝水」，一定騙不了，因爲想喝水而決定要喝水，整個過程都在祂的了知範圍之內，所以祂還是有識別性；只是這個識別性，是在識別你想要做什麼；但祂卻完全不在六塵上面起見聞覺知，六塵上的見聞覺知永遠都留給你覺知心來識別，這樣的知覺才會是常住而不間斷的，才能叫作眞覺。

只有這種眞覺才能出三界，七轉識的知覺永遠都出不了三界——七轉識的知覺無法存在三界外。因爲七轉識的知覺只能在三界內的六塵法中才能存在，而眾生都不瞭解這個道理，不迴心阿羅漢們卻無法證得這個眞覺。阿羅漢們已經捨棄了十八界的自我貪愛與執著，背棄了十八界法卻仍然不知道這個眞覺的所在；而凡夫大師與一般眾生都執著十八界法所起的妄知妄覺，我見與我執具足分明存在，所以全都背離了眞覺而合於六塵；從生至死都跟六塵打混在一起，不曾絲毫了知六塵外的眞覺，所以就永遠處於六塵境界中，永遠隨著六塵諸法而起了貪、起了厭；起了貪厭時就會有喜怒哀樂，所以就叫作有情。所以，如果是眞如心如來藏自身，既不能稱爲有情，但也不能否定祂是有情，因爲祂有眞覺啊！祂的眞覺運作時全無蘊處界我的自性，卻仍然有六塵外的眞覺，所以不能說祂是無情啊！可是畢竟祂離六塵的貪厭而無任何眾生所有的情緒，那你又怎麼可以說祂是有情呢？

因此說，這個眞實的道理，得要找到了如來藏以後，現前去觀察祂的體性，親自去領納祂的體性，才能眞的瞭解這些眞相。因此說，背覺就是背棄了眞覺；背棄眞覺的人一定合於六塵，跟六塵混在一起；既然是跟六塵混在一起，當然就會因爲對六塵中的諸法產生了貪厭而發起塵勞之相。既然一直跟六塵保持著接觸，時時都在了知六塵，當然覺知心無法安住下來；所以一旦醒過來就不斷地攀緣色聲香味觸法，沒有一時可以把六塵全部捨離，也沒有一法可以把六塵全部捨離，全都捨不掉。即使到了晚上睡著了，也是因爲色身實在是太累了，不得不睡覺；可是睡到精神夠了，體力恢復以後，叫你再睡，你還願意繼續睡嗎？不睡了！因爲末那識意根已經決定不讓你睡覺了，所以你覺知心再怎麼躺，一定不離六塵，還是睡不著，最後還是得要起床。因爲意根決定要讓你覺知心合塵嘛！合塵就是了知六塵嘛！

意根生來就是在法塵裡面轉，不斷地攀緣法塵；只有在色身很疲累時，意根才願意讓覺知心睡覺而中斷，暫時不了知六塵，才能休息而離開塵勞。可是即使睡著以後覺知心中斷了，在睡著無夢的狀態中，意根還是在法塵裡面運轉，沒有一刹那中斷過。在眠熟無夢的狀態中待久了，意根覺得無聊，只要身體功能恢復了，疲勞消失了，祂一定要把六識覺知心叫起來，再來接觸六塵，再來攀緣六塵境界——合塵，因此才會有夢，也才會醒過來。所以很多人打坐修定時，明明心裡下了決定：我這一次鐵定不打妄想。然而，一次又一次下決心都沒有用，最後再下決心：「**這次不用鐵定，這回鋼定不打妄想。**」仍然沒有用，即使下了決心說：「**這回打坐時金鋼鑽定，不打妄想。**」還是沒有用。照樣又打妄想，始終沒有辦法作到。

爲什麼會這樣呢？因爲和意根相應的煩惱都還沒有斷除嘛！沒有斷除煩惱的緣故，意根即不能安住在無煩惱的狀態中，當然就無法不起煩惱，也就無法不打妄想啊！雖然意識堅決地下定決心：「**這回上座後，我絕對要安住於不打妄想的離念境界中。**」可是意根卻常常突然間一個念閃過，於是意識覺知心就跟著被這個妄念轉去了，於是靜坐時的覺知心中，語言文字就不斷地產生了。這就是說七轉識總是合塵而不曾了知眞覺的，當然是一向背覺而合塵的。即使是明心開悟以後，也還是無法想要一念不生就能一念不生，而是悟得從來離念的眞如心如來藏的**眞覺**：如來藏從來不起一念，從來離念，不需悟後還要與語言妄念對抗。

但是在作參禪功夫，也就是在鍛鍊看話頭功夫時，我就用對治法來幫助大家鍛鍊離念之後再進一步的淨念相繼功夫，所以我們教你一念相繼的方法讓意根去攀緣。意根既然愛攀緣，我們就給祂一個淨念讓祂攀緣——憶佛，於是就把無相念佛的淨念抓得牢牢地，其他妄念起起滅滅就不再管它，這就是正念繼續存在而相繼不斷——淨念相繼。這是給你一個方法，當覺知心安住久了，意根因此而習慣了，自然而然就不會再想攀緣六塵，於是就可以漸漸成就背塵的心境了嘛！但是眞正想要打坐時，捨棄了這個憶佛的淨念以後更可以自然而然無念，不必再起作意很注意觀察妄想有沒有生起來。這是用方法來降伏煩惱，可是無法畢竟斷除煩惱；斷煩惱的功夫，還是要從見、思惑及我所煩惱的過患來做觀行，菩薩則是要從轉依如來藏永遠無所得的觀行來下手，才能斷除煩惱。

言歸正傳，既然七轉識不論什麼時候都想攀緣六塵而作種種的執取，當然就會因此而發起塵勞。由於不斷攀緣六塵，當然每一天到了晚上一定都會累：身累了覺知心也會覺得累的，當然是塵勞。這樣子攀緣，一整年下來當然心也會累啊！這也是塵勞。生生世世下來變成習慣了，有習慣當然就會不斷地產生塵勞，也就生死不斷而煩惱增長了。爲什麼叫作塵勞呢？因爲總是在六塵裡面流轉，覺知心久了就會在六塵中覺得勞累。也許有人會這樣說：「塵勞沒關係啊！我每天晚上好好睡一覺，再怎麼不得了，我睡它個三天三夜，不就沒事了？」可是有沒有想過呢：在社會上打混四十年後，明明每天睡得飽飽的，可是卻說：「啊！我覺得很累了，我很想退休了。」爲什麼很累？根本不是身累，而是心累了。所以很多人其實身體都還很康健，爲什麼卻說他很累？你問他說：「你哪裡累？你身體都還很好呢。」他說：「不是身累，是我的心累了！」他的心覺得累了，這就叫作塵勞。

都因爲七轉識始終要攀緣六塵，所以有了塵勞；有了塵勞以後成爲習慣，七轉識更不能安住於無六塵的境界，當然更不免繼續追逐六塵，塵勞也就更多。世間眾生總是這樣啊！而且不是少數。一千萬人中找不到一個人是能夠停止塵勞的。想想看，地球上有六十億人，且先不談旁生，光談人類就有六十億；在這六十億人中，已經明心的人現在也才不過一百多人，還不到兩百人（編案：這是二〇〇二年時講的），可是你們明心以後還是有塵勞啊！因爲：般若智慧雖然出現了，可是七轉識的塵勞煩惱還沒斷除啊！眞正已經斷了塵勞的人，我看找不到兩、三位。人類都已經是這樣，那麼旁生道的眾生呢？當然更是如此。既然是這樣一世又一世不斷地熏習世間塵勞，煩惱不知不覺之間增長了，於是眾生的如來藏中含藏了許多塵勞相，接著是如來藏感應之後就會產生了世間相，於是山河大地等事相就漸次出生了，眾生就不斷地輪迴生死了。

「**我以妙明不滅不生合如來藏，而如來藏唯妙覺明，圓照法界。**」也就是說，由於眾生有塵勞而產生了輪迴的動力，於是在適合的虛空中就會出現這麼一個世界，讓同一種共業的眾生都可以出生在這裡，讓共業眾生的塵勞相可以實踐，來完成因果律，所以就有了山河大地及有情等世間相。都是因爲眾生七轉識不能安止，想要不斷攀緣六塵境界，所以世間相也就出現了；這就是眾生背覺合塵，是落入妄知妄覺而與六塵相應，始終不離六塵；因此而背離如來藏的妙眞如性——背離如來藏的眞覺，這就是佛所說的眾生「背覺合塵」。然而諸佛卻以從來都不曾昏昧的微妙明了眞覺，是以永遠都不滅不生的眞覺而契合於如來藏，迥異眾生的背覺合塵。

妙明，是說眞的神妙、微妙而且祂很清楚朗然，明就是無遮無隱的意思。如來藏眞覺永遠是明，從來不在中斷無知的狀態中，所以是明。眾生永遠不能瞞騙如來藏，無始劫以來不曾有人曾經騙過如來藏，所以是妙明。如來藏的眞覺是本來就存在的，這種妙明並不是經由佛法的修行來成就的，而是本來就已經存在的功能；這種妙明是不滅也不生的，不是滅了以後不生，而是本來就在所以不必經由出生才存在的；只有這樣常住不斷的神妙覺明，才能夠圓滿地明照一切法的功能差別——圓照法界。

印順法師說的不生，是把有爲法消滅了以後不再出生，成爲空無，所以他說的不生其實是生滅法，並不是不滅不生的眞實佛法；所以他說滅相不滅就是眞如，是把五蘊滅了以後不再出生五蘊而說就是眞如。他認爲五蘊滅了以後的滅相，是不會再被消滅的，所以滅相就一直存在著，所以不算斷滅；既不是斷滅的，所以就這樣的如如而常住，就是眞如。請問：把茶杯打碎了以後丟棄了，所以茶杯不在了；當這茶杯滅掉的滅相不會再被滅除了，所以說滅後的茶杯是沒有滅的，說這個滅相就是眞如。印順法師這樣荒謬的邏輯理論能稱爲眞實與如如嗎？這其實是將滅止生，是斷滅空，不是佛法中說的本來不生。

且不說印順法師「滅相不滅」的說法有很大的語病，單說印順所說的佛法（其實只是誤會後的羅漢法，還不是眞正的羅漢法），即使印順法師說對了：**把十八界滅盡而不再出生十八界，成爲斷滅空了就叫作無餘涅槃。**然而請問：這樣的涅槃境界是不生不滅嗎？（眾答：不是）當然不是啊！這樣的涅槃叫作滅，不是**不滅啊**！但是眞正三乘法中講的涅槃是不生不滅的涅槃，不是斷滅的涅槃啊！（編案：四阿含中說的涅槃是常住不變、眞實、寂靜。詳見平實導師所著《阿含正義》之引述。）因此說，眞實的不生不滅是不滅而且也不生的，並且是本來不生而不是滅了以後不生，所以印順法師的說法是很嚴重的錯解佛法。

世尊說自己是以微妙明了而不生不滅的眞覺，來契合如來藏的；如來藏心的眞覺，則是純一無雜而不落入六塵中的微妙眞覺的明了性；這樣的微妙眞覺的明了性，能夠圓滿地明照一切法的功能差別而無所遺漏。離念靈知或有念靈知都只是識陰六識等法的功能差別——識陰的法界；識陰法界是沒有能力圓照其他法界的，永遠都只能在六塵法界中運作，所以知的範圍都只在世間法界中，所以識陰法界—有念靈知及離念靈知—都不能圓照法界，都沒有能力圓滿明照一切法的功能差別，根本不同於如來藏的「唯妙覺明、圓照法界」。如來藏眞的是微妙，只有祂是最妙的，沒有其他任何一法能夠再比祂更妙，這個唯妙的覺明能夠圓照法界——圓滿明了地照見一切諸法的功能差別，這不是初悟的菩薩們所能了知的，阿羅漢們當然更不知道，凡夫大師們就更別提了！

法界，只要認清楚了，隨諸位怎麼解釋都通；不論是狹義的法界，或是廣義的法界，都解釋得通。狹義的法界，譬如說十八法界，就把十八個法的功能界限講清楚，也就是把十八個法的功能差別講清楚，法界就解釋完成了。假使你對六根、六塵、六識怎麼產生、怎麼變異的，都講清楚了，就是把十八法界講清楚了！弄清楚法界的意涵之後，又親證如來藏而能現觀祂的各種妙覺明性，知道如來藏雖然不了知六塵境界，卻不是如同木頭、石塊一般完全無知，這就是證得眞覺的菩薩，就是與眾生相反而背塵合覺的證悟賢聖了！這時就知道，如來藏確實是「圓照法界」的，十八法界該如何出生、該如何運作？如來藏統統了知，無有不知；這就是圓照（圓滿的明照）十八法界。對十八法界如此圓滿明照，對其餘法界也是如此圓滿地明照，這絕對不是欲界人間的意識離念靈知所能作到的，乃至修成非非想定以後的離念靈知心一樣是作不到的，因爲這種眞覺是不在六塵中知覺的，完全不是定中與定外意識心擁有的功能。

至於如來藏是如何圓滿地明照各種法界呢？這個內容可不能公開明說了，否則密意盡洩了，還沒有證悟的人就失去將來親自參禪體驗的機會了，實相般若的智慧就不容易流露出來，所以這個密意當然不能公開宣講出來。但是，只要一找到眞如心如來藏了，自然會知道我在這裡大略簡說的**圓照法界**是什麼意思。換句話說，十八法界何時何處應該生起？何時何處應該壞滅？十八界存在時又是在幹什麼？十八法界應該如何運行？祂無有不知；不但無有不知，而且是圓滿地覺照，從來不會漏失。換句話說，十八界中的任何一界都被如來藏的眞覺圓滿地觀照著、支持著，每一剎那中都是如此。

如來藏的眞覺—妙眞如性—覺精佛性，不是像意識一樣只能注意到六塵中的局部，而是對一切法全部鑑機照用；只有如來藏能夠這樣作到，這是所有不同境界中的意識心都永遠作不到的。意根固然能夠遍緣十八界，可是得要扣掉自己一界，因爲意根不會反緣自己；爲什麼不能反緣自己呢？因爲依三賢位菩薩的證境智慧來說，意根並沒有證**自證分**，所以祖師說意根**「如刀不自割」**。這樣意根就只能緣十七界了，而且意根緣於其他的十七界時還得要依靠意識，意識就把前五識拉來幫忙，一起來作用；所以說意根沒有辦法圓照十八法界，但是如來藏卻能圓照十八法界。此外，意根、意識也不能了知五勝義根、五扶塵根的運行，如來藏卻全部了知；當七識心產生了種種不同作意時，如來藏能夠將五根來與七轉識互相配合運作，所以如來藏是圓照法界的。

意根的所緣雖然極廣，可以說是無所不緣的，然而終究是只能緣而無法運作諸法的，如來藏卻能在背後運作一切法界，所有法界都在祂所圓照的範圍之內。所以，如來藏對五蘊、十八界如是圓照，對業種、異熟種、無明種，都同樣圓照無礙。乃至對整個山河大地也如是圓照，但這卻要和共業有情的如來藏所蘊含的業種以及大種性自性來共同運作，才能對宇宙產生種種的變化。最簡單易見的圓照，譬如植物種子種下去以後就會發芽，就會長出枝幹、根、莖、花朵，乃至會結成果實；而果實也會變熟，供有情食用；果實生在樹上時不會永遠是生澀的，如果永遠生澀，有情眾生就不能食用啦！當果實成熟以後，不論有情眾生有沒有食用它，都會爛掉而重新再來一遍，供應有福德的有情眾生食用。

一般人都說這只是自然性，其實不然！這是共業有情如來藏所蘊含的大種性自性，經由共業有情如來藏能夠圓照法界的妙眞如性，共同運作下而產生的生、成、熟、爛的現象，人間眾生就在這種過程中取得資生的素材而生存著。如果植物種子種下去以後不會生長、開花、結果，假使果實不會成熟然後又會爛，人間有情眾生就無法生活啦！假使果實不會爛壞，人間眾生就不能生活，因爲吃進肚子以後照著原來的模樣又排出去，完全沒有爛壞；既不爛壞，有情眾生就無法吸收食物中的營養。所以說，食物一定要會爛壞，才能成就食物的功德；正因爲這個緣故，所以《成唯識論》中說欲界眾生的摶食是以「變壞爲相」；是說人類飲食是以食物會變異而終致爛壞，作爲食的法相。如果吃下肚的食物都不會變異而爛壞，那麼咀嚼吞下去以後就等於是用攪碎機攪碎了，再通過一根管子流出來一樣，都不可能被有情身體所吸收，那麼有情眾生還能生存嗎？

食物一定要能變異而趨向腐爛，在變異與爛壞的過程中，有情眾生才能從裡面吸收了營養。而這些法界也都在眾生如來藏的圓照之內，全都是因爲祂有妙眞如性及大種性自性，也能圓照異熟果、士用果、增上果……等種子，才能夠依著業力去運行；所以如來藏能圓照各種法界，而意識、意根全都無法作到。因爲這些全都是由如來藏在運行的，所以說如來藏能夠圓照法界。

不管哪一個法界，全都在如來藏圓照範圍之內，但如來藏卻不對六塵加以了知，所以祂在六塵上離見聞覺知。可是除了對六塵識別以外，全都在祂的圓照之內，沒有一法能夠外於祂的圓照，而六塵該如何出現，也仍然在如來藏的圓照範圍中。凡是七轉識作不到的，祂全都作到了，唯有祂才有這個勝妙的功德，這樣的如來藏妙覺明性當然是「唯妙」的。而這種唯妙的覺明自性，永遠都不是七轉識所能辦到的。

「一爲無量，無量爲一；」每一位有情都只有一個如來藏，由於如來藏有這種圓照法界的功能，所以如來藏心體能出生這種妙眞如性；這種妙眞如性又稱爲覺精，也就是佛性。這個妙眞如性與如來藏所生的一切法界同時同處，遍在每一有情各自的法界中（遍在每一有情各自的功能差別中），是因爲有情眾生身中的十八法界以及其他各種法界，全都是唯一的如來藏運作妙眞如性所出生的；然後如來藏就以妙眞如性面對自己所生的一切法界，全部都能鑑機照用而不曾錯亂。既然有情身中的十八法界乃至其餘法界，全都是由如來藏心所生的，而如來藏能生無量諸法被有情所知或所不知，而仍然持續不斷運作著，所以與有情相關的一切法自然都應攝歸如來藏心，所以一切法就是如來藏，這就是「無量爲一」。

反過來說，當證悟菩薩一舉如來藏名，這時如來藏就代表了無量諸法，這就是「一為無量」。而這都是由於如來藏心含藏了無量法種（當然也含藏著如來藏自己的法種），才能有妙眞如性（覺精佛性）隨緣任運而圓成三界有情不同果報中所應現前的互不相同的境界相；歸結起來，眞可說「萬法歸一」啊！禪宗學人所問的這個「萬法歸一」，其實就是問萬法的根源啊！這個「一」就是指如來藏啊！不知道如來藏所在的人，就想要禪師為他開示如來藏的所在，於是向禪師請問：「一歸何處？」悟了以後就知道一切法歸一，「一」生一切法，「一」代表一切法；正因為這個道理，所以 佛說：「無量為一，一為無量。」因為無量法本都是如來藏中的法性，不曾一時一刻外於如來藏；而如來藏代表了無量諸法，所以一舉如來藏名，就函蓋了無量法。

然而如來藏心體的唯妙覺明，時時都在有情五蘊身中運作不斷；就在運作過程中顯示了離見聞覺知的如來藏確實另有一種唯一無二的微妙覺明，這就是《大乘起信論》所說的**本覺**。有一些大師不瞭解佛法，開示說：「我們修行就是要保持覺醒，要永遠清清楚楚明明白白。」耕雲居士也這樣說：「你們要覺醒，不要睡覺啊！」他也引證基督教《新約》的文字向佛教徒開示說：上帝說不要睡覺。都是落在識陰之中，不離六塵，正是背覺合塵。我手中有

六、七本他說法的小冊子。他說：我們應該要保持覺醒而不要睡覺，要時時保持覺醒，在覺醒的時間裡都要很安祥，能時時保持安祥就是開悟了。所以就叫作安祥禪。如果眞是這樣，那麼所有老年人都已經開悟了！（大眾笑…）因爲老年人的舉止，不論什麼時候都很安祥。而且老人們也看破了世事無常，又住在安祥境界中，依他的標準，當然應該算是開悟了。

如果時時安祥就是開悟，那麼悟圓老法師也不必再來共修了，幾位老師父們也都不用再來共修了，因爲年紀這麼大了當然都已經看破了紅塵，而且你們大家舉止也都很安祥；如果從安祥禪的眞髓來講，這幾位老和尚應該都已經開悟了。但是，眞正的悟卻不在安祥上面，因爲不論如何的安祥，全都是意識境界，都是常常會中斷的生滅法，違背　世尊不生不滅的聖教。所以，當眾生不瞭解佛法而被誤導以後，就會一天到晚都想要保持覺醒與安祥，其實都錯了！因爲不論如何地清醒與安祥，都是住在六塵中——都與六塵相應，當然都是「合塵」；這正是識陰妄覺的境界，正是背棄了如來藏的眞覺——「背覺」，正是不覺位的凡夫。所以《起信論》中講：前念忽然現起以後，隨後再生起一個正念，把前面的妄想或煩惱制伏了，讓妄想不再生起了，把沒有煩惱、沒有妄想時的知覺，叫作覺悟或正覺，這其實就是不覺。這已經把所有落入識陰覺知心或意識定境中的錯悟大師們，一網打盡而沒有一條漏網之魚了。

所以末法時代大法師、大居士們所說的離念靈知、清楚明白而不昏沈的知覺境界，全都是識陰境界；縱使能進入二禪等至位中，成為不觸五塵的離念靈知，這時覺得非常寂靜而輕安無比了，絕對比六塵中的離念靈知更清醒寂靜；可是這樣清楚寂靜的靈知境界，仍然是意識境界，依《大乘起信論》中馬鳴菩薩的聖教，就說這些住在離念靈知境界中的大師們全都是不覺位的凡夫。因為不論是哪一種離念靈知的境界，全都是生滅心意識或生滅心識陰六識的妄覺，當然是不覺的凡夫。而且任何離念靈知的境界既然全都不離六塵或法塵，當然是合塵而背覺的，是與六塵或定境法塵相合而背棄如來藏的眞覺，當然是背覺合塵的凡夫了。

眞正想要修學佛法的人，應該要證得如來藏的眞覺，但如來藏是背塵而不是合塵的，這才叫作眞實的證悟。當你證得如來藏而現前領受祂的眞實圓妙覺明，現前領受祂的眞覺，就叫作始覺位的菩薩。所以在禪三期間破參時突然間找到了如來藏，心中狂喊著：「啊！是祂！原來是祂！」那時才發覺，原來祂不是完全無知，確實是有眞實的覺知，而祂的覺知是永遠不會中斷一剎那的，這才是眞實的覺，這時叫作始覺。證得了如來藏的本覺時就叫作始覺，如果還沒有證得如來藏的本覺、眞覺，就不能觀察祂有這個本有的知覺，就是不知本覺的凡夫，那就叫作不覺，正是不覺位的凡夫。

所以大乘佛法是從如來藏的本覺來建立不覺、始覺、漸覺、隨分覺、究竟覺，在還沒有證得如來藏的本覺以前，就叫凡夫不覺；如果證得如來藏的本覺了，就是始覺；由始覺的智慧開始進修而次第覺悟如來藏的妙眞如性的一切內涵，就可以建立漸覺；由於漸覺而次第深入如來藏的一切種子（一切功能差別），就可以建立隨分覺；最後究竟圓滿實證如來藏的一切功能了，便稱爲究竟覺，也就是成佛了。覺與不覺等等，就是這樣建立的；但都是從如來藏的本覺作爲基礎而建立的。所以，找到如來藏時就是佛菩提道的入門，成爲大乘佛菩提道的見道者；若是還沒有找到如來藏時，可就永遠入不了佛菩提門，永遠都會在外門廣修菩薩道，成佛之道是遙遙無期的，是全然沒有把握的。

當你證得如來藏這個眞覺之後，就漸漸有能力觀察萬法全都是從如來藏中出生的，而如來藏正是因爲有眞覺妙眞如性，所以能出生萬法。當有情造惡業而應該領受地獄報時，就會有地獄境界出現在有情心中，使有情受苦；

當有情造善業應該領受欲界天果報時，如來藏就會出生欲界天的境界，讓有情領受快樂果報；不論是哪一種果報的境界相，如來藏都能忠實出生相分，讓有情能與萬法相應；由於如來藏能出生萬法，所以如來藏即是萬法，所以「一爲無量」。當有情證悟如來藏時，就知道萬法全都是生滅有爲性，無一是眞，而都應該歸攝於如來藏心中，於是每當他提到如來藏時，就函蓋一切萬法了，就代表萬法了，所以說「無量爲一」。

「小中現大，大中現小；」世尊初降生時就示現說：「天上天下，唯我獨尊。」一切有情的如來藏都是各自獨立、唯我獨尊，即使小至螞蟻細菌，牠們的如來藏仍然是唯我獨尊的；雖然細菌身形那麼小，可是牠的如來藏仍然示現了大人相。也就是說，細菌的如來藏此時只是因爲業報的關係，所以牠的如來藏所生的色身就是那麼微小，小到連肉眼都看不見；可是當牠的業報受完了，該回來人間領受人身時，牠的如來藏就會爲他製造出一個正常的人身；當這個人在人間造作了善業及定業時，他的如來藏又爲他製造了色界天的廣大天身；乃至將來他修學佛法三大阿僧祇劫而成佛時，他的如來藏又爲他顯現出三十二大人相來。而如來藏卻是無形亦無色的，眞的是小到無以復加的小，這豈不是「小中現大」？

可是請問：你身中只有你一個如來藏嗎？只有你一個眾生嗎？顯然不只，因爲現代人都知道各人身中都有很多細菌存在或共生。如果以佛的說法，每一個人身體之中都有極多細蟲，經中就曾經說人身之中有八萬戶蟲，八萬是表示很多的意思。譬如有人吃過晚餐後，覺得有一點嘴淡，於是去買了一瓶養樂多喝了，請問那一瓶養樂多裡面有多少細菌呢？雖然那只是酵母菌，但也是有情啊！而且人人身中都還有很多的共生菌以及有害的細菌。而人人身中那麼多細菌的每一隻細菌，全都各有牠們自己的眞如心、如來藏。從細菌來說，人類的如來藏表相是大如來藏，而細菌的如來藏表相是小如來藏，這不就是「**大中現小**」了嗎？

同一個如來藏，可以大到色究竟天人的極高廣天身一般，小也可以小到肉眼全然看不見。然而如來藏可以或大或小而無所限制，所以如來藏小可以小到在細菌色身中，大可以大到色究竟天的菩薩們一萬六千由旬那樣的高廣。一由旬大約二十里，一萬六千由旬究竟是多麼高廣？眞是大小都無限制啊！或者再談重量吧：大鯨魚是人間有情中最重的，還是一個如來藏持身，不必增加很多個如來藏來持身。而人間動物是最沈重的有情，可是越到高層次的天上，體重就越輕；如果你們以後修定及離欲而發起初禪了，初禪天身為什麼身中如雲如霧而沒有五臟六腑？如果初禪天人也有五臟六腑，那應該是多麼沈重？那他的初禪天身還能在天界運作嗎？還能住在天上嗎？當然都不行了！所以天身越高廣時就越淡薄，這是為了如來藏的持身所需要的，必須如此；這時如來藏就不單是持人間的重身了，也能持色界天中的輕身了！所以如來藏所持色界天身最大可以大到一萬六千由旬高廣，但在人間時也可以小到讓你眼睛看不見，就像是細菌那麼小。所以眞的是「**小中現大，大中現小**」，都沒有問題啊！而且，在人類這麼一個小小的沈重色身中，又含藏了那麼多微細有情眾生跟人類的同一個色身共住，所以對如來藏來說，大小其實都不是問題。憑著業力而可以有這樣不同的變化，**小中現大或大中現小**，如來藏都沒有問題。

「**不動道場，遍十方界；**」如來藏可以成就極小身或極大身，也可以單憑如來藏自己一個心來出生意根，更可以藉自己所生的意根等法而出生無量法，看來如來藏是千變萬化的；可是在這樣**一為無量、無量為一**，在**小中現大、大中現小**的現象界中，如來藏自身卻正是不動道場。如來藏才是眞正的道場，全宇宙最偉大的道場就是祂，沒有任何一個道場會比祂更偉大。不論誰建造了多大的道場，永遠都比不上祂；全球最大道場，總不會超過一萬六千由旬的天人身吧？而且，這個如來藏道場永遠都是常住而不間斷的，並且永遠是如如不動的，從來不被八風所影響。不管六塵中的境界是順心境或違心境，如來藏心從來都不曾有一點兒波動，這才是眞正不動的道場啊！而這個不動道場遍十方界，不能侷限在人間、天上或是某一個星球中。十方虛空無窮無盡，所以就有無量世界，當然世界不可限量；既有不可限量的世界，當然就有不可限量的眾生。凡是有眾生的地方，就一定有如來藏這個不動道場。

可是，如來藏遍十方界，並不是說自己的如來藏遍滿十方虛空世界。如果眞的是這樣，那麼你的如來藏遍滿十方世界，我的如來藏也遍滿十方世界，那不就像一首歌曲中講的「你儂我儂」了嗎？那可就應該相離相入了！這樣一來，問題可就大了！因爲互相混雜在一起而完全融合時，你的如來藏有什麼種子我也知道，我的如來藏中有什麼種子你也知道，也許還不免互相流過來、流過去，那還能成爲唯我獨尊嗎？那麼因果律、異熟果等等無量法性可就全都混亂了！所以遍十方界不是某些大師所講的遍滿十方虛空，而是說：遍十方世界中有無量的有情，所以如來藏自然也就遍十方界了嘛！只要有世界，就能讓有情生存，就會有有情在那裡出生；虛空無盡所以世界無量，遍十方世界中當然會有眾生存在，那麼如來藏當然也就遍十方了嘛！

「身含十方，無盡虛空；」爲什麼說身含十方無盡虛空？是你的色身眞的有那麼大嗎？當然不是！這是說其實十方無盡的虛空，都是我們眾生心想所生。法界中哪有虛空這個東西？沒有啊！十方虛空是因爲覺知心了知了以後，才說原來是無窮無盡的，所以覺知心中出現了十方虛空的觀念。出生了十方虛空的觀念以後，請問你的覺知心在哪裡？還是在你自己身中啊！而十方虛空在你覺知心中出現了，這就是身含十方無盡虛空，千萬不要把經文誤解了。

「於一毛端現寶王剎，坐微塵裡轉大法輪。」如何是寶王剎？寶王剎就是你的如來藏，如果我拿了個東西在你後腦勺的脖子上劃過，你不曉得是什麼東西，就猜想是蜈蚣或是別的什麼，於是就毛骨悚然，這就是於一毛端現寶王剎（大家笑…）。懂了就懂，不懂就不懂；我也別增說，您更別再問。這個時候，你的如來藏就是在這個如同微塵的毛端裡面轉大法輪了！等一下時間過了，祂又回復平順了，仍然是「於一毛端現寶王剎，坐微塵裡轉大法輪」。這眞是微妙法，唯可意會，不應言傳。不是無法言傳，而是不應言傳。所以有很多人聽了歡喜哈哈大笑，可是若是還沒有找到祂，就只好跟著傻笑。但是沒有關係，半年、一年後禪三裡證悟了，就輪到你會意而笑了嘛！

所以你若是還沒有找到眞心如來藏時，怎麼想都想不通：怎麼可能在一毛端顯現出寶王刹，往往就誤以爲寶王刹是什麼奇特古怪的寶刹，以爲眞的是在一毛端中顯現出寶物所建成的大寺廟嗎？其實不是。實際上，如來藏一天到晚都在你身上轉法輪，問題是你有沒有因緣去觸證祂。祂不但是「**坐微塵裡轉大法輪**」，有時候眞的是很分明地在爲你轉大法輪，不是只在幾乎看不見的一毛端或微塵中轉法輪。對於眞實證悟如來藏的菩薩而言，有時如來藏轉法輪時簡直是囂張呢！這都是要自己去親自現前體驗祂，因爲不可以明說；明說了，眾生也不信，一定要親自去體驗以後才能夠理解。若是探聽來的，沒經過參禪過程中的各種體驗，一定無法理解經文中的眞意，於是就誤以爲與經文不符，就會誹謗正法，所以在大乘佛法中，有很多法義都是用密意來說的。

如果有人自己參究悟了以後，可以來告訴我，一毛端中如何顯現寶王刹。那我們就會找個時間——定個禪三日期，讓你來口說手呈，再來合計合計。那時經過禪三一番鍛鍊回來時，智慧又是不同了；不經這一番鍛鍊，你所知道的終究有限啊！所以這個**背塵合覺與背覺合塵**的實證與現觀，眞的很難很難。如今看到現代佛教界有很多法師居士出來教禪，講出來的法義卻總是粗淺無比；也有一些大學教授在學那種東西，也被派出來當老師，結果講出來的法義往往牛頭逗馬嘴，眞的讓人「不忍卒聞」，聽了都會好難過。爲什麼會這樣呢？都是因爲悟錯了。其實悟錯了倒也不打緊，偏偏個個都很傲慢，還要與眞悟者爭短長。這就是說「背塵合覺」的意思很難理解，而如來藏的唯妙覺明又是如何圓照法界？依舊是唯證乃知，沒有證得如來藏的大師們再如何想像，終究無法眞正理解它的眞實意涵。這些都要等諸位親自去找到祂，再去體驗祂，親自證實。接著 佛說：

「滅塵合覺，故發眞如妙覺明性；而如來藏本妙圓心，非心非空、非地非水、非風非火，非眼、非耳鼻舌身意，非色、非聲香味觸法，非眼識界、如是乃至非意識界；非『明、無明』，明無明盡；如是乃至非老非死，非老死盡；非苦非集非滅非道，非智非得，非檀那、非尸羅、非毘梨耶、非羼提、非禪那、非鉢剌若、非波羅蜜多，如是乃至非怛闥阿竭，非阿羅訶三耶三菩；非大涅槃，非常非樂非我非淨；以是俱非世、出世故。」佛說：「滅了六塵而契合如來藏的眞覺，所以發起了眞實如如的微妙知覺明了之性；然而如來藏這個本來微妙圓滿的心，不是心也不是虛空，不是地大也不是水大，不是風大也不是火大，不是眼根也不是耳根、鼻根、舌根、身根、意根，不是色塵也不是聲香味觸法塵，不是眼識功能，就像是這樣子不是耳識功能乃至不是意識功能；如來藏不是智慧也不是無明，智慧與無明到了如來藏的境界中就全都除盡而不存在了；就像是這樣子，不是生乃至不是老、不是死，也不是老盡與死盡；不是苦、不是集、不是滅、不是道，不是智慧也不是得到智慧；不是布施、不是持戒、不是精進、不是忍辱、不是禪定、不是實相般若、不是到彼岸，就像是這樣子，不是如來、阿羅漢、菩薩，乃至不是無上正等正覺。既不是大涅槃，也不是常住、不是眞樂、不是眞我、不是眞淨；因爲如來藏的眞如妙覺以及所說的這些法義，全部都不是世間法也不是出世間法的緣故。」

聽完了這一段經文中的眞義，諸位有沒有覺得很熟悉啊？這其實就是《心經》中講的法義嘛！在破參明心以前每天誦《心經》，都沒覺得怎麼樣。可是當你們去禪三精進共修而破參了，正當解三時唱《心經》：「觀自在菩薩，行深般若波羅密多時：」才剛唱了出來，立刻毛骨悚然。毛骨悚然四字並不是說心中有恐怖，反而是無有恐怖，歡喜感動、熱淚盈眶，因爲那時才發覺《心經》原來就是在說自己心中的法。那時一句又一句唱唸時，一面感動不已，一面又把每一句當場拿來檢驗所悟的如來藏心，有沒有完全符合《心經》裡所講的法義？才發覺竟然完全相同。

所以到破參後解三，在解三儀軌中誦起《心經》時才發覺：**怎麼覺得《心經》跟以前不一樣了**？這次解三後有一位師父說解三時到了最後：「**連三歸依都變了。**」可是三歸依的內容還是跟以前完全一樣啊！爲什麼說三歸依也會跟著變？是因爲悟後已經如實證解三歸依的意旨了嘛！眞正懂得歸依佛是歸依什麼？歸依法是歸依什麼？歸依僧又是歸依什麼？與悟前自以爲知的不一樣了，是眞正瞭解了嘛！於是悟後第一次唱誦時當然就變了！從此以後再也不用強背《心經》啦！所以你們現在若是教我一人獨誦，我一定誦不完整，因爲大部分文字都忘掉了，這正是得魚忘筌、得意忘言。可是你若要問我其中的任何一句，我都可以清楚地講解，但就是背不完全。

「**滅塵合覺，故發眞如妙覺明性；**」所以，「滅塵合覺」，意思就是說，不再去承認和六塵相應的七識妄心了，已經將在塵勞中運轉的妄心否定掉了，從此轉依如來藏妙覺明性而合於眞覺了！所以就發起了眞如心的妙覺明性。其實，眞如心如來藏的妙覺明性是本來就在的，只是悟前都沒有發覺到，所以說眞如妙覺明性還沒有發起；現在找到了，終於證明這個眞如心如來以現前觀察如來藏確實是如此，所以世尊說「故發眞如妙覺明性」。悟後終於可以現前觀察如來藏確實是如此，所以世尊說「故發眞如妙覺明性」。

藏，確實有這一種妙覺；而這種妙覺確實是一種六塵外的明了性，是從來都不曾中斷過的，祂永遠都是眞實與如如，所以才說是「眞如」。悟後終於可以現前觀察如來藏確實是如此，所以世尊說「故發眞如妙覺明性」。

如來藏本來就有的眞如法性與妙覺明性，並不是覺知心所能擁有的妄覺，覺知心的知覺只能在生滅性的六塵中存在，並且是每夜都會中斷的，不是永遠常住不斷的眞實法；覺知心也不能永遠在六塵中如如不動，所以也不是如，當然不是眞如。但如來藏具有眞實性與如如性，也是不在生滅性的六塵中識別諸法，故不是妄覺，卻可以存在於六塵外而繼續了別諸法，不是生滅性的覺知心所能作到的，所以是妙覺明性；這樣的眞如、這樣的妙覺明性，悟前始終不知道或不能現觀，如今悟後終於找到了，也可以現觀而證實了，這時就說是「發起眞如妙覺明性」了。

「而如來藏本妙圓心，」三界中有許多眾生所不知道的事情，都是只有如來藏的「眞如妙覺明性」才能作得到，虛妄性的覺知心永遠都辦不到。至於爲什麼覺知心永遠辦不到呢？這就只能在精進禪三的小參室中討論了。到那時，你說：「這些事情果然我的覺知心作不到，硬逼著要打死我，我也作不到。」可是如來藏都作到了，而且都是自動自發的，從來不跟你抱怨，也不必你去交代祂；全都是自動自發的，而且是從來不曾間斷過、休息過的，卻不是覺知心所能理解的，而祂都能完全覺知，所以眞的是妙覺。而這個妙覺卻是本來就存在著的，不是修行以後才出現的，所以說是「本妙」。祂對眾生有如是微細而且無微不至的了知，對眾生呵護備至；但是祂從來不在六塵上面跟眾生爭執，六塵是眾生所要貪著的範圍，就由眾生去作主，「本妙圓心」的如來藏絕對不會在六塵上作主，總是任由眾生喜歡而去貪，絕對不會貪厭六塵境界而對六塵作主，所以從來不與眾生爭執。如來藏眞如心，都只是在眾生貪厭六塵時，從旁配合而永遠無怨無悔。

如來藏在這上面眞的有眞知眞覺的明性。明就是能夠了知，祂完全了知眾生心裡在想什麼；當眾生決定要幹什麼，祂無不了知；然而這卻不是修行以後才生起的功能，而是本來就圓滿這種功能的，所以也是「本圓」。如來藏眞如心有這種本妙、本圓的功德，所以是「本妙圓心」，這是眞悟的菩薩們都可以現觀而證實的。可是所說「發起」這個眞如心微妙覺明的圓滿性，是因爲證知了所以叫作發起，但不是說祂從來都不發起這種妙覺明性；但因爲菩薩現在證知了，所以方便叫作「發起」。就好像明心的人說：「啊！我證得如來藏了。」然而眞的有得到祂嗎？沒有！因爲自己的如來藏本來就在那裡，每天都在配合著你，從來不曾離開過或隱藏過，是本來就一直都有的。只因為眾生還不知道祂的存在，所以叫作沒有證得；一旦明心而知道祂的所在了，就叫作證得；但證得時其實還是無所得，因為菩薩悟前就已經都在運作祂了，只是日用而不知，所以說還沒有發起。

所有的眾生們都是每天從早到晚把祂抱得緊緊的，悟前就已經如此了，從來就不曾剎那離開過，那麼悟後又怎麼可以說是有所得呢？是自己本來就有的眞如心嘛！因此說，是由於實證如來藏眞如心的妙覺明性，其實是由於證知祂，然後能現前觀察祂這個體性、現前領納祂這個體性，所以叫作「發起」。可是「發起」了這個妙覺明性，卻要在三界中的蘊處界上面去發現；一旦出了三界，祂這個妙覺明性就縮減範圍到很微細、很微細的部分了，大部分的妙覺明性都不現行了。因此，在三界輪迴當中，眾生的如來藏時時刻刻都現起這種妙覺明性。

「**非心非空**、」可是當菩薩證悟以後，觀察祂現起妙覺明性的每一個當下，菩薩卻又認為如來藏這個**本妙圓心**其實不是心啦！因為這個**本妙圓心**確實不是眾生所知的覺知心。眾生所知的心都是能在六塵中見聞覺知、處處作主，如來藏**本妙圓心**卻是離見聞覺知，從來不了知六塵，並且隨時隨地都不作主，完全隨緣任運。有很多當代的大法師們自稱開悟了，因爲善於經營所以徒眾廣大、名聞四海；可是當他們一聽到我說眞心從來離見聞覺知、從來都不作主，他們就不能接受，一開始都是這樣私下對徒弟們說：「不知不覺又不作主，怎麼能叫作心呢？」他們都不知道 世尊正是從凡夫所認知的覺知心，正是依凡夫知見的立場來形容這個心，就說祂「非心」。不但這部《楞嚴經》中說如來藏心是「非心」，在《大品般若經》及《小品般若經》中也說祂是「非心心、無心相心」，因爲祂根本就沒有三界眾生心的貪瞋癡等心相，也沒有三界眾生心識別六塵的心相。

我們說祂「非心」，古時祖師也說祂「無心」；然而現代教禪的大法師一讀到「非心、無心」，就會想：「那就是沒有心啦！就是把覺知心都不分別，都無心於萬事萬物，那就是開悟啦！所以無心就是禪。」所以我這一世的歸依師父說：「明心就無心，無心就見性。」可是，明心就無心啊？那豈不是跟斷滅一樣了？可是他的書上看不到這樣的開示，而是在農禪寺的禪坐會上才做這樣的開示，只記載於禪坐會的通訊月刊中，我到現在還留著呢！一般學禪、教禪的人聽到說「非心、無心」時，總是誤會了佛意、祖師意：「非心、無心，那就是沒有心啦！所以明心就是開悟，開悟就是證得無心的境界。」

所以這些依文解義的當代大法師就告訴你：「你把覺知心滅了，也就是覺知心不起語言思想了，能夠這樣安住下來而放下一切煩惱了，就是開悟了，這叫作無心。」

然而佛法不是這個道理，世尊雖然說眞心非心，但不是無心的斷滅空，也不是覺知心存在而放下煩惱、心中空無一物，而是有另一個與覺知心同時存在、並行運作的本妙圓心，這個本妙圓心是從來不會生起覺知心的心行心相的，也是本來就神妙而圓滿諸法的心，這才是 世尊所說「非心」的心，才是如來藏眞如心。假使眞的像那些依文解義的當代大禪師所說的無心，可就變成落於斷滅空，或是仍然是常見外道的覺知心境界啊！爲了對治這一類不免誤會佛法的凡夫大法師們，所以 世尊在「非心」的後面又加上兩個字：「非空。」所以眞如心如來藏，從剛剛證悟的菩薩看來，祂眞的「非心」；可是深入觀察以後卻又發覺祂的自性太神奇、太殊特、太勝妙了，而且也太難以完全理解了，因爲祂是那樣眞實地存在，一切有情不能一時一刻沒有祂，所以眞的「非空」。如來藏並不是主張六識論的應成派中觀師所說的純屬名言施設，沒有這個心存在；所以 世尊特地在「非心」後面再加上「非空」二字，世尊就這樣預防凡夫位的菩薩們誤會妙法，才這樣開示說：「非心非空。」眞是老婆心切啊！

「非地非水、非風非火，」如同前面經文中 世尊所開示，如來藏心固然有地大之性以及水大、火大、風大之性，可是祂本身非地、非水、非火、非風。地水火風都屬於物質，都是會變異的生滅法；而如來藏中擁有出生地大之性乃至出生水大、火大、風大之功能性，這四種自性以及已經出生的地水火風，必須依於如來藏時才是不變異法、不生滅法，而如來藏不等於四大之法。如果說共業眾生的如來藏眞如心，共同變現出來的地水火風就是如來藏心；那麼當地水火風變異生滅時，如來藏當然就成爲變異生滅法了！可是儘管地水火風不斷地變異生滅著，如來藏心卻是永遠不會有所變異或斷滅的。正因爲祂永遠不會變異與生滅，才能夠支持宇宙中的地水火風繼續變異而法性永遠不會損減，所以說如來藏眞如心「非地、非水、非風、非火」。

「非眼、非耳鼻舌身意，非色、非聲香味觸法，非眼識界、如是乃至非意識界；」如來藏眞如心能出生眼耳鼻舌身意六根，並且支援六根正常運作，使六根具足應該有的功德；但如來藏是心，並不是有生可滅的眼耳鼻舌身意六根。如來藏又能夠藉六根來觸外六塵，忠實現起內相分色聲香味觸法六塵，讓有情眾生覺得與外相分沒有一絲一毫不同；可是祂並不是自己所現起的色聲香味觸法，因爲內相分六塵有時會暫滅（作者案：依覺知心的顯境名言而說），而如來藏絕對不會有時暫滅。如來藏還能夠藉自己所生的六根與六塵作爲因緣，再從祂心中現起眼識乃至意識等六識；眼識等六識都必須依附於祂才能存在及運作，可是祂終究不是自己所生的眼識乃至意識；因爲眼識乃至意識是夜夜斷滅而朝朝再起的生滅法，如來藏自己卻是常住而不曾中斷過一剎那的。也就是說，所生與能生不能混爲一談；所生的六根、六塵、六識固然都應該攝歸如來藏所有，然而所生的十八界終究不等於如來藏自己。因爲所生的十八界會夜夜斷滅或者入涅槃時永滅，但如來藏眞如心卻是永遠都無法損滅一分一毫的，何況能斷滅？所以如來藏眞如心不是祂自己所出生的十八界，不等於自己所生的十八界，因此而說如來藏本妙圓心「非眼、非耳鼻舌身意，非色、非聲香味觸法，非眼識界、如是乃至非意識界」。

「非『明、無明』，明無明盡；」一般學人及大師們所謂的破除無明而有明，以及因爲開悟了而有明覺，都只是因爲悟前還沒有破除無明，所以才有無明；而這個明與無明，其實都是識陰妄心的事。開悟是識陰覺知心的事，悟後生起實相般若智慧也是識陰覺知心的事；而如來藏眞如心是識陰覺知心所悟之標的，覺知心由於悟得如來藏眞如心而證眞如、而發起般若智慧，所以眞如心是不參禪、不修行的，祂反而是參禪人所應證悟之標的。覺知心證悟後修行是修正自己，不是修正如來藏；當自己修正行爲而清淨以後，如來藏眞如心中所含藏的覺知心種子也就清淨了，所以參禪是妄心覺知心的事，悟後修行也是覺知心的事，眞心如來藏是不參禪也不修行的，所以如來藏「非明」。

學佛人必須懂得這個道理，否則學禪之後即使坐斷了雙腿，也還是無法開悟的；因爲當代學佛人總是跟著錯悟大法師們努力打坐，都是藉著學禪靜坐而想要把識陰覺知心修行以後變成眞心，都是認爲眞心就是覺知心，都是誤以爲眞心是會參禪的心，也都誤以爲眞心是應該修行的心。然而眞心是本來就眞、本來就在的如來藏第八識心，根本不必修行也不必靜坐學禪；參禪修行的覺知心是識陰六識妄心，不是開悟之標的。而且，說老實話，識陰妄心再怎麼修行，永遠都無法轉變成第八識如來藏眞如心的；所以，悟前被無明籠罩而有無明，是識陰覺知心的事；如來藏心從來不理會是否有無明，因爲祂不必參禪、不必求悟、不必修行，祂是被參禪人證悟的標的，而不是應該參禪的心。參禪、求悟、修行，既然都是識陰覺知心自己的事，所以如來藏心當然沒有無明可說。當你證得如來藏心而從祂所住的境界中來看待參禪求悟與修行的事時，一定會這樣證實：無明是識陰覺知心的事，與如來藏眞如心無關。所以 世尊說「非無明」。

從證悟以後來說，當菩薩證悟如來藏心以後，識陰覺知心中開始有了智慧，而這個實相般若智慧卻是識陰覺知心所擁有的，因此而說識陰覺知心有了智慧光明，所以離無明而有明；然而如來藏眞如心仍然不與智慧相應，所以祂仍然沒有明。因爲如來藏是識陰覺知心所明的對象，識陰覺知心悟後有了智慧光明，這個明的由來卻是因爲證如來藏心而發起了法界實相的智慧，所以如來藏是識陰智慧光明的所依體，而不是實際擁有智慧覺明的心；因此，「明」的實證與發起，還是與如來藏眞如心無關。如來藏心從來不了知六塵，也不參禪、不求悟、不修行，何況能有智慧（明）呢？菩薩證得如來藏心而轉從如來藏心的境界中來看智慧光明時，發覺如來藏心根本不會生起智慧來，因爲祂是智慧的所依而不是擁有智慧的心，所以如來藏自住境界中也沒有「明」可說；正因如此，所以來到如來藏的自住境界中的時候，當然是「明盡」而且「無明盡」，這才是「明、無明盡」的眞義。若是還沒有找到如來藏時，這個道理聽起來可眞的是想不通；可是一旦找到了，卻一定會說：「本來就這樣，這何必解釋？」所以我講這一段經文可就很輕鬆了。

「**如是乃至非老非死，**」生老病死都是五陰的事，都是識陰覺知心息息相關的事，而生老病死的蘊處界卻是如來藏妙眞如性所出生的；如來藏妙眞如性卻從來不曾有生，因爲是無始本有、法爾而有。如來藏**本妙圓心**既然從來不曾有生，又怎麼會有壞滅的時候呢？如來藏心既然本來無生，當然也就不會有老與病，更不會有死亡可說；所以生老病死的事情，都是如來藏所生的蘊處界自己的事情，是住在色陰中生起受想行三陰的覺知心識陰的事情；當這一世的五陰生老病死以後，如來藏心又去入胎而重新再生老病死，不斷地重複這個過程，所以蘊處界痛苦無量。然而一世又一世的五陰不斷生老病死時，如來藏卻仍然是同一個如來藏心，從來都不變易，從來不會生老病死。而且，領受生老病死現象的心，永遠都是識陰覺知心，如來藏心從來不領受生老病死等六塵境界，所以如來藏**本妙圓心**非生、非病、非老、非死。

「**非老死盡；**」若是修學羅漢法而解脫生死了，仍然是識蘊覺知心的事，所以阿羅漢斷盡我執而宣稱梵行已立、所作已辦、老死已盡，宣稱不再有未來世的老死時，仍然是識蘊覺知心的事，而他的如來藏心仍然不了知老死已盡的事；如來藏只管死後不再流注出未來世五蘊的種子，仍然依祂自己離見聞覺知的原來寂滅境界安住。於是阿羅漢死後就成爲無餘涅槃，就不再出生後世的五蘊來生老病死了。阿羅漢這樣斷盡我執而宣稱「**老死盡**」，等到捨壽入無餘涅槃的時候，仍然是依如來藏**本妙圓心**而施設的，是指如來藏不再出生後世五蘊而獨自存在於無形無色的無境界中，這就是無餘涅槃，就是四阿含中所說的涅槃的本際。然而，如來藏本妙圓心卻從來不了知阿羅漢老死盡的事情，所以阿羅漢捨報前自心如來藏的境界中，以及阿羅漢入涅槃以後的如來藏獨存境界中，仍然沒有「**老死盡**」的證境可說，世尊因此說如來藏心「**非老死盡**」。

「**非苦非集非滅非道，**」「**老死盡**」是阿羅漢五蘊的事，不是阿羅漢的**本妙圓心**如來藏的事情。同理，努力修學四聖諦，詳細了知苦集滅道的內容，以及實際觀行而完成苦集滅道的現觀，生起四聖諦的解脫智慧，也是阿羅漢五蘊的事。這是因爲五蘊具有見聞覺知，在正知見的熏習下作了正確的觀行，終於確認五蘊的每一部分全都虛妄、自我全部虛假，也確認五蘊自我全部是痛苦的根源，於是捨壽時願意滅盡全部自我，成爲無餘涅槃，永遠不再有五蘊出生了，所以沒有生死流轉中的種種痛苦。然而，從如來藏本妙圓心自身的境界來看，在離六塵見聞覺知的絕對寂滅境界中，是沒有五蘊我存在的，所以也是不必了知苦集滅道的內容，不必觀行苦集滅道而實證四聖諦；

因為如來藏本來就住在清淨涅槃中，本來已無生死，於是意識以證悟實相的智慧而站在如來藏離見聞覺知的立場，來看待苦集滅道的熏習與觀行時，這些都成為戲論了，所以 世尊說：「非苦、非集、非滅、非道。」

阿羅漢迴心大乘而證悟明心時就成為勝義菩薩了，這位明心的菩薩阿羅漢一樣是沒有老死盡，那時他看到不迴心的阿羅漢時會這樣說：「你們二乘聖人有老死盡，我們菩薩沒有老死盡。因為老死盡是從如來藏輾轉而有的，推溯到最後，老死盡也是在講如來藏獨存的境界啊！但是在如來藏自身的境界中哪裡有老死可以讓你除盡？根本就沒有啊！就只是如來藏而已嘛！」所以老死盡這個法是二乘法，從大乘別教來講，沒有老死盡這個法，就只是如來藏而已，所以既非老死盡，也非苦集滅道，無智亦無得。證悟的阿羅漢菩薩接著說：「苦集滅道是二乘法，二乘法是依五蘊、十二處、十八界來說有苦集滅道，但是苦集滅道在菩薩來看，全都是從如來藏本妙圓心中出生的法；如來藏藉著五陰出現了『苦、集』的現象，然後再藉二乘菩提來顯示『滅、道』的事實與方法，那麼你們二乘說有苦集滅道，我們大乘卻從實際理地來看而說全無苦集滅道，又不妨從五蘊來跟你們一樣說有苦集滅道。」

因為所謂苦集滅道就是如來藏——以如來藏為體；苦集滅道雖然是如來

藏，但是苦集滅道卻不是如來藏；因爲你如果入了無餘涅槃中（也就是在如來藏獨住的離見聞覺知境界中），根本就沒有苦集滅道可說了！然而，苦集滅道滅了，是不是如來藏也跟著滅了呢？事實祂又不滅，因爲是滅了五蘊而使苦集滅道跟著滅了，如來藏卻不與苦集滅道相應，所以本妙圓心如來藏非苦集滅道，這才是實相境界。並且，當不迴心阿羅漢完成苦集滅道的觀行與實證時，他們各自的如來藏本妙圓心仍然不了知阿羅漢們所觀行、所實證的苦集滅道，所以 佛說如來藏心「**非苦集滅道**」。

「**非智非得，**」智，不管是二乘智或大乘智，這一些智慧都是五陰、六識所證，證得解脫智或般若智以後說：「**我證得了二乘的無生忍！我證得了大乘無生忍！**」修學很久以後終於有這一些智慧了，但是證得三乘菩提智慧時眞的有所得嗎？對二乘人來講是有所得的，除非捨壽入了無餘涅槃。但是菩薩現前觀察二乘聖人證得這個智慧時，了知二乘聖人入無餘涅槃時這個智慧也將不存在。正當二乘聖人尚未入涅槃以前，他們覺知心中有解脫智慧時，菩薩從二乘聖人現前分明存在的涅槃本際來加以觀察時，現見二乘聖人的如來藏心中一樣是沒有智慧可得的；因爲涅槃本際就是如來藏本妙圓心，而本妙圓心是從來離見聞覺知心的，連六塵都不加以了知，何況能有六塵中的解脫智慧可得？所以說「非智」。

二乘聖人所證的解脫智慧如是，大乘菩薩又現觀自己所證大乘無生忍的實相般若智慧，觀察的結果一樣是由五蘊得到大乘實相智慧，而本妙圓心如來藏仍然不理會任何的智慧，還是依舊不理會六塵，當然一樣是 佛所說的「非智」。既然三乘菩提的覺悟與所有智慧都是五蘊所有的，涅槃本際（也就是本妙圓心如來藏的自住境界）中必然「非智」，那麼當覺知心悟得大乘菩提而發起實相般若時，如來藏依舊是無所得的，不可能因此就使如來藏能擁有實相般若，所以 佛說「非得」。如來藏既是「非智」，也不會因爲覺知心開悟明心就獲得果位，當然菩薩果一樣是由覺知心或五蘊得，仍然不是由本妙圓心如來藏來得果。這樣子，既「非智」亦「非得」，所以 佛說「非智非得」，道理就很明白了！

「非檀那、非尸羅、非毘梨耶、非羼提、非禪那、非鉢剌若、」說完「非智非得」，再來說大乘法中的六度與如來藏之間的關係。大乘菩薩一定要修學六度才能開悟明心，開悟明心以後一樣要修學六度，才能圓滿三賢位而進入初地心中。明心開悟前修學六度，是外門廣修六度萬行；明心開悟後修學六度，是內門廣修六度萬行。六度就是布施、持戒、忍辱、精進、禪定、智慧，外門廣修六度萬行以後，終於明心了，就可以現前觀察大乘菩薩確實是不斷煩惱證菩提，也是不離生死而住於遠離生死的彼岸。波羅蜜多，就是到達生死彼岸的意思。一般人修學佛法時其實只是在修學羅漢法，因爲所修學的只是解脫生死的羅漢道，這也就是當代很流行的南傳佛法（編案：這是二○○二年所講，此書在二○一○年出版時，台灣地區的南傳佛法已不盛行，已開始盛行大乘佛法了）。南傳佛法其實就是印順法師等人所弘揚的「佛法」，他們雖然口口聲聲說自己所弘揚的是大乘佛法的成佛之道，其實本質完全是羅漢法而不是佛法，而且他們弘揚的羅漢法又是錯誤的。

大乘佛法才是眞正的成佛之道，而成佛之道的修學，要先建立信心：信諸佛不同於阿羅漢，信佛法的實證不同於羅漢法，信有第八識如來藏，信有如來藏所運作出來的佛性可以成就萬法，信有諸佛永不入涅槃而利樂眾生永無窮盡。具足了這些信心，才有資格修學大乘佛法，否則就只能修學羅漢法了。修學信心的過程大約一個大劫，善根較弱的人就不止一個大劫，善根很差的人就必需一萬大劫修學信心，否則就無法具足剛才所說的信心，不免會誤認羅漢法等於佛法，反而不信眞正的佛法。信心圓滿以後正式修學大乘佛法，開始廣修布施行時，就是初住位菩薩；然後受持菩薩戒，歷緣對境之中都能嚴持不犯，這個過程完成時就是二住菩薩；若是為了世間法上的利益而犯戒，就是二住位尚未滿足的人。二住位修行圓滿以後，開始修學忍辱行，如是次第修學精進行、禪定行（這時的禪定行，是指經由大乘法的熏習及靜慮，終於心得決定，絕對不再轉移而專心熏習大乘佛法），然後才能修學般若；般若實證以後，才能說是到生死彼岸，就是**波羅蜜多**。

菩薩住於外門久劫修學六度以後，終於證悟而生起實相般若了，就是進入第七住位中，從此成為進入內門廣修六度萬行的菩薩了！在開悟明心之前所修的，都是外門廣修六度萬行，這個外門的六度萬行是覺知心的事，跟如來藏並沒有直接相干；後來悟了如來藏而開始內門廣修六度萬行，仍然是覺知心的事情，仍與如來藏沒有直接相干。所以，從開悟明心者所觀察的如來藏自住境界來說，不論是外門或內門廣修六度萬行，全都是覺知心的事，都與如來藏無關，所以如來藏**本妙圓心**非六度。

但是，能否進入內門廣修六度萬行，卻是要看學人是否證得如來藏**本妙圓心**而決定的；證得如來藏以後雖然發覺六度的勤修都是覺知心的事情，卻又不能沒有如來藏在背後支援，因為覺知心是由如來藏出生的，所以又與如來藏息息相關；但是如來藏不斷支援覺知心廣修內門六度萬行時，如來藏自身卻又都不理會實相智慧與六度，廣修六度仍然是覺知心的事，所以廣修之後增益的實相般若也是覺知心的事，因此 佛說如來藏本妙圓心「非六度」。

「非波羅蜜多，」波羅蜜多的意思是到彼岸。所謂到達沒有生死的彼岸，就是住於沒有生死的境界中。然而到彼岸是覺知心到，而覺知心到了彼岸以後其實並沒有到，而是覺知心本來就已在沒有生死的彼岸中；所以從證悟者所看到的覺知心智慧境界來說，並沒有波羅蜜（沒有到彼岸）可說，並且也不是悟後才到彼岸的。若是從二乘菩提來說，阿羅漢到了沒有生死的彼岸，其實是阿羅漢把自己十八界全都滅掉了，才是眞的到達沒有生死的涅槃彼岸；那時阿羅漢十八界都滅盡了，尚且沒有阿羅漢存在，根本就沒有人存在了，哪能說有阿羅漢到生死彼岸？

再回到證悟菩薩對如來藏的現觀來說，當菩薩觀察到覺知心從來住於如來藏中，而如來藏從來沒有生死，所以覺知心本來就是住在不生不死的如來藏心中示現有生有死，而如來藏自己從來沒有生死。可是以這樣的實相智慧再從如來藏自住境界來看時，所有到達無生無死彼岸的智慧與涅槃境界，全都是覺知心自己的事，都與如來藏無關。因爲如來藏從來不對生死或無生死的境界加以了知，也不對這些智慧加以了知；對如來藏而言，根本就沒有生死需要遠離，也沒有涅槃境界可住，更沒有遠離生死的智慧需要生起；所以對如來藏自己而言，根本就沒有波羅蜜多可說——根本沒有到彼岸可說，所以佛說本妙圓心如來藏「非波羅蜜多」。

如來藏本來就在無生無死的彼岸，何必再由覺知心把如來藏帶進無生無死的彼岸？所以這句「非波羅蜜多」——非到彼岸，確實是法界實相中的至理啊！當你證了如來藏以後，我所說的這些正理，你都可以在聽聞時現前觀察而親自加以證實。實證的大乘佛法就是這麼妙啊！全都可以互通，而且是在三乘菩提中互通，沒有一法是不通的，不像二乘菩提不能通大乘菩提，事實是如此啊！可是現在還有些人讀了《邪見與佛法》的說明以後，心中仍然無法接受，因爲他們都想要把覺知心自己去到彼岸；如今我在書中說，到彼岸是把自我十八界滅了而成爲無餘涅槃，可是進入無餘涅槃時卻是沒有自己去進入無餘涅槃，而是把自己滅掉。

當代所有大法師們，不論是有自稱開悟或沒有自稱開悟，他們都不肯接受我的說法。他們總是認爲：是「我」要去沒有生死的彼岸繼續存在，怎麼可以把「我」滅了呢？這就表示有一個很顯然的現象存在著：他們的我見都仍然堅固存在而不能斷除，由於我見不能斷除，所以錯誤地認爲一定要有

「我」去沒有生死的彼岸中安住。他們都不能接受我所說的：在二乘菩提中，我全部滅盡了，只剩下如來藏時叫作到達無生無死的解脫彼岸。他們全都不能接受，於是遇到《心經》時可就不通了，因爲一定會誤以爲《心經》所講的心是指覺知心，於是就「有眼耳鼻舌身意六根、有色聲香味觸法六塵、有眼耳鼻舌身意六識，有苦集滅道，有智亦有得，有無明亦有無明盡」，所以就對《心經》完全不通了。這麼一來，遇到《楞嚴經》時，來到這一段經文時當然更是大大不通了。

若是眞的證得如來藏了，就知道二乘涅槃是滅了十八界，全然無我而只剩下如來藏離見聞覺知地獨存著，無形無色而不在三界中，誰都找不到祂了！而二乘涅槃的修證者不必實證涅槃中的本際如來藏，只需信有如來藏常住而把自己十八界滅盡就行了，此後再也沒有後世的十八界來導致生死流轉中的種種痛苦了！二乘涅槃如此，大乘的本來自性清淨涅槃，則是證得二乘無餘涅槃中的本際，這時發覺說其實自己根本不必去彼岸，因爲自己的如來藏本來就在無生無死的彼岸啊！而覺知心本來就住在如來藏的境界中，從來不曾離開過如來藏心以外，爲什麼還需要想辦法去到彼岸？正因爲這個現觀的智慧，所以一切能夠這樣「觀自在」的菩薩們全都「心無罣礙，無罣礙故無有恐怖，遠離顛倒夢想」。

阿羅漢還有顛倒夢想，雖然他們能出三界，不再有後世生死，卻是要把自己滅掉而入無餘涅槃，對法界實相是尚未實證的，所以仍沒有正確認知法界的實相，也還沒有正確認知無餘涅槃中的境界。菩薩卻不必入無餘涅槃，就已經在無餘涅槃中了！菩薩是因為自己的如來藏本身就是無餘涅槃，只是七轉識在流轉生死、利益眾生，而自己的如來藏卻是本來就住在無餘涅槃中啦！所以叫作**本來自性清淨涅槃**。既然是本來就有自性而且是本來就不生不滅的了，又何必還要去彼岸？當下就已經在彼岸了！哎呀！眞是太棒了！菩薩正因為這個緣故才「**無有恐怖**」，不論下一輩子要去哪裡都沒關係，世尊來吩咐一句就算數了！去哪裡都無所謂。

所以徒弟問潙山靈祐禪師說：「**和尚百年後到哪裡去？**」潙山禪師答覆說：「**山下做一頭水牯牛去。**」說要去山下當一頭公水牛啦！他又藉這個機會提出一個問題，說：「**正當恁麼時，**」當我去投胎成為公牛的時候，「**脇下**」就是肚子側面「**寫著潙山僧靈祐五字，喚牠作潙山僧好呢？還是要叫作水牯牛？**」其實叫牠作什麼名稱都沒有意義，因為潙山僧靈祐已經過世了，如今這頭牛雖然是前世的潙山僧靈祐來投胎，卻已是水牯牛而不是潙山僧了，所以以喚什麼都不對；如果眞要叫牠，只好叫作如來藏。所以一切眾生**本如來藏妙眞如性**，如來藏所出生的眾生相，本質上都只是無生無死、壽命無量的如來藏，在無量劫中的各個極短時間中所示現的生滅法，實際上眞正存在而常住的只是如來藏心。

同樣的道理，當有情眾生證得阿羅漢、證得菩薩果而到達無生死的彼岸時，其實都是從有生有滅的覺知心等五蘊法上面說的；事實上，覺知心本來就住在無生無死的如來藏心中，而如來藏心本來就無生無死，又何必要離生死呢？菩薩正因爲有這樣的現觀，所以才肯發大願，不怕未來無量世的生死痛苦，願意世世受生於人間來住持正法、利樂人天。或許有人說：「**您說我們都住在如來藏心中，可是如來藏心究竟在哪裡？我怎麼都沒看到祂呢？**」那就如同住在廬山煙雨中的人，看不見廬山煙雨一般；得要有人指點以後，才能看得見如來藏的所在啊！那時自然會看得很清楚，親自證實覺知心自己從來不曾離開過如來藏心的境界，根本就不曾接觸過如來藏以外的境界。由於這個緣故，就能從如來藏自身的境界來看波羅蜜多—來觀察到達無生無死的彼岸—自然就會現觀如來藏自心根本沒有波羅蜜多可說。說有波羅蜜多、有到彼岸，都是從覺知心的立場來說的；若是離了如來藏，就沒有六根、六塵、六識以及一切法，連生死都不存在了，也就沒有到彼岸可說啦！因爲如果沒有如來藏，無餘涅槃是滅盡十八界，那就變成斷滅啦！又是誰能到彼岸呢？可是悟後再從如來藏自己的境界來看時，如來藏根本就沒有到彼岸（沒有波羅蜜多）可說，由這個道理以及以上所說的各種道理，所以 佛說「非波羅蜜多」。

「如是乃至非怛闥阿竭，非阿羅訶三耶三菩；」就像是這個樣子，乃至「非怛闥阿竭」，是說如來藏不是如來。因爲世間所知的如來是指以前應現在人間的應身如來，是由五蘊來示現成爲如來；然而五蘊是生滅法，只是一時示現，若不是特殊因緣故意示現，最長不過百餘年。眞實如來是如來藏心，但如來藏心自己的境界中，既不當如來，也不用語言文字爲眾生說法，所以即使菩薩修到三大阿僧祇劫圓滿而成佛時，佛地的如來藏無垢識也不是如來，所以 佛說本妙圓心如來藏「非怛闥阿竭」——不是如來。也「不是阿羅訶等人所示現的正等正覺」：既不是阿羅漢，也不是正等正覺。不論是如來，或是阿羅漢，都是正確而平等地眞正覺悟，只是覺悟的內涵不同罷了！可是，不論悟的是二乘菩提或是大乘菩提，全都是依如來藏而施設的；但是若站在如來藏自身的境界中來看待時，祂才不理會是如來或是阿羅漢呢！如來藏也不理會正等正覺的智慧與境界，祂從來不管，未來也是永遠不管這些；祂只是依照本來自性清淨涅槃如是安住，所以說「**如是乃至非怛闥阿竭，非阿羅訶三耶三菩**」。對如來藏自身而言，沒有任何一法可供了知及愛樂。

「**非大涅槃，**」什麼是大涅槃？爲什麼涅槃又加個「大」？又如《心經》中爲什麼講「究竟涅槃」？都是因爲二乘涅槃不究竟啊！二乘涅槃是有餘與無餘涅槃，二乘無學聖人具足實證了有餘與無餘涅槃時，卻仍然無法了知入了無餘涅槃以後是怎麼回事？生前無法了知，捨報後更無法了知。爲什麼呢？因爲入了無餘涅槃時是把十八界自己全部滅了，只剩下如來藏獨存而無所住——如來藏離一切法而獨自存在。二乘無學聖人既然沒有證得如來藏，只好想像滅了十八界自己以後的涅槃中大概怎麼回事。如來藏心體自身就是無餘涅槃中的本際，佛在阿含中把如來藏識叫作涅槃本際，或者說是涅槃的實際。

當阿羅漢滅盡十八界自我以後，自己完全滅盡而沒有見聞覺知可以了知無餘涅槃中的境界相，所以捨報入涅槃以後的實際是什麼？阿羅漢們還是想不通的；都是因爲生前還沒有找到如來藏，所以不知道涅槃中怎麼回事。至於入了涅槃以後，阿羅漢自己十八界已經滅盡，自己都不在了，怎麼能知道涅槃中的境界？但是菩薩所證的涅槃是本來自性清淨涅槃——是如來藏自住境界，菩薩只須觀察如來藏排除掉蘊處界以後，只剩下如來藏獨存時的離見聞覺知境界，就知道無餘涅槃中的如來藏是怎麼獨存的了！於是還沒有入涅槃，就已經知道無餘涅槃中是什麼啦！

菩薩接著繼續進修，把分段生死煩惱障斷盡而得到二乘無學聖人的二種涅槃；再進修而斷盡煩惱障習氣種子流注，並且斷盡無始無明的隨眠，於是變易生死究竟滅盡而到達佛地，從此以後如來藏心中所含一切種子都不變異了，就不再有變易生死了！這時，在菩薩地所證的本來自性清淨涅槃、二乘無學聖人所證的有餘及無餘涅槃、以及佛地才有的無住處涅槃都有了！這時還要再入二乘涅槃嗎？根本就不需要入二乘涅槃了。因爲永遠都不可能輪轉生死了嘛！那又何妨常住於三界中來遊戲人間？可是，別把我所說的遊戲人間想得很美好！有一天，有位師姊向我說：「我們以前都想，菩薩遊戲人間一定很美好、很殊勝。現在才知道菩薩遊戲人間時原來是像老師這樣：利益眾生還要被眾生罵，還要被眾生吐痰。」但這其實也是遊戲啊！因爲都是夢中事嘛！

當菩薩這時已經不會再被生死所拘繫了，不論是變易生死或分段生死，都無法繫縛菩薩了（已經成佛了），所以也不必入二乘涅槃了嘛！所以諸佛都因此而不住無餘涅槃。然而不住於涅槃中卻又已經離開分段生死，也離開變易生死了，所以也是不住生死啊！這樣的涅槃便稱作**無住處涅槃**。這時，根本就不需要入涅槃了嘛！

譬如獄中的人犯爲了想要離開監獄，所以在獄中努力做很多善事而假釋出獄了；然而假釋出去以後，若還憐憫獄中的犯人，就應該繼續住在獄中教導犯人怎樣可以離開牢獄，這就是菩薩。於是菩薩就設法成爲獄中的教導師，一直住在三界獄中教導犯人，這是純粹行善而住在獄中，讓大家都可以逐漸獲得自由。如果已經能自由進出三界監獄時，當然也願意再返身進去利益三界監獄中的犯人（外教說有原罪，佛教說有見思及塵沙惑等無明罪），而自己的所有罪業（也就是尚未斷盡的塵沙惑）也斷盡了，三界監獄是一絲一毫都無法干擾你了，這時就是佛，這時的究竟解脫就是佛地的大涅槃。然而，即使證得大涅槃了，大涅槃仍然是覺知心的所證與所知，如來藏心仍然不了知大涅槃的究竟無漏境界，所以從如來藏的自住境界而言，也沒有大涅槃可說，因此 佛說如來藏本妙圓心「**非大涅槃**」。

《心經》所講的究竟涅槃也是這個道理，因爲只有具足四種涅槃而稱爲大涅槃時，這樣親證的涅槃才是究竟的涅槃；只是《心經》中不這樣子詳細解釋，只說明大概而已。可是佛地這個究竟涅槃（大涅槃），追根究柢，還是以如來藏心爲體；若離了如來藏心，就沒有大涅槃可證了！因爲大涅槃是總稱四種涅槃的具足圓滿，而四種涅槃全都是依如來藏所住不同的境界相來立名的。然而諸佛、菩薩轉從大涅槃中的如來藏自住境界來看時，卻又沒有大涅槃可說，因爲如來藏從來都不對大涅槃的智慧境界加以了知，祂心中根本沒有大涅槃可說，因此 世尊說如來藏本妙圓心「非大涅槃」。

「非常非樂非我非淨；」非常、非樂、非我、非淨，是在大乘佛法中才會被提出來講解的，因爲只有大乘法中才會講常樂我淨。而常樂我淨是佛地的境界相，不是因地菩薩位中所有的，更不是二乘無學聖人所有的。在二乘法中一定是說非常、非樂、非我、非淨，因爲在二乘法中所觀行的對象是生滅不淨的五陰、十二處、十八界法；不論是過去世、現在世、未來世中的蘊處界，也不論是人間極粗糙的蘊處界，或是天界極微細的蘊處界，全都是無常、苦、無我、不淨；三界種種不同狀況中的蘊處界，並無一法是常、樂、我、淨。這些道理，卻是常常被末法時代的大法師所忽略或否定的，而末法時代的錯悟大師與凡夫、外道全都不離四倒：錯將蘊處界中的全部或局部認作是常、樂、我、淨，於是成爲**非常常倒**、**非樂樂倒**、**無我我倒**、**不淨淨倒**，不免繼續輪轉生死。

菩薩已經遠離四倒了，斷盡見、思惑，隨時能出離三界生死而進入初地，再起一分思惑留惑潤生，進修十地近波羅蜜多行，可是仍然無法成佛，因爲還無法斷盡塵沙惑，也還沒有斷盡三界愛的習氣種子流注，所以四倒還沒有完全斷盡。塵沙惑的內涵，簡單地說，就是異熟種子尚無法全部了知；由於這兩種原因，所以菩薩的如來藏心體中還有種子變異流注，就無法稱爲常、樂、我、淨。因爲如來藏心中的種子仍會變異而**非常**，仍有變易生死而**非樂**，仍有微細我應斷盡而使如來藏仍然不是眞實我——**非我**，種子仍未究竟清淨而**非淨**。由於這個緣故，菩薩繼續常住於人間，在極長時劫中不斷地利益眾生，歷緣對境之中次第斷盡習氣種子流注及具足證知異熟種子，到達究竟位時成佛了；這時如來藏中的種子都不再變異，變易生死已經斷盡了。而且那時對異熟種子的內涵也全部了知，無始無明所攝的塵沙惑已斷盡無餘了，那時**本妙圓心**如來藏已經內外俱淨、究竟清淨了，才能稱爲究竟**常**，這樣的常才是眞實的**樂**，這樣的常與樂才能稱之爲眞實**我**，這樣的眞實我就是眞**我**，才是究竟的清**淨**。

然而，當菩薩成佛了，究竟遠離四倒而成就究竟地的常樂我淨了，依舊是佛地眞如如來藏所顯現出來的現象；而這種究竟地的常樂我淨，仍然是由佛地**本妙圓心**如來藏所顯示的清淨法界所示現出來的，仍然是由覺知心來了知常樂我淨的智慧境界，而不是由佛地**本妙圓心**如來藏來了知、來宣說這個**常樂我淨**的究竟境界。所以，如果有人說：「**那常樂我淨就是如來藏。**」那就不對了！因爲如來藏根本不管自己是否常樂我淨，了知常樂我淨的是佛地的覺知心。所以，從佛地眞如（本妙圓心如來藏）來看待佛地境界時，並沒有常樂我淨可說，所以 佛說本妙圓心如來藏「**非常、非樂、非我、非淨。**」

「**以是俱非世、出世故。**」由於這一段經文中所說的「**非心非空、非地水火風、非六根……非六度、非波羅蜜多**」乃至最後所說的「**非大涅槃、非常樂我淨**」等事實，是因爲這一些正理全都不是世間法，也全都不是出世間法的緣故。這是怎麼說的呢？也就是說，這段經文中所說各種非（這些一切皆非的法義）並不是世間法，因爲世間法中並沒有這麼多的「**非**」可說；也不是出世間法，因爲出世間法是出離三界分段生死的二乘菩提法，然而二乘菩提出世間法中並沒有這麼多的「**非**」可以宣說及實證。這些「**非**」，其實可以衍生出來成爲無量的非；事實上這些已說的各種「**非**」以及尚未全部宣說出來的各種「非」，是兼俱了「非世間出世間法」的，是在「非世間出世間法」的本妙圓心如來藏中才有無量的「非」可以現觀及宣說，所以 佛說：「以是俱非世、出世故。」由於這些「非」並不是世間法，也不是二乘出世間法的緣故，所以 世尊接著開示說：

「即如來藏元明心妙，即心即空，即地即水即風即火，即眼、即耳鼻舌身意，即色、即聲香味觸法，即眼識界、如是乃至即意識界，即明、無明，明無明盡；如是乃至即老即死，即老死盡；即苦即集即滅即道，即智即得，即檀那、即尸羅、即毘梨耶、即羼提、即禪那、即鉢剌若、即波羅蜜多，如是乃至即怛闥阿竭，即阿羅訶三耶三菩；即大涅槃，即常即樂即我即淨；以是即俱世、出世故。」「以上所說的非心非空、非四大、非六根、非六塵、非六識、非明非無明、非明無明盡，非老死、非老死盡，非四諦、非智非得、非六度、非波羅蜜多，非如來、非阿羅漢、非正等正覺、非大涅槃、非常樂我淨等法，其實也就是原來就覺明的如來藏心的各種神妙作用，攝歸本妙圓心如來藏時，就說如來藏即是心、即是空，即是地、即是水、即是風、即是火，即是眼、即是耳鼻舌身意，即是色、即是聲香味觸法，即是眼識界、如是乃至即是意識界，即是明與無明，即是明與無明都盡。就像是這樣子，乃至即是老即是死，即是老死盡；即是苦、即是集、即是滅、即是道，即是智、即是得，即是布施、即是持戒、即是忍辱、即是精進、即是靜慮、即是般若智慧、即是到生死彼岸。就像是這樣子，乃至即是如來、即是阿羅漢、即是正等正覺；即是大涅槃，即是常樂我淨；都因爲這如來藏本妙圓心本就具足世間法與出世間法故。」「以是即俱世、出世故」，「是」是指如來藏本妙圓心，「俱」是說兩者都具足的意思。

前面說如來藏都不是那些法，所以非心非空……等；但是若只這樣說明時，往往會使聽法者產生誤會；讀經者又往往單從文字表面意思來理解，就誤以爲如來藏是與心、空……等法完全不相干，往往誤以爲如來藏是方便施設的名詞而不是心。譬如前半段經文，我如果不加以正確的解釋，未證悟如來藏的讀者若是單從經文的文字表面去理解，往往就誤以爲如來藏不是實有的心，難免會有一些人如同應成派中觀師佛護、月稱、安慧、阿底峽、宗喀巴、達賴、印順法師一樣，誤會如來藏心是不存在的；就誤以爲只是名詞的施設，用來方便講解實相般若。所以，在前面說完各種「非」以後，接著當然要說明各種「即」了！於是說如來藏本妙圓心就是各種世間法與出世間法，很明顯地表示一切世間法、二乘出世間法與大乘世出世間法，全都是如來藏心體中的法性。

前半段經文中所講的，是從如來藏出世間法的自住境界來說，顯示諸法都不是如來藏，也顯示如來藏從來都不了知世間法與出世間法，所顯示的都是不住於三界境界的如來藏自心境界；現在卻要把大眾拉回到世間法與出世間法來說，來顯示一切世間法與出世間法無一不是如來藏中的法性，了知如來藏兼具世間、出世間法，因此才能發大悲心，願意常住三界（尤其是人間）來利樂有情。不可以像阿羅漢一樣說：「**我覺悟四諦菩提就要出三界。**」如果我度到這麼一個人，乾脆拿刀砍了他的腳後跟；這種聲聞種性的人，度來都沒有用；這叫自了漢，沒有菩提心種。

所以前半段講的是，如來藏固然出生了六塵中的那一些法，可是如來藏卻又從來都不分別那一些法，只是如鏡現像而出生那一些法；而且所生的那一些法也都是生滅法，依附於如來藏心體而生滅不住、永無終止，終究不是如來藏自身，所以說如來藏「**非心非空**」乃至「**非常樂我淨**」。但是學人聽了往往就會落在一邊，誤以為那一些法都和如來藏心體無關，所以 世尊不得不又拉回到世間法中來說，再從如來藏的**元明心妙**自性來說，顯示如來藏是本有的，也是具有明覺性的，而所生的那一些法其實本都屬於如來藏無量法性中的局部，是與如來藏不即但也是不離的。既然知道六塵中的那一些法是如來藏所生而且與如來藏不離（不離就是同時同處），那麼想要實證如來藏的學人們，就知道應該在什麼地方尋找如來藏，再也不會像外道那樣向虛空中討尋了！這就是前半段經文講各種「**非**」，說明那一些法不即如來藏，然而那一些「**非**」其實也不離如來藏。

「**即如來藏元明心妙，**」如來藏其實就是心，如來藏心是勝妙的；因爲如來藏是萬法的根源，萬法都從如來藏心中出生。而如來藏的勝妙性是元本就有的，不是修行以後才生起來的。所以說，前面半段經文中所說的「**心、空、四大、六根、六塵、六識**」乃至「**四諦、六度、波羅蜜多、阿羅漢、佛陀、正等正覺、大涅槃、常樂我淨**」等法，其實即是如來藏心的妙眞如性。「**即**」是不異的意思。前半段經文中說那一些法都非如來藏，如來藏非那一些法；然而事實上那一些法卻都屬於如來藏，所以那一些法也不該全面否定而捨棄，否則就無法圓成佛地智慧；所以又回頭來開示說，那一些法其實也是如來藏，都屬於如來藏元來明覺心中的妙法，所以說如來藏就是心、就是空、就是地水火風，乃至就是正等正覺、就是大涅槃、就是常樂我淨；因爲若是離開如來藏時，這一切世間、出世間、世出世間法可就全都不存在了。

這就是後半段經文中的意思。

「即心即空，」如來藏元本就有明覺之性，並不是如同木石一般全無知覺，然而祂的知覺並不在六塵中運作，一直都是離塵而不合塵的。前面已經說如來藏「非心非空」了，現在 世尊爲什麼又反過來說「即心即空」呢？因爲如來藏能夠了知五陰在想什麼，也能夠了知地水火風等無量法而圓照法界；如來藏既然有這樣元本就有的明覺，也就是有妙眞如性，當然是心，所以說「即心」。而且如來藏從另一個層面來說，祂也就是你的見聞覺知心（雖然不等於見聞覺知心），因爲見聞覺知心是祂的種子所顯現出來的，也是如來藏心體的一部分功能，當然不該說見聞覺知心不是如來藏。譬如手，我們都不可以說手不是身體，因爲手也是身體的一部分啊！假使否定了手，主張手不是身體；同一個邏輯，也應該說頭不是身體、眼不是身體、腳不是身體，這樣全部否定以後，可就不再有哪一個部分可以說是身體了！身體也就不存在了！更何況事實上，那一些如來藏所生的法被愚人全部否定後，如來藏心還是繼續存在呢！

全部否定的人，認定五蘊全都是生滅法，不知道五蘊其實也是如來藏心中的一部分，就會想要全面滅除而自殺，進入無餘涅槃中；就如同阿羅漢入了無餘涅槃一般，再也沒有成佛的可能了，這對眾生也是沒有利益的。所以世尊在此特地把大家拉回來，不讓阿羅漢們入無餘涅槃，將來才可以成佛。可是在大家成就佛道以前，一定是要廣行菩薩道而利益很多眾生的，就這樣自他兩利而次第成就佛道，這才是大乘菩薩道的精神所在。於是，當阿羅漢們已經能出三界時，世尊就設法再把阿羅漢們拉回到世間法中，讓大家了知世間法中其實已經有出世間法同時存在：**如來藏的出世間法性以及涅槃本際，全都在如來藏所生的世間法中分明顯現，不必入無餘涅槃中才有出世間法。**勤求成佛之道時並不是專在出世間法中用心的，而是還要在世間法中深細地證知全部世出世間法。所以說，當你正在生死的時候，就已經是涅槃了，不必像二乘聖人另外再去找涅槃了！

你們已經找到如來藏的人，請問如來藏是不是涅槃？（眾答：是）是嘛！如果我說謊，那你一定會說：「**老師白賊，我明天起不來學了。**」（閩南語）對不對？爲什麼破參以後你還要來繼續進修呢？都因爲我沒有說謊。我說的都是眞實可證的，是現前可以領納和檢驗的，不是跟你籠罩的，這才是實證的佛法而不是表相佛法或學術性的佛學。同樣的道理，如來藏不是思想，也不是佛學研究的學問，而是可以實證的心；如來藏在祂的**元明心妙**中有許多法在運作著，其中的一小部分其實也就是見聞覺知心，當然也包含作主的心在內，而處處作主的心就是意根啊！

正因為如來藏出生了一切法，一切法都屬於如來藏心體的局部，所以如來藏不異於一切法，所以前半段經文中說如來藏不等於一切法以後，還要告訴大家：**如來藏即是一切法**。這樣才能不入涅槃而繼續生起一切法，才能世世受生於人間而廣行菩薩道，才能世世利益眾生而成就佛道。因此才接著說：**如來藏妙眞如性即是元明心妙，即是心，即是空，即是地水火風，即是眼耳鼻舌身意六根，即是色聲香味觸法六塵，即是眼識界乃至意識界，即是明與無明，即是明盡與無明盡，即是生老病死，即是老死盡，即是苦集滅道，即是證悟後的智慧，即是悟後證得智慧，即是六度，即是到生死彼岸，如是乃至即是如來，即是阿羅漢，即是正等正覺，即是大涅槃，即是常樂我淨**。為什麼一切法即是如來藏的元明心妙乃至即是常樂我淨呢？因為一切法是如來藏所生而依附於如來藏、歸屬如來藏，故一切法即是如來藏，因此一切法是與如來藏同時同處而與**世出世法**不離的。這樣一來，所有已經明心的阿羅漢們，就不必再想要滅掉一切法而入無餘涅槃中，也就不會灰身泯智而消失於三界中，就可以世世勤行菩薩道，可以廣利人天而成就佛道了！

這也是說，已迴心的阿羅漢菩薩們證悟明心後出生了「明」（明就是智慧），這個明也是從如來藏中出現的；若是沒有如來藏就沒有五蘊自我，哪裡還有自我可以參究法界實相而證悟、而有明呢？「明」是如此，證悟前的「無明」也是一樣，也是從如來藏來的啊！若是沒有如來藏，就不會有五蘊自我，又如何會有「無明」呢？當迴心的阿羅漢們證悟如來藏了，經由世尊的解說而作了現觀以後進修成佛了，明與無明也就全都除盡了！然而不論是阿羅漢原本在聲聞解脫道中所謂的「無明盡」，或是後來迴心菩薩道中進修完成時所謂的「明與無明盡」，也全都是如來藏啊！同樣的道理，乃至老死以及老死盡，苦集滅道、有智有得，也都是從如來藏來的；接著布施、持戒乃至第六度的「鉢剌若」——般若，也全都是如來藏；由六度的實修而波羅蜜多——到彼岸，一樣是依如來藏而有；所以正等正覺、大涅槃、常樂我淨，也都是由於如來藏才能存在。因此說，如來藏即是這一切法，因為這一切法全都不能外於如來藏而出生、而成就、而存在。

由此證明，阿羅漢們修證羅漢法而成就解脫道的果證，菩薩們修證佛法而成就佛地的果證，全都不能外於如來藏而成就；三乘佛法全都要以如來藏為中心來實修，若是否定了如來藏心體的實存，就會使三乘佛法成為支離破碎而互不相干；在支離破碎的見解下，想要成就三乘菩提的實修，絕對沒有可能！所以 世尊在這段經文的後半段中說，阿羅漢們迴心大乘修學六度所到的彼岸也是如來藏；就像是這個道理，乃至成佛了稱爲如來，或者迴心以前稱爲阿羅漢，或者說諸佛正等正覺，或者諸佛所證的大般涅槃與常樂我淨，也全都是如來藏；這些法雖然詳細講解起來時無量無邊，總歸一句話，根本就是如來藏的所生法與所顯性嘛！

佛說「即心」又是「即空」。「即空」又是什麼意思呢？這可以分爲兩個層面來說：空是空性的意思，就是剛才所說如來藏雖然無形無色，卻不是斷滅空、不是空無，而是心，能生萬法，也就是「即心」的意思。然而，如來藏確實也是「空」，因爲如來藏自己的自性，一向都無三界我，無五蘊我，無眾生我，是全無三界我的自性，所以是空——「即空」。三界我的自性是有見聞覺知的，是有喜怒哀樂的，是有貪愛與厭憎的，是有我見與我執及我所執的，是不愛樂絕對寂靜的涅槃境界的，是一向愛樂六塵境界的。如來藏卻與眾生的三界有自性截然不同，是全無三界有的自性，所以不是三界有所攝，因此而說「即空」。

所以，如果有人聽到前面的說法，就誤以爲現前的見聞覺知心即是如來藏，誤以爲明明白白處處作主的心就是如來藏，那又不對了！因爲經中又講「法離見聞覺知」，那又不通了！顯然是互相衝突的，卻又不敢輕率地否定經典，於是就不知所措啦！因爲《維摩詰經》說「不會是菩提，諸入不會故」，《楞嚴經》講到這裡時又說見聞覺知心就是如來藏；然而如來藏就是《維摩詰經》所講的「法」，而「法」是離見聞覺知的，到這裡可就不通啦！可是悟得如來藏的菩薩讀經時，卻又都認爲完全相通而沒有絲毫牴觸。因此說，修學佛法，得要眞的證悟了才行，否則難免死於句下、觸處凝滯，難免誤會經義。也就是說，見聞覺知心是附屬於如來藏的，也是如來藏心體許多作用中的一部分，但不等於如來藏全體，也不等於如來藏心體自身。雖然如此，修學佛道的人卻不可以像不迴心的二乘無學一樣想要滅掉覺知心而入涅槃，還是得要世世受生而保持著覺知心，才能繼續修學佛道、利樂人天，最後福德與智慧圓滿時才能成佛。

世尊開示我們說，一切世間法、出世間法、世出世間法，全都是如來藏顯現出來的無量無邊的體性，但是一切法出生後所顯現的心、空、地水火風，乃至無上正等正覺、常樂我淨等等，全都是如來藏所出生、所顯現的；這意思也是說，當這些法存在的當下，如來藏也是同時存在的；能夠現前觀察到一切法界中的這個事實，現前領納這個事實，了知如來藏是怎麼運作的，又是怎麼出生一切法的，都很清楚了，才能宣稱證悟了。這樣證悟後，當然知道一切法非如來藏妙眞如性，只是如來藏妙眞如性所出生的；同時也就知道一切法即如來藏妙眞如性，因爲一切法本來就屬於如來藏心中無量法性中的局部，都是由如來藏妙眞如性運作而出生的，從來不曾外於如來藏。

「以是即俱世、出世故。」「以是」：由於這個原因。「即」：同時就是。「俱」：同時存在、同時在一起、同時具足。正由於上面所說的道理，如來藏妙眞如性即是**元明心妙**，這即是具足了世間法和出世間法，即是與世間法、出世間法同在一起的緣故。一切有情的如來藏本來就出世間，本來就不在生死中，不生不死就是涅槃啦！有情眾生的蘊處界有生有死，各自的如來藏卻是從來沒有生也沒有死；既然如來藏從來沒有生死，怎麼可以叫作輪迴呢？正因爲有生有死才會在三界六道中來來去去，才會叫作輪迴嘛！如來藏既然從來都沒有生死，怎麼可以說如來藏有輪迴呢？既然沒有輪迴，那麼祂就是本來出世間啦！所以如來藏即是出世間。但如來藏也非出世間，因爲如來藏也在世間顯現而出生了三界世間各種法，才會有蘊處界的緣起而無常性空啊！這就是在世間法中顯示了出世間，並不是滅了世間法以後才出世間。

如來藏即心、即空、即地水風火，乃至即無上正等正覺、即大涅槃、即常樂我淨，這就是在世間法中顯現了出世間法，所以這樣就是與世出世法俱存故，也就是具足了世間法及出世間法啦！這樣就是眞正的般若。那你們從《楞嚴經》跟《心經》經文中 世尊所說的正理來看，這兩部經典中的道理一樣或不一樣？跟般若系列諸經所說的一樣不一樣？（眾答：一樣）完全相同嘛！既然完全相同，印順法師等人爲什麼承認了般若諸經，卻又否定了《楞嚴經》呢？原因只有一個，就是他們讀不懂《楞嚴經》而假裝讀懂，讀不懂般若諸經而假裝讀懂，才會產生這個問題。

接下來 佛又說：「即如來藏妙明心元，離即離非，是即非即；如何世間三有眾生及出世間聲聞緣覺，以所知心測度如來無上菩提？用世語言入佛知見？譬如琴瑟箜篌琵琶雖有妙音，若無妙指終不能發；汝與眾生亦復如是，寶覺眞心各各圓滿；如我按指，海印發光；汝暫舉心，塵勞先起；由不勤求無上覺道，愛念小乘，得少爲足。」開示正理以後，佛陀開始責備那些沒有菩薩性的定性聲聞人了，因爲那些不迴心的聲聞阿羅漢們都不肯發起菩薩性，只顧自己解脫，捨壽後就會入無餘涅槃，不肯發心繼續受生於人間來幫助眾生解脫生死煩惱，他們對於尙在生死中的廣大有情沒有利益，所以要責備他們。已經迴心的阿羅漢們當然不會被 世尊責備。

佛說：「在如來藏妙明心元之本身來說，卻是『離即也離非』，而且『是即也非即』；這麼深妙的道理是如來才能懂得的，為什麼世間三界中的有情眾生，以及出世間的聲聞阿羅漢與緣覺辟支佛，竟然以世間人的『所知心』來測度如來所證的無上菩提呢？為何都想要用世間語言所能理解的世間知見來證入佛的知見呢？就好像琴瑟箜篌琵琶雖然各有妙音，可是如果沒有妙指來操作，終究不能發出各種妙音；你富樓那跟其餘眾生也是一樣，你們的寶覺眞心，每一個人都是各各圓滿而沒有缺少一分；然而就如同我以前與維摩詰論法時伸出腳指按著大地，能夠如同大海一般廣闊地印定一切法，發出無量智慧光明；而你們才一動了心，卻是六塵中的煩勞已經先生起來了。這都是由於你們不肯精勤求證無上覺悟的法道，一向愛樂及存念於小乘法，得少為足才無法證得各各圓滿的寶覺眞心。」

「即如來藏妙明心元，離即離非，」佛說：「在如來藏妙明心元本身而言，卻是離即也離非，」假使能覺能知的眾生主張說見聞覺知心就是如來藏，而他們的如來藏卻根本不理會見聞覺知心是不是如來藏，所以如來藏離即——離開見聞覺知心即是如來藏的見解。雖然離即，可是當見聞覺知心需要現起時，如來藏就不斷供應見聞覺知心的種子，讓見聞覺知心不斷去運作。如來藏絕對不會主張說：「你這個見聞覺知心其實是由我現起的，你怎麼老是忘了我？」祂絕對不會這樣，所以祂是離即的，從來不會想「見聞覺知心就是我」。但祂也離非，當見聞覺知心學習實義佛法以後證得如來藏了，已經知道如來藏不是我見聞覺知心，知道如來藏才是眞實的我，所以「如來藏非即我，我非即如來藏」；當這種眞實覺悟的智慧生起了，覺知心以後都是這麼想的，永遠知道如來藏「非」一切法，可是如來藏仍然離「非」，祂不會有任何想法，祂永遠都不管這回事，所以祂也「離非」啊！不論是誰，當他在那邊想：「如來藏非我，所以我要把祂找出來；因爲我是假的，所以蘊處界我是無我。而如來藏不是生滅性的蘊處界我，所以祂才是眞我。所以我一定要把祂找出來，如來藏啊！你在哪裡呀！」當他在想如來藏不是我，在想覺知心不是我，或者是妄想覺知心就是我，這時如來藏卻都不理會自己究竟是我或者不是我，祂都不理會，所以如來藏離即也離非。在覺知心等六識上面如此，如來藏在面對一切法的時候也都是如此，從來都是「離即」亦「離非」，所以如來藏也不會說那一些法是我或不是我。

「是即非即」：雖然說如來藏離即也離非，卻又「是即」與「非即」，因爲如來藏是永遠都不落入兩邊的。其實，一切有情本來就是如來藏，因爲都是祂在背後支持著；而如來藏是常住不壞的，一切有情卻都是生滅變異的，所以說一切有情本來就是如來藏——「是即」。但是卻也不能說你我有情就是如來藏，因爲如果說你我就是祂，你我卻是會壞滅的，而如來藏卻不會壞滅，顯然也不能說你我就是祂——「非即」。

由於這個道理眞的很難懂，所以 佛就說：「這麼深妙的道理是如來才能懂得的，」菩薩都是跟隨如來修學才親證的，「爲什麼世間三有眾生，」三有就是世間欲界有、色界有、無色界有等有情眾生，「以及出世間的聲聞阿羅漢與緣覺辟支佛，竟然以『所知心』來測度如來所證的無上菩提呢？」這個無上菩提的正理，無色界有情以及色界諸天的天主們都是不懂的，除非菩薩爲了想要度化天界眾生，所以去擔當天主的職務，那才是已經懂了的天主。不但無色界四天的一切天人弄不清楚，色界諸天的所有天主們也弄不清楚，乃至已經能出三界的出世間聲聞、緣覺聖人，都用「所知心」來猜測，來度量如來的無上菩提，當然也是一樣弄不清楚的。

「所知心」是指見聞覺知心，而如來藏不是「所知心」。「所知心」是世間有情藉著生活知識或修定的證量就能弄清楚的，是凡夫位的有情就能了知的心，但凡夫位的一切有情們卻都不知道這個「所知心」的虛妄。乃至聲聞、緣覺二種聖者已經證得無學位以後，對「所知心」的虛妄已經現觀而證實了，所以願意在捨壽後滅掉「所知心」而入無餘涅槃，永脫生死；然而他們對如來藏心體的所在，以及對如來藏心體的妙眞如性，卻都是無知的，因爲如來藏不是世間人或二乘無學聖人所能知道的，所以不是「所知心」。

「用世語言入佛知見？」這一句話是訶責世間凡夫及二乘聖人們：「爲何你們都想要用世間語言形容所能理解的世間知見來證入佛的知見呢？」意思就是說，世間三有的凡夫眾生都不能了知如來的無上菩提，乃至出世間的聲聞、緣覺等無學位的聖人也都不能了知如來的無上菩提，因爲他們都是用「所知心」來測量、度量如來的無上菩提，是永遠度量不通的；如來的無上菩提是以如來藏心爲基礎而向上次第進修成就的，不是以「所知心」爲基礎而向上進修成就的。所以我們才會說，凡夫知見無助於佛法的修證，凡夫知見所知的心都是世間人的「所知心」，不是如來藏心。如果世間語言形容是有用的，上從古天竺的佛護，下至今天的印順法師等應成派中觀師，就一定可以讀懂大乘經中所說的「非所知心如來藏」了！實相般若智慧早就生起了，就一定不會公然否定如來藏了嘛！也就不會把二乘涅槃變成斷滅空了！

如果借用世間語言的描述，就可以確實理解無上菩提，當他們讀了大乘經典以後就可以實證如來藏了，那他們爲什麼還要繼續專門弘揚藏傳佛教黃教應成派中觀的六識論邪見呢？顯然世間語言無用而無法使他們實證如來藏嘛！

如果我不是破參了以後才出來說法，你們來跟我學法會有用嗎？也是沒有用的，因爲我所說的仍將是人間的語言，而我所弘揚的也必然會是「所知心」嘛！所以這個法當然得要有教外別傳直指密意，因此 世尊曾有許多教外別傳的典故宣流弘傳下來；然後再用經教來細說，教導實證的菩薩們更深入地細觀而漸漸通透般若。所以說，凡夫知見無益於佛法的修證，這也是一個很明顯的事例。同樣的道理，出世間的聲聞阿羅漢、緣覺辟支佛用「所知心」識陰的法性，來測度如來所說無上菩提的如來藏妙義，都是想不通的。所以你們這回禪三剛明心回來的人，剛開始時可能會覺得明心後好像沒什麼境界，跟眼見佛性完全不一樣（眼見佛性是整個世界改觀，既看見山河世界也看見佛性；見性後若是不想看見佛性，想要只看到山河世界也可以；想要在山河大地上同時看見佛性也行，隨你怎麼樣都可以，所以完全不一樣）。可是剛才明心回來時，偶爾會覺得：「**我明心後又沒有看見佛性，你講佛性時講得天花**

亂墜，是有影抑無影（閩南語）？」但是你們可不要輕視這個明心，這是連聲聞、緣覺聖人都無法了知的，諸天天主當然更無法了知，他們怎麼猜都猜不透。

如來藏不是世間有情的「所知心」，所以聲聞、緣覺都沒有辦法了知；若是想要用世間言語作方便來進入佛的知見，一定要有人已經證得「非所知心」如來藏，然後出來弘法時告訴大眾要如何證得祂。雖然這個人也許根本不用語言文字就能幫人證得，也許有時候專門用語言文字來幫人證得，可就不一定了！不過，當他用語言文字幫人證得時，可都是意在言外，得要有特殊因緣才能會得言外之意，所以一般人用世間言語文字的理解而想要進入佛的知見，是不可能的。

「譬如琴瑟箜篌琵琶雖有妙音，若無妙指終不能發；汝與眾生亦復如是，寶覺眞心各各圓滿；如我按指，海印發光；汝暫舉心，塵勞先起；由不勤求無上覺道，愛念小乘，得少為足。」然後 佛就解釋：「就好像琴瑟箜篌琵琶雖然各有妙音，可是如果沒有妙指來操作，終究不能夠發出各種妙音。」阿難尊者迴心大乘以後，到這時還沒有找到如來藏。是什麼時候找到的呢？是到了卷六時才有記載他找到如來藏了；現在是還在理解和建立知見的階段。佛陀又繼續對富樓那和阿難尊者等人說：「你富樓那跟其餘眾生也是一樣，你們的寶覺眞心，每一個人都是各各圓滿而沒有缺少一分；然而就如同我伸出腳指按著大地的時候，背塵合覺而不是落入識陰中，所以能夠如同大海一般廣闊地印定一切法，同時發出無量智慧光明；而你們才剛剛動了心的時候，卻是落入識陰之中，所以只要一動心，六塵中的煩勞已經先生起來了。這都是由於你們不肯精勤求證無上覺悟的法道，一向愛樂及存念於小乘法，得少為足才無法證得各各圓滿的寶覺眞心。」

各人的寶覺眞心都是圓滿而具足所有功德，沒有一個人的寶覺眞心是不圓滿的，也沒有一個人的寶覺眞心是不具足功德的。當 世尊伸出腳來，以腳指按地時，是依如來藏的光明來說的，當時顯示如來藏是不落入六塵煩惱中的，所以全無煩勞；而且 世尊能以如來藏妙覺明性，來印定猶如大海一般寬廣無際的一切法，普能於一切無邊諸法中全部印定而顯示出智慧光明，這才是眞正的海印發光。佛陀在菩提樹下示現成佛時，不也是以手按地嗎？這同樣是海印發光，同樣可以印定如同大海無邊無際一樣的諸法，毫無差錯。

我們在禪三精進共修期間，都不教你以手按地，而是教你扒飯海印發光，眞的是這樣啊！你們想要見海印發光嗎？想不想見？注意看清楚（平實導師……），發光了啊！可是我看見光，你們多數人都沒有看見光，只有破參明心的人才看得見這種光。**海印發光**，是說如果暗夜的大海上吹著猛風，整個波濤洶湧的時候，你根本看不見遠方；遠方到底有什麼也看不見，天空有什麼你也看不見；這意思是說落入六塵境界大風中了，被六塵中的煩惱大風所遮障了；這種人只要暫一舉心，當然是「**塵勞先起**」，必然是先與六塵中的各種煩惱相應而隨即勞勞碌碌忙成一團。可是假使有人不落入六塵煩勞之中，六塵中的境界風停息了，如同大海海面風停浪靜，整個天空與海面都清明如鏡了；這時看見海面映現出明月，不論把船駛到多麼遠的海面，都能看見同一個明月，能見的光明就可以具足顯發出來，這眞的是**海印發光**。

這也就是說，證得如來藏妙眞如性的時候，不管對三界內的什麼法，都能夠以如來藏妙眞如性加以照明；所以當 佛伸出腳來，往地面這麼一按指的時候，眞的是**海印發光**啊！因爲一切法都現起了！就只是這麼一按指，便是佛法的總持，因爲如來藏就是總持啊！當你找到了如來藏的時候，從這個萬法的根源去追溯時，世出世間的很多法都在這裡頭，你就可以按圖索驥而漸漸具足了知世出世間法了。因爲一切法都不離如來藏，都從如來藏中出生，智慧就從這裡開始衍生出來。

我就是現成的例子，我這一世沒有人教我如何參禪及明心，因爲我被這一世的師父教導了錯誤的法義，所學的知見都是顛倒見；而我破參出來以後，也沒有任何人教我什麼法，但是有很多法義就開始出現在我心中，一個又一個不停地出現。剛開始我們寫出來的書都還很淺，因爲都沒有人教我什麼法義；可是後來卻是越寫越深、越寫越妙，因爲許多法義開始從所證的如來藏心中流注出來了。我早期寫書印出來，有些人讀了以後就輕蔑地說：「他懂什麼？」其實他們根本不懂，卻故意裝懂而開始抵制正法。後來徒弟們都配合師父一起抵制正覺同修會的正法，可是越抵制就越會出問題；因爲正法是實相，實相是不可推翻的，是無懈可擊的。他們一開始就輕視正法，弄到後來可就無法收拾、無法善了，因爲只要一落實到文字，或對正法產生大影響時，我們就必須寫書回應；而他們是尚未證得般若正法的，眞的完全無法回應，當然就無法善了。

當法義一開始就正確時，雖然所說還沒有很深妙、很廣大，但是所進入的佛法大門是正確的，就會有越來越多深妙法一直流注出來；結果是，我們提出的每一點都證明是正確的。當初蔑視正法的人都覺得正覺提出的如來藏法義沒什麼值得重視的，因此而輕率地加以否定。可是他們被辨正以後，現在連寫一篇短文回應都做不到，只好暗地裡叫苦連天了，卻總是像啞巴睡覺醒來時發覺昨夜壓死了兒子，這時眞是有苦講不出。

這意思是說，如來藏是一個總根源，是萬法的源頭，所以如來藏就是一切法的總持。當你找到了如來藏，從如來藏所衍生出來的很多法理就會開始陸續出現；當你們破參後進了我的小參室，我的考問就是加速你們把這些妙法義的智慧弄出來，就可以如同等比級數一樣，所知的實相法義便越來越多。如果不進小參室去整理，你就只能自己以後慢慢摸索，時間就會拖得很久，智慧也不容易很快出現。接著在悟後繼續共修時，我就把你們從七住位推進十住、十行、十迴向位的時間縮短。如果是跟著 佛陀悟後進修，當然進步會更快。

這意思就是說，當 佛伸腳這麼一按指，就把佛法總持顯現出來，這就是 佛的境界啊！可是從 佛來講，就這麼一按指，也就**海印發光**了；反過來對照當時的富樓那和阿難等人，世尊就說：「**汝暫舉心，塵勞先起**。」因爲當時的阿難等人尚未證悟明心，仍然以識陰覺知心的境界來體會如來藏的妙眞如性，所以暫時一起心的時候，當然是以覺知心起心運作，不是依背塵合覺的如來藏心來起心的，於是「**塵勞先起**」。所以，佛與富樓那之間眞的是天地之別。可是 佛陀伸腳往地面這麼一按指，覺知心是轉依在如來藏上面，這時是背塵合覺的，也是可以印定一切法的，所以說是**海印發光**；因為這是離見聞覺知而不與六塵相合的，是如來藏妙眞如性的眞覺境界。所以 世尊按指與富樓那等人的暫一舉心，就成為明顯的對比：「**如我按指，海印發光；汝暫舉心，塵勞先起。**」

然而富樓那等人為什麼會有這一種天地懸隔的現象出現呢？都由於過去世不能勤求無上覺道，只是愛念小乘的解脫道法義，是得少為足的人，所以今天悟不了無上覺道而落入六塵中。諸位從這裡來看，佛在這裡罵人，罵得好不好？罵得好啊！（大家拍手…）並且事實上也是這樣。所以諸位不要勤於追求二乘的有餘、無餘涅槃，要勤求大乘；因為大乘法是如此勝妙，才一按指就「**海印發光**」；而二乘聖人暫一舉心就「**塵勞先起**」，眞是天地懸隔。所以二乘聖人不能了知你們明心是什麼樣的智慧與境界，他們是怎麼想也想不通的。所以諸位千萬不要小看這個明心，這是佛菩提道入門的總樞紐，以後進修佛道的總樞紐都在這裡面啊！

上週曾經有人講到白衣高座說法的問題，但是我這裡還是要特別交代我們所有的親教師：不管身是在家或出家，將來如果是講經（講一般的論可以不在此限），如果是講經，一定得要搭衣；而且還得要高座說法，不管聞法的人是誰。如果所宣講的是 佛所說經或者是 佛所印可的經典，若是沒有高座說法，就違背了菩薩戒。這雖然不是違背重戒，終究還是違背了菩薩戒。違背了菩薩戒之後如果沒有懺悔，半個月過後繼續不搭衣而坐在下面說法，仍然不是高座說法，這半個月中既沒有懺悔也沒有改正，那就罪加一等囉！如果繼續這樣子，再過半個月以後就變成斷頭罪——波羅夷罪，捨壽後就下地獄去了。

在法座下宣講 佛所說的大乘勝妙經典，雖然只是犯了菩薩戒的輕戒，但這件事情說大可大、說小可小，所以本會中的一切親教師都要注意這件事情，可別不愼違犯了，還眞是不划算呢！其實我也不太喜歡穿著海青再搭菩薩戒衣來高座說法；可是既然宣講的是 佛所說的經典，就一定得要搭衣，不管天氣多熱。我也很希望不要搭衣，因爲我這個位置很熱，冷氣吹不到；所以我說法兩個鐘頭下來，衣服都濕掉了！但我還是得要搭衣。熱，是因爲我們沒想到來聞法的人會這麼多，導致原來的冷氣強度不夠。這意思就是說，只要你是解說 佛的經典，不管你是什麼身分；如果將來有一隻狗會說法，能夠講人話也能把佛經講得很正確而深入，當牠講經的時候一樣得要高座說法，我們大家不管出家人或在家人，全都要在座下聽法。

又如誦戒時也是一樣，選出了一個人來誦菩薩戒時，這個人一定要高座誦，不能在法座下面坐著誦，也不能站在地上誦；這都是因爲重視法、重視戒的緣故，也因爲是 佛所規定的，大家都要瞭解這一點。當然啦！將來如果有人能夠自告奮勇代我上來說法，我就可以輕鬆一點。因爲將來如果我很老，沒力氣講經了，終究要有人上來講經嘛！那時不管在家或出家都一樣，那時我就坐在下面聽經。如今我也年近花甲了，不再像年輕時那麼有體力了。

言歸正傳，繼續講解《楞嚴經》，上週最後講到第六十八頁：「**汝與眾生亦復如是，寶覺眞心各各圓滿；如我按指，海印發光；汝暫舉心，塵勞先起；**」這已經很清楚地表顯出來，並不是講聖凡異趣，而是說聲聞緣覺菩提的所悟與菩薩的所悟不同；也是說佛菩提道上必然會有悟與未悟的差別，已悟的人是以如來藏爲轉依之標的，所以轉依如來藏以後，這一按指就是海印發光；如果還沒有證得如來藏，就一定只能在意識心上面用心了。既然只能在意識上面用心，所以暫時一剎那發起覺知心的時候，絕對不能遠離六塵境界，當然是塵勞；這與菩薩悟後依止如來藏遠離六塵分別，而且能以如來藏妙理印定如同大海一般廣闊的一切法而發起智慧光明——眞的是海印發光，這眞的是天懸地隔，相差太遠了！

於是　佛就作一個結論是說：「你富樓那之所以會暫一舉心就『塵勞先起』，與我釋迦牟尼佛之間的差異這麼大，原因就是因爲你過去世不精勤地求證無上覺道，」無上的覺道是說不屬於二乘的解脫道，是二乘無學聖人所不能知，所以叫作無上覺道，「都因爲你愛念小乘解脫道，在小乘法中得個四果就覺得心滿意足了。」佛門凡夫及外道們，心中總是想：「只要能夠證得初果，就心滿意足了。」他們怎麼想都想不到眞的能證初果。所以這一世剛開始學佛時，心想只要有初果可證，我已經心滿意足了！

當年還沒破參以前，讀到《楞嚴經》時就打妄想說：「有沒有什麼機緣，可以讓我依照《楞嚴經》所講的那樣建一個楞嚴密壇，我就眞的二十一天行道，不睡也不休息地如法行道二十一天。」因爲二十一天期滿至少會有　佛來開示或加持而使你證得初果。那時心想：「如果這樣證了初果，也眞的是很值得。」雖然蠻辛苦，也要花很多錢。在後面經文中就會講到建壇的事，建立那個密壇是要花很多錢的；可是如果能夠得個初果，這個代價也是值得，不管要花多少錢。

但是我們弘法走到今天這個地步時，卻覺得初果不算什麼了，然而以前想都不敢想，可見胎昧眞是害人不淺。反觀現在，都認爲初果不是我們想要的，我們要的是佛菩提道中的七住、十住、十行、十迴向、初地、二地一直走上去。現在看聲聞初果的實證，覺得眞是小兒科，因爲現在心量放大了！但這並不是說心量想要大就能大，一定要有一個實證的基礎，而這個基礎顯然是比聲聞初果的實證更高，然後才敢說：「**聲聞初果沒什麼啦！而我志不在此，我一定要求證更高的佛菩提果。**」所以現在你們可以檢驗一下，看自己破參回來以後，三縛結有沒有確實斷了？也就是我見、疑見、戒禁取見，斷了沒有？

如果宣稱開悟破參了，卻都沒有檢查這三個結斷了沒有，沒有確認自己是不是還以覺知心爲眞實我，是不是還以處處作主的意根爲眞我，那根本就不是眞正的開悟明心。不但要檢查三縛結斷了沒有，還要檢查實相般若智慧出生了沒有？若是聽來的，不是自己親自參禪體驗走過來的，沒有親自經歷參究的過程，智慧是無法快速顯發出來的。一定要自己親自一步一腳印這樣走過來，般若智慧才能夠湧發出來。有的人號稱開悟了，結果卻還在吹捧自己還沒有證悟的師父，硬要說他們有悟；假使有人禪三回來時還一直這樣說：「**我師父聖嚴法師應該是有開悟。**」有人講：「**我的上師盧勝彥應該有悟。**」那就表示他還沒有開悟，因爲他的疑見都還具足存在嘛！也還沒有般若智慧來分辨自己原來的師父仍然落在意識境界中，我見都還具足存在。

如果眞悟了，疑見一定會跟著斷除的；由於疑見斷，當然會有智慧能判別自己原來的師父悟了沒？如果禪三回來以後還在吹捧：「**我的上師盧勝彥眞的有開悟。**」問題是他悟在哪裡？他是個虛空外道，哪裡有開悟？或者有人說：「**我的師父聖嚴法師有開悟。**」悟在哪裡？都是落在意識心的作用中。如果悟了回來卻還是沒有斷除疑見（也就是於諸方大師仍有所疑，無法判定他們的落處），怎能說他已經開悟明心了？諸方大師究竟有沒有開悟？只要聽過他們的開示，讀過他們的著作，檢查一下就知道了！這才是《楞伽經》中 佛所說的不疑諸方大師的意思，才能夠說疑見已經眞的斷了嘛！如果疑見還沒有斷除，那就表示他所知的般若密意是探聽來的，不是自己參究出來的，所以般若智慧還沒有出生。因爲聲聞初果都能判斷諸方大師的我見斷了沒有，他卻不能判斷，那他顯然比聲聞初果還不如啊！那怎麼可以說是已經證得般若的人呢？

又如第三個戒禁取見，諸方大師所施設的戒法，是否與親證解脫果有關？解脫的實證是要從斷我見下手的，不是先從斷除貪瞋癡下手的。假使你師父都教你要斷五欲的貪瞋癡，或者教你每天打坐時不要打妄想，不要執著，放下煩惱；從來都不知道離念靈知、放下煩惱的覺知心只是意識，落在我見之中，那他根本連我見都還沒有斷除，怎麼能得解脫？那你跟著他修學以後，又怎麼能證得解脫呢？當你開悟明心以後，既是開悟的菩薩摩訶薩，同時也是聲聞初果人，讀了他的書籍以後要能夠判斷他的我見有沒有斷除了？如果確定他的我見確實沒有斷除，才可以說自己的戒禁取見已經斷了！當你能如實確定時，才可以說你的疑見已經斷了。

大乘法中的眞悟者一定能從疑見是否已斷之中，判斷諸方大師是否已斷三縛結，是否已經明心。因爲你已經知道解脫是從斷我見我執下手，而大乘的開悟是從實證如來藏下手的。那他們大法師都不在斷我見上面教導，都在斷人間五欲的煩惱上面下手，從來不知道要從斷我見下手——都教人要保持覺知心不貪、不瞋等等，那就是還沒有斷我見的凡夫。在斷定他們未斷我見的情形下，你就知道他們所施設的教誡，必然是跟解脫的實證無關的，這就證明大師們的戒禁取見仍然分明存在。能這樣如實判定，就表示你自己的戒禁取見已經斷除了。這樣就證明自己的三縛結已經斷除了。要能夠自我檢查，也應該要這樣自我檢查，並且也確認自己所證的是如來藏心，才能有把握自己眞的開悟大乘法了。

當你禪三時被我印證了，你還得要請經典來印證。因爲我的書中有寫著：如果開悟明心了，一定同時也斷除聲聞初果所斷的三縛結。那你的三縛結有沒有斷？得要自己檢查一番啊！然後再從般若諸經上面來印證大乘法，不該人云亦云，就自以爲眞的悟了。因爲大乘法的實證是很深妙的，而大乘法正是無上覺道。大乘法就是這麼殊勝，只要悟得眞，才剛剛見道，聲聞初果就順便放進你口袋中了，誰都搶不掉。但是聲聞法中的見道，卻無法見到佛菩提道，差別就是這麼大，所以 佛說《楞嚴經》這個大乘別教的法門是無上覺道。二乘聖人完全不知，所以聲聞乘才會被 佛稱爲小乘。

古時候的聲聞羅漢們都不敢開口辯解說：「你怎麼叫我們是小乘？」他們不敢這樣說話的。甚至於 佛交代他們去向 維摩詰居士探病時，大家都不敢去，更何況去跟 維摩詰居士辯解說：「你不許稱我們是小乘。」可是到了末法時期的現在，那些南傳佛法的弘揚及修學者，卻敢出面來爭執：「你們怎麼可以叫我們小乘？佛法不都是一樣的嗎？」然而佛法不是都一樣的，三乘菩提的內涵是不一樣的。如果他們來問你：「佛法不是都一樣嗎？」你就告訴他：「佛法不是都一樣的。」差異在哪裡？你就告訴他。那些人是不懂佛法的，卻都自以爲懂。不但他們如此，連印順法師都是如此的，他們都以為佛法就是聲聞解脫道，都以為二乘聖人是有開悟大乘菩提的，卻又異口同聲否定如來藏，那怎麼可能是大乘見道者？

所以說，佛菩提道，光一個見道就已經甚深難解了，不是二乘聖人所能知道的，何況那些修學南傳佛法卻又誤會南傳解脫道的凡夫們？而這一段經文中說的，就是責備富樓那尊者過去世中愛念小乘法，喜歡追求解脫三界生死，心心念念想著的是解脫道，只是想要出離三界分段生死，對佛菩提道並沒有很大的興趣；乃至這一世出家以後仍然以證得阿羅漢果為滿足，這當然叫作得少為足啦！解脫道的修學，如果有因緣的話，短短一生就可以證取阿羅漢的解脫境界；較遲鈍的人精進修持，如果所學的法義正確時，最遲四生也能證得阿羅漢而出三界。

今天我們把《邪見與佛法》印出去，如果有人能夠確實信受，並且也懂得如何把五陰、十八界詳細地現前觀行（編案：關於觀行的內容，請詳《阿含正義》中的解說），一定可以證得阿羅漢果，除非不夠精進。但是現在看見的現象是：書印出去了，有很多人不信，反而指責說：「你蕭平實怎麼說證得解脫是把自己滅掉？滅掉自己以後是誰證得解脫？」自己落在我見中都不知道，竟然還跟我爭執。也有人寫信來罵：「你把自己滅掉了，那是誰證得解脫？這根本就沒有證解脫嘛！你這個怎麼叫作解脫道？」因爲是初機學人寫來的信，而且是質疑而不是請法，所以根本不值得回信。那些人都斷不了我見，一直想要保持自我存在於無餘涅槃中，眞的是我見深厚。全都不肯把自我滅掉，一心一意想要把「我」進入無餘涅槃中。這樣的「我」如果能進入無餘涅槃中，那還是有我，怎麼能叫作無我呢？怎麼能得解脫呢？可是末法時代就是這樣啊！光是這個簡簡單單的二乘解脫道的見道（對諸位而言是很簡單的），但他們已經覺得太深了，沒辦法理解。

你們如果有人曾讀過佛學院，都知道是用印順法師的書當教材。他對涅槃怎麼描述呢？他根本講不出一個所以然，所以講到最後，總是說涅槃的境界是不可知、不可說的。然而無餘涅槃中的境界是不可說的嗎？若眞的是不可說，那一定是不可證的，那你印順法師講涅槃幹什麼呢？涅槃一定是可以說清楚的，才是可以實證的。我們現在《邪見與佛法》書中不就把它講清楚了嗎？所以現在好多人寫信或打電話來感謝：「學佛二、三十年都摸不著邊，想不到年紀這麼大了，現在才知道什麼叫作正法？才終於懂得什麼是涅槃。」我今天還接到一封信，以前是跟陳履安學法的人；他寫信來，信中眞的是感慨啊！

所以，大家都不要愛念小乘法；如果愛念小乘法，就跟無上覺道不相應，就會急著想要取證無餘涅槃；縱使眞的能夠取證無餘涅槃，對眾生、對佛教、對世間終究沒有什麼利益可說。佛在這裡就是藉著喝斥富樓那尊者，來訓示學佛的廣大弟子們不要愛念小乘，不要得少爲足。這也就是要讓大家發起大心，轉入大乘佛菩提道中。但是要發起大心眞的很難，有很多人不敢發大心；但也有一些人學過一段時間以後終於敢發起大心了，可是一遇到境界來的時候又立刻退失大心，再也作不下去了。這種現象非常多，所以 佛才說：發心的人猶如魚子那麼多（魚子就是魚卵），可是能熬到最後孵成魚的很少。

可是一定要發大心，才能學佛；因爲眞正學佛時，所學的法義一定是圓具三乘佛法的，不會侷限在小乘法上面；所以發大心的人才是菩薩，菩薩不該只想求取解脫道就滿足了。但是，我也要反過來跟諸位勸告：大乘般若很難證悟，現在你們雖然證悟般若了，卻也不應該起慢。聲聞初果人如果迴小向大，成爲六住菩薩，當他有時說法錯了，你應該純粹從法義上爲他解說，不可以評論他的身口意行。雖然聲聞初果人脾氣還很大，有時也還是很貪的，但你千萬別批評他的身口意行，否則一樣是謗僧。雖然你是大乘勝義僧，但仍然是誹謗三寶的重罪。當然，聲聞初果人更不可以謗你，否則他的謗僧罪更嚴重；因爲你有悟得般若，也證得聲聞初果；而他只證得聲聞初果，卻沒有證得般若，所以他若是謗你，罪業更嚴重；不管對方是出家人或在家人，罪都一樣重。

但是你也不能謗他，因爲一樣是重罪。因此勸請諸位一定要小心提防口業，嘴巴要守緊一點。法義的辨正都可以講，怎麼樣辨正都沒關係，就是不可以批評身口意行。這種因果你們看不見，有神通也是看不見的；等到捨報時業風出現了，想要救都來不及了！因爲那時開口不得，做手腳不得，怎麼樣都沒有辦法補救了。有的人悟了如來藏而發起實相般若，所以心中很歡喜，可是不知不覺之間就有慢心出現了，於是問題就跟著來；但是自己完全沒有感覺到，別人看見了也不好意思講，就這樣繼續造下口業以後，捨報時就只好自己去承擔，這一點請大家要特別注意。

【富樓那言：「我與如來寶覺圓明眞妙淨心，無二圓滿；而我昔遭無始妄想，久在輪迴；今得聖乘，猶未究竟。世尊諸妄一切圓滅，獨妙眞常；敢問如來：一切眾生何因有妄？自蔽妙明，受此淪溺？」**佛告富樓那：**「汝雖除疑，餘惑未盡，吾以世間現前諸事，今復問汝：汝豈不聞室羅城中演若達多，忽於晨朝以鏡照面，愛鏡中頭眉目可見，瞋責己頭不見面目，以爲魑魅，無狀狂走。於意云何？此人何因無故狂走？」富樓那言：「是人心狂，更無他故。」

講記：富樓那尊者向 佛請問：「佛陀上來開示說，我與如來的寶貴覺精圓滿明覺的眞實勝妙清淨心，是同一種心而不是二種不同的心，而且都是本來就圓滿一切法性的；」爲什麼是無二與圓滿呢？因爲富樓那尊者的如來藏妙心與 世尊的如來藏妙心同樣是絕待的，也是同樣的圓滿、同樣的清淨，並無不同，所以叫作無二。除了第八識以外，其他的七識心都不能稱爲無二，因爲都是相待於六塵萬法而領受運行的，也都各有不同的性障及功德，不是同樣本來清淨而功德圓滿的。只有第八識如來藏不在六塵上面領受及產生貪瞋癡等心行，而且祂是唯我獨尊的；富樓那與 世尊的如來藏同樣是這一類自性而無差別，所以是無二的。

另外，再從世間法的層次來說，也說祂無二；因爲當菩薩證得這個心以後，就超脫於眾生界，不在眾生數中，就與所有菩薩們同樣成爲菩薩僧了，所以祂才叫作無二。也因爲如來藏從來不是任何人所能創造，一向都是本來自己就在，所以稱爲自在心；富樓那與 世尊的如來藏都同樣是這樣的自在心，並沒有不同，所以叫作無二。而一切有情如來藏心含藏的一切種子，也就是一切的功能差別，都本來同樣具足；始從凡夫位剛剛證得如來藏心開始，一直到進修成佛的過程中所需要的全部種子，同樣是本來具足，所以叫作圓滿。

富樓那繼續請問：「既然我跟如來的寶覺圓明眞實妙淨的如來藏心，同樣是無二與圓滿的，而我富樓那往昔無量劫以來，遭受無始本有的虛妄想所牽累，很久以來都在生死輪迴之中；如今雖然證得聖人所修解脫生死的法門，可是仍然還沒有究竟啊！然而世尊您是一切虛妄想全部都已圓滿地滅除了，」這個「妄想」不是一般大師與學人所講的，在靜坐時覺知心中以語言文字打妄想，而是指不知實相所產生的虛妄之想，猶如《楞伽經》中所講的「妄想」，都是在講這種虛妄之想；「而世尊您的一切虛妄想全部都圓滿地滅除了，所以您是獨自一人住於極微妙的眞常不變究竟智慧境界中，」「獨妙」就是說，一切有情之中，沒有人能夠像佛地的眞如心那麼勝妙，因爲不只是煩惱障的現行斷盡了，連煩惱障的習氣種子也斷盡了，再加上所知障無始無明中的一切隨眠（塵沙惑）也斷盡了，這眞是三界任何一切有情都比不上的，所以叫作獨妙。

也因為煩惱障的一切習氣種子隨眠，和所知障塵沙惑隨眠都已經全部斷盡，所以如來第八識如來藏中的種子永遠不再變異了，變易生死已經斷盡了，所以如來的如來藏心體從內到外都不可能再變異了，這時才能叫作眞常，這才是眞正的常。富樓那繼續請問：「既然如來藏是同樣的寶覺妙明、無二圓滿，然而我富樓那跟世尊您卻是相差這麼大，所以斗膽請問如來：一切眾生是什麼原因而有不明法界實相的虛妄想？由此妄想來自己障蔽了對如來藏的微妙明覺智慧，以致受到這個沉溺於生死苦海的果報？」這就是請問世尊說：眾生既然都同樣有這個寶覺妙明本來清淨的眞實心如來藏，為什麼往世竟會產生虛妄想而障蔽了如來藏的微妙覺明，以致於輪迴三界生死而無法解脫生死？

眾生會輪迴三界生死的道理，在一神教的教義中也曾經提出他們的說法。一神教提出一個主張：原罪說。他們說所有人都是一出生就有原罪，是本來就有罪的，都是一出生時就繼承下來的罪業。提出原罪論，是由於他們不認為人有過去世，主張所有人的出生都是由上帝創造出來的，是上帝藉著各人的父母親作為因緣來創造每一個人。其實，從眞悟的菩薩智慧來看，上帝就是如來藏；但是一神教的宗教師們都不懂，都說人類是天上唯一具有五陰的神祇上帝所創造的。既然所有人都沒有過去世，都是上帝創造的——都是由上帝所創造的亞當與夏娃所出生的，而亞當與夏娃受不了上帝的禁果引誘而犯了罪，被趕出伊甸園，所以他們所生的子女就全都有罪，都是一出生就有罪。每一個人的原罪都是因為亞當夏娃而留傳下來的，所以大家都是一出生就承擔了他們貪吃禁果的原罪。

這眞是豈有此理！上一代的罪要下一代無條件承擔，這眞是虛妄想。可是世人顚倒，不明眞理；你們看中東戰爭，不就是這樣來的嗎？他們的聖城同樣都是耶路撒冷，而且聖物也是同一道牆——同一道哭牆既是回教的聖牆，也是基督教的聖牆，因此為了爭奪聖地聖牆而打個不停，死了很多人。都因為這兩個一神教的創教人本來是同一個家族的信仰，本來屬於宗族信仰，但因為兩兄弟吵架就分開了，大哥主張神跟著自己，自己所信的神才是眞的；老二則說神跟著他離開了，不在老家了，所以老二信奉的才是眞神；大哥與弟弟各自主張自己的神才是原來的眞神，也同樣認定世間只有一尊眞神，只在自己家中，兩兄弟互不相讓。結果就這樣子開戰，怨恨就越結越深，兩邊的子孫就一直把仇恨繼承下來了。

可是他們都沒有想清楚，即使某甲今天投胎到老大的家族系統，某乙投胎去老二的家族系統，其實這兩人與當年的兄弟仇恨並不相干，因爲某甲與某乙並不是當年的兩兄弟啊！然後因爲出生在兩兄弟不同的家族中，就被家人教導而接受了那個觀念，繼承了祖先的仇恨而繼續互相打殺、互相殘害，其實都與祖先的仇恨不相干，所以衆生眞的愚癡。國家地理雜誌就因此而報導說，基督教與回教之間的中東戰爭，是「兄弟鬩牆一千年」。然後他們又努力傳教而把更多無關的人拉進來信教而擴大宗教戰爭，所以說邪見眞是害人不淺。

話說回來，因爲基督教信徒認爲他們都是從亞當夏娃來的，所以就繼承了他們被上帝引誘而產生的罪（上帝創造了香甜的禁果來誘惑，卻不許他們兩人吃），這叫作原罪。所以基督教裡的每一個人生來就是有罪的，因爲他們都沒有過去世，所有的罪都不是自己往世所造作的。所以假使遇見了基督徒，你們都可以說：「你們是這一世才來到這個世界的，而我們是無量世以來就存在的，所以你們都是新出生而資歷很淺的新人。」他們一定罵你：「你們亂講，你們一樣都是亞當夏娃的子孫。」那你就說：「你說謊！當年亞當夏娃被趕出伊甸園的時候，伊甸園外就已經有很多人了。我們是那些人的子孫，或是那些人轉世過來的，都不是亞當夏娃的子孫，所以我們沒有原罪。

我們的罪都是過去世自己造的，是因爲無始來的虛妄想，因此有了貪瞋癡而產生了不正確的身口意行，造了各種善惡業，因此導致今生還在這裡輪迴生死。」這個罪也就解釋清楚了！

一神教的教義是漏洞百出的，既然主張沒有過去世，卻現見大家都無法解脫生死，當然就只能用原罪來解釋了。然而從其他的各種道理中，也都沒有辦法解釋原罪的。假使有智慧，拿到一部《舊約》或者《新約》時，都可以從裡面挑出很多無法自圓其說的毛病。但因爲他們不曾宣稱他們是佛教，我們就不必理會，不必一一加以辨正；如果有人選擇相信他們，那是宗教信仰自由，我們一定尊重，絕對不會評論他們教義的錯誤。但他們如果有一天主張他們也是佛教，或者也在教人修學佛法，那我們就不得不舉出來辨正法義了。可是，這裡講到輪迴生死的原因時，說到一神教主張人人都有原罪，但原罪的觀念是錯誤的，是與現實中存在著的因果律互相違背的。言歸正傳，富樓那尊者問完了，佛當然要爲他開示眾生輪迴生死的原因。

佛告富樓那：「汝雖除疑，餘惑未盡，吾以世間現前諸事，今復問汝：汝豈不聞室羅城中演若達多，忽於晨朝以鏡照面，愛鏡中頭眉目可見，瞋責己頭不見面目，以爲魑魅，無狀狂走。於意云何？此人何因無故狂走？」富樓那言：「是人心狂，更無他故。」佛陀向富樓那開示說：「你富樓那雖然聽我講了很多法，對於輪迴生死的疑惑已經滅除了；可是輪迴生死的根本原因你還是不曾究竟了知，還有許多疑惑是你還沒有除盡的；我就用世間現前發生、現前存在的事情來反問你：你難道沒有聽聞到嗎？室羅筏城中的演若達多，有一天早上忽然用鏡子反照自己的臉，當時他貪愛鏡子中的人頭，眉毛眼睛都很清晰而可以被自己看見，卻忽然對自己很生氣：爲什麼我自己的頭竟然沒有臉面與眼睛可以被自己看見呢？就以爲自己是無臉也無眼的魑魅，所以好端端地沒有任何別的原因，就這樣子很驚嚇地到處亂跑。那麼你富樓那的意思怎麼樣呢？這個人是由於什麼原因，竟然無緣無故而四處狂走？」「走」是古語，古時的「走」，在現代的閩南語與日本話中，仍然沿用爲跑的意思。譬如日本人說「暴走族」，與台灣人、閩南人所定義的跑仍然是一樣的，依舊是「跑」的意思。

人類照鏡子時，都會知道是自己的影像；智慧較低的動物可就不一定會知道那是自己的影像，往往會受到驚嚇，這在心理學上叫作「沒有自覺」，是說這些動物還沒有對鏡中影像產生「那是自我影像」的覺知。譬如嬰兒剛出生五個月時，你把他抱到鏡子前，或者抱到舞蹈教室中的大鏡子前，他會一直端詳著：我這邊有自己的媽媽，鏡子那邊也有一個與媽媽一模一樣的人；這邊有自己的爸爸，鏡子那邊也有一個與爸爸完全一樣的人；他第一次弄不清楚，又看見鏡子裡自己的影像，以前從來沒看過；他一時弄不清楚鏡子裡那些人是誰，特別是從來不曾看過的鏡中自己，因爲怕生，受到驚嚇，於是就恐懼而哭起來了。這是因爲這時的智慧還沒有發展出自覺，也就是意識的自我認知還沒有發展出來，不曉得那是自己與父母親的影像。

譬如猿與猴對自覺也是有差別的，你如果拿個鏡子給猿看，不論是很大的鏡子或小小一片，牠照來照去，照十幾分鐘以後就會知道那只是自己的影像，然後就開始利用鏡子來消除自己臉上的污垢，這表示猿已經有自覺；然而猴子就不一樣了，牠看了老半天，還是跟鏡子裡自己的影像齜牙咧嘴，想要打架；可是打不到對方，於是就往鏡子後面去找，看另一隻猴子是不是躲在鏡子後面；當牠跑到鏡子後面，卻發覺那裡沒有猴子，於是又回到鏡子前面來，繼續跟鏡中的猴子張牙咧嘴，想要打架；卻又因爲仍然咬不到鏡中的猴子，又重複跑到鏡子後面去找，還是找不到，但仍然不知道鏡中的猴子只是自己的影像；這都是因爲牠還沒有發展出自覺，不曉得鏡子裡的猴子只是自己的影像。

演若達多就像是這樣一個大白癡，大概是與那隻猴子一樣，心智還沒有成熟；當他有一天早上以鏡子照自己的臉時，不知道鏡中的影像就是自己的臉，他看見鏡中的頭有眉有眼等等，全都清晰可見；他想要在鏡子外也看見自己的頭上有眉有眼，卻不知道要藉鏡子才能看見自己頭部的眉與眼，就想直接看見自己頭部的眉與眼。沒想到一直都看不見，就以為自己的頭是無眉也無眼的怪頭，於是起了虛妄想，就以為自己的頭是妖魔鬼怪，因此對自己生起恐懼心來，想要逃避自己的頭，然後就發狂而向屋外暴走。當 佛陀以這個例子反問富樓那尊者時，富樓那就答覆說：「那個人狂走，是因為他心狂的緣故，並沒有別的緣故。」

【佛言：「妙覺明圓、本圓明妙，既稱爲妄，云何有因？若有所因，云何名妄？自諸妄想展轉相因，從迷積迷以歷塵劫；雖佛發明，猶不能返；如是迷因、因迷自有。識迷無因，妄無所依；尚無有生，欲何爲滅？得菩提者，如寤時人說夢中事，心縱精明，欲何因緣取夢中物？況復無因、本無所有，如彼城中演若達多豈有因緣自怖頭走？忽然狂歇，頭非外得；縱未歇狂，亦何遺失？富樓那！妄性如是，因何爲在？汝但不隨分別世間業果眾生三種相續，三緣斷故，三因不生；則汝心中演若達多狂性自歇，歇即菩提；勝淨明心，本周法界，不從人得，何藉劬勞肯綮修證？譬如有人於自衣中繫如意珠，不自覺知；窮露他方，乞食馳走；雖實貧窮，珠不曾失。忽有智者指示其珠，所願從心，致大饒富；方悟神珠，非從外得。」

講記：佛陀隨即開示說：「微妙知覺明淨圓滿、本來圓滿明淨微妙，既然可以把祂稱之爲妄，那麼稱之爲妄的原因是什麼？難道還能找得出稱之爲妄的原因嗎？如果能找得出被稱爲妄的原因來，那麼那個原因一定是眞實而正確的原因，又怎能說那個原因是虛妄的呢？其實都是自己的種種虛妄想展轉互相爲因，所以相生不絕；這樣子以迷爲因再不斷地累積各種迷惑，歷經塵沙數劫而繼續累積下來；雖然聽聞如來加以闡發及明示，仍然沒有能力返回無迷的智慧中；若是眞正推究這種生迷的原因，其實仍然是因爲迷惑而自己生迷。假使能夠認識迷惑的生起本來就是無因而起，那麼錯將微妙知覺的如來藏性認定爲虛妄法的這種妄計，也就無所依止而消滅了。這時錯計微妙知覺的如來藏爲虛妄法的邪知邪見，這種迷尚且無法生起，你富樓那還想要滅掉什麼迷呢？」

世尊繼續開示說：「已經證得佛菩提的人，就好像清醒過來的人，在爲人敘述夢中的事情一般；他正當清醒的時候，心中縱然非常清醒明白，他又能藉著什麼因緣來取得夢中所見的各種物品來給別人看呢？何況夢中所見物品的存在其實是無因而有，那些夢中的物品本來就是不存在的，就如同那個城中的演若達多，他難道會有正當的因緣自己恐怖頭上無眉毛與眼睛而狂走嗎？當他忽然清醒而弄清楚了，也就是狂想歇息下來的時候，自然就會知道自己的頭本來就在，而自己頭上的眉與眼也一直都在，不是狂心休歇下來時才從外面得回來的。縱使演若達多的狂心尚未歇息下來，而誤認爲自己頭上沒有眉毛與眼睛時，他頭上的眉、眼又何曾遺失呢？富樓那！迷妄的自性正是如此，這個迷妄的自性究竟是因爲什麼緣故而能存在呢？你只要不隨從『分別世間業果眾生』的貪瞋癡等三種相續法，由於這三種流轉生死的助緣能夠斷除的緣故，貪瞋癡等三種流轉生死的原因自然就不再出生了；這時你心中的演若達多狂性自然就會歇息下來了，當這個狂性歇息下來時就是覺悟了。」

佛又開示說：「這時將會看見勝妙清淨明覺的如來藏心，本來就周遍於諸法功能差別之中，並不是從別人那邊去獲得的，是自己本來就有的，又何必你藉著辛苦勞累而修學各種要領來修行而證得祂呢？譬如有人在你自己的衣服中隱密地縫進了一顆如意寶珠，而你自己都不知道；十幾年來貧窮地餐風露宿於外鄉，總是向人乞食而到處奔走；那時雖然確實貧窮，但你自己衣服中的如意寶珠卻一直都不曾遺失。忽然遇到一位有智慧的人，爲你指示衣服中原來就珍藏著的如意寶珠，於是就可以從如意寶珠索求任何財富，所願從心，無不滿足，因此致使你成爲大饒財富的人；這時方才悟知自己目前正在運用的神妙如意寶珠，並不是從外人那裡獲得的。」

「既稱爲妄，云何有因？」如來藏的微妙知覺本來就是圓滿明淨而微妙的，本就不該稱之爲虛妄法；然而有人由於無明籠罩的緣故，硬要說祂是虛妄性，這種謬指如來藏妙眞如性爲虛妄性的說法是沒有根據的。如今他卻硬要強指爲虛妄性，又如何能夠找得到祂是虛妄性的原因或者根據呢？既然有人可以強指如來藏妙眞如性是虛妄性，那麼我們當然要追究他強指如來藏妙眞如性爲虛妄性的原因，那就要請問他：「你這樣指控，究竟有什麼正確的原因呢？」「若有所因，云何名妄？」假使他眞的能找出如來藏妙眞如性可以被稱之爲妄的原因時，那麼他的指控又怎麼可以說是虛妄的呢？

「自諸妄想展轉相因，從迷積迷以歷塵劫；」一切凡夫及二乘聖人對於法界實相如來藏的妙眞如性產生了各種的妄想，其實都是由於自從無始劫以來就一直處於迷惑的狀況下，再不斷地做了各種錯誤的熏習，又繼續增加及累積許多的迷惑，眞的是「從迷積迷」啊！就這樣子，對於實相始終不能了知、不能親證；將各種虛妄想繼續引生其他的虛妄想，不斷地演變下去，眞是輾轉相因；於是導致從一個迷惑所生的虛妄想中，又再增加另一個迷惑所生的虛妄想，這樣子以迷積迷，從無始以來已曾經歷過塵沙數的時劫了。「雖佛發明，猶不能返；」雖然過去世也許曾經遇到有佛爲他發明如來藏的妙眞如性，乃至到了今天遇到 釋迦如來爲他發明了如來藏的妙眞如性，還是沒有辦法親證，也無法回歸如來藏的妙眞如性。

「如是迷因、因迷自有。」像這樣的迷惑及愚癡，都只是因爲迷惑而自己產生了迷，這個迷並沒有一個實質上的根據。「識迷無因，妄無所依；」如果能夠如實瞭解迷惑的產生並無原因，如實瞭解迷惑產生的原因其實就是因爲不瞭解，所以叫作迷惑，就知道迷惑並不是從外來的，而是由於無知才說有迷惑；所以迷惑是本來就存在的，但迷惑並沒有實質，只是不瞭解眞實相而說有迷惑，所以 佛說「迷本無因，因迷自有」；假使能夠「識」知迷本無因，那麼妄指如來藏妙眞如性爲虛妄法的妄理，也就沒有所依了。「尚無有生，欲何爲滅？」這時，虛妄想尚且無法出生，還想要如何滅除虛妄想呢？

所以虛妄想是不必設法滅除的；因爲虛妄想是無所依的，只要能夠弄清楚實相了，迷就跟著消失了。

「得菩提者，如寤時人說夢中事，心縱精明，欲何因緣取夢中物？」已經證得菩提的人，也就是已經覺悟佛菩提的人，好比是從本來不知法界實相的人生大夢中突然醒過來的人；這位已經不在人生大夢中誤將人間生活錯認爲眞實存在的人，現在已經住於法界實相境界中，當他回頭爲大眾說明人生大夢中的各種事物時，絕對不會想要再把人生大夢中的任何物品，取來法界實相中繼續保有或佔有，一定棄之如敝屣一般，不想繼續貪著。就像一個從夢境中清醒過來的人，當他在爲人述說夢中所看的物品時，雖然因爲清醒過來而覺知心很精明、都不昏昧，這時又有什麼樣的因緣能夠把夢中所吃的食物或看到的物品拿到清醒時的人間來呢？夢中之物都是虛妄法，不可能夢醒之後還能拿出來給別人看；迷也是一樣的，只是顚倒想中妄想出來的虛妄法，事實上並沒有迷這個法存在，只是因爲不知道所以稱之爲迷；一旦知道了，迷就不存在了！不該在知道眞相時還能愚癡到想要把迷拿出來給別人看。所以一旦知道法界的實相時，迷就不存在了，並不需要在了知實相的時候，特地再去把迷破壞掉。

「況復無因、本無所有，如彼城中演若達多豈有因緣自怖頭走？」何況迷這個法，本來就無出生的因由，只是不明白實相而說爲迷；所以迷這個法是本來就不存在的，只是因爲不明白實相而方便說迷是本來就存在的；譬如城中的演若達多，難道有什麼眞正的因緣使他自己生起恐怖心，爲了自己的頭沒有眉毛眼睛而到處亂跑呢？「忽然狂歇，頭非外得；縱未歇狂，亦何遺失？」演若達多其實不該對自己的頭生起恐怖心，那個恐怖心是不應該存在的；假使他突然弄清楚自己的頭仍然有眉毛、眼睛，知道自己的頭本來就在，狂心也就頓時停歇了！那時知道自己的頭與眉毛、眼睛都在的時候，其實仍然不是從外而得，而是自己原來不知道，現在知道了，仍然是自己本來就在的。

「富樓那！妄性如是，因何爲在？」參禪也是一樣的道理，每一個人的本來面目都不是向外找來的，都是本來就有的啊！縱使還沒有證悟以前，迷惑仍然存在的時候，自己的本來面目何嘗有遺失呢？所以假使還沒有證得如來藏時，固然說是還沒有證得，但是還沒有證得以前並不表示祂不存在啊！祂還是分明現前而不曾遺失啊！那你忽然證得了以後說：「我證得了如來藏。」然而你有證得嗎？其實沒有！祂是本來就在的，只是把祂找出來而方便說爲證得啊！但是因爲以前不知道，現在知道了，所以假名爲得。所以如果有人問你說：「證得如來藏是怎麼回事？」你就告訴他：「所謂證得如來藏者，即非證得如來藏，是名證得如來藏。」眞的就是這樣子啊！這就是般若嘛！他說：「你怎麼講這樣的話？我在般若經中可沒讀過這話呢。」你說：「然而這才是般若經中的眞正道理，而你是讀不到的，因爲這段話是在你身中的般若經中才有。」就這樣子啊！

「汝但不隨分別世間業果眾生三種相續，三緣斷故，三因不生；」同樣的道理，虛妄之性、迷惑之性就像是這樣，到底它在哪裡？因什麼而有？事實上是由於不瞭解，被外境所轉而迷惑掉了，不知道要向自己的心地去探求，總是落入蘊處界的虛妄我中。所以 佛說，只要不隨著那一些人（哪一些人呢？分別世間業果眾生等人），不要隨著分別世間業果的眾生們所有的三種相續，那麼三緣就斷了；三緣既然斷了，三因就不會再生起了。所謂分別世間業果眾生，就是指三界中的五陰眾生相；這些五陰眾生相即是人生大夢中的人物，即是演若達多所見的鏡中影像。錯認鏡中影像爲實際上存在的人，反而把眞正常住不壞的自己如來藏心給遺忘了，正是狂心發作的迷人。如果不隨著這種狂心發作的迷人一般，不錯將鏡中影像的世間五陰，不錯將隨於貪瞋癡業果而造作欲、色、無色界流轉三因的五陰，認作自己眞實的本來面目，就不會再造作貪瞋癡等三種業行，於是流轉於欲、色、無色等三界的因就斷除了，三因不再生起了。

「則汝心中演若達多狂性自歇，歇即菩提；勝淨明心，本周法界，不從人得，何藉劬勞肯綮修證？」這麼一來，心中的演若達多就不再發狂了；狂性一旦停歇了，就不會再造作世間流轉的三因；這時覺知心清淨了的緣故，不再錯認三界五陰、四陰爲眞實自我時，就只剩下菩提——覺悟的境界了。也就是說，當覺知心清醒過來以後，知道自己全都是虛妄的，把三界中的蘊處界全都否定以後，這時將只剩下唯一可以認取的眞實明淨而勝妙的如來藏心，再也沒有別的心可以被認取了；而這個明淨勝妙之心，本來就周遍於諸法功能差別之中——周遍法界，但開悟時找到的這個周遍法界的勝淨明心（因爲從來不會昏昧而且是勝妙清淨的心），卻不是從別人那裡獲得的，而是自己本有的，從來不曾離開過自己虛妄的五蘊身心。這都只是由於不再錯認業果所繫的眾生五陰身心，而回歸到原來勝淨明妙的如來藏心，卻是自己本有的，不必從別人那裡去取回自己身中。

所以，只要休歇了狂心，也就是不再錯認蘊處界自我爲眞正的自己，自然而然就能證得眞實心如來藏，現觀如來藏的妙眞如性，這又何須假藉辛苦修行而學習各種修定的要領才能修證呢？只要歇卻虛妄想，不再錯認三界五陰身心，就能認取如來藏心體了，所以大乘禪的開悟都是一念相應而悟得如來藏心—回到眞正的故鄉—親見本來面目。大乘禪的開悟，不是藉由修定制心一處不打妄想，來把識陰六識妄心漸漸變成第八識如來藏心；而是識陰六識妄心存在時，如來藏心本來已經同時存在——是與妄心覺知心同時同處本來就在的常住心。既然是本來就在的心，何必用次第禪觀的修定要領或方法而想要來轉變妄心爲眞心呢？因此 佛說：「何藉劬勞肯綮修證？」世尊這句話已經點出末法時代當今諸大法師、諸大禪師的錯誤了！因爲各大山頭的所有大法師們，都是想要把妄心藉著修定的方法來轉變成眞心，如同演若達多一樣錯認己頭——想要把鏡中假頭的面目轉變成自己眞頭的面目，都是狂心未歇底人。

「分別世間業果眾生」，就好像現代各大法師寫書、演講時都這麼說：「你們不要貪色聲香味觸法啦！不要貪財色名食睡啦！不要貪著眷屬啦！只要這樣子就可以得解脫了！要這樣才能夠消融自我。」然而，像他們這樣子消融自我以後，結果是怎麼一回事呢？結果是自我不貪、不瞋、不癡於身外六塵諸法，說這樣就是消融自我；可是，當「我」不貪、「我」不瞋時，那還是自我啊！仍然是五陰**我**、十二處**我**、十八界**我**，依舊是意識**我**啊！這是不斷**我見**的說法嘛！這正是經文中所說的**分別世間業果眾生**，都是在世間業果上面去作各種分別的凡夫大師。

凡是眞正的佛法，一定會先教你認清楚五陰我、十二處我、十八界我的內涵；然後再教你現前觀察自我的虛妄，一定會說明蘊處界我虛妄的道理，然後教導你親自證實自我爲什麼是虛妄的。如果你弄不清楚，他一定會爲你解說，然後教你自己再去觀察：要從行住坐臥當中現前觀察五陰自我眞的虛妄，不是只在外我所上面去消融自我。從外我所上面想要消融自我，是完全沒有辦法消融自我的。依照他們那樣的教導，消融三十大劫以後還是自我——依舊落在蘊處界我之中，我見根本就斷不了。我見仍然存在時，一定會錯認蘊我、處我、界我爲自己的本來面目，又怎能找到眞正的本來面目如來藏心呢？當善知識教導我們觀察自我眞的虛妄，我們也現前觀察而證實了，就不必管貪瞋癡了嘛！那時自我已經不存在了，當然就不會再落入三界我中，想要找到如來藏心的所在，也就易如反掌了。到那個時節，我見斷了就能接著斷我執，我執斷了以後還要管貪瞋癡做什麼？三毒三因三業，全都只是外我所引生的，根本不必管它啊！這樣子才能夠離開分別世間業果的眾生。

那些分別世間業果的眾生，也就是當代那些大法師們，都不在斷我見、我執上面去用心；所以你們看那一些大師的著作，寫的都是：你應該要安祥啦！要和諧啦！要講好話、做好事啦！不要說別人壞話，不要批評人……等，永遠都是在分別世間業果上面用心，所以都教人在外我所等世間法上作好人，從來都不在斷我見、斷我執上面教導學人。比較好一點的大師們，則會進一步教導說：「你還要觀察，貪瞋癡都是虛妄的；貪瞋癡會害死你，所以你要遠離貪瞋癡。」可是遠離三毒以後還是蘊處界我，這仍然是三界有，才會與貪瞋癡相應；因為貪就是欲界有，瞋就是色界有，癡就是無色界有，三界有才是輪轉生死的根本因，而三界有的根本因正是我見與我執，貪瞋癡只是三界有的表相，不是真實的三因。

可是當代大法師們都不懂這個道理，總是在我所上面用心，總是教導徒眾們：「你們斷了貪瞋癡以後就不要再管貪瞋癡啦！這樣你就解脫啦！」然而，不理會貪瞋癡以後，蘊處界等自我還是具足存在啊！顯然我見分明存在，那樣是解脫了沒？仍然沒有！連聲聞初果都證不到呢！這些當代大法師們正是《楞伽經》中 佛所訶責的壞法者，譬如《大乘入楞伽經》卷四的記載，世尊說有二種人，然後問大慧菩薩：哪一種人是破法者？「大慧白言：『謂有貪瞋癡性，後取於無，名爲壞者。』」大慧菩薩的意思是說：先前妄計貪瞋癡爲實有，於後觀察貪瞋癡的虛妄，所以改而計著貪瞋癡已斷，名之爲無貪瞋癡；計此爲眞實佛法，仍然落入三界有中，都不探究實相，是名破法者。這就是破壞佛法，而表面上看來是在弘揚佛法；因爲當代那些大師們都沒有在斷我見、斷我執上用心，更沒有在親證法界實相上面用心，老是想要用意識覺知心離開貪瞋癡，然後保持意識覺知心自己單獨存在，永遠不壞，認爲這樣就是成佛之道、就是眞正的佛法，佛與大慧菩薩都說這種人就是破法者。這種破法者，在現在的中國佛教界大小道場中普遍存在著，可以說百分之九十五都是這樣的。這種大師都是落入分別世間業果眾生之中。

在這段經文中，佛說只要把三界我的迷惑斷了，就能找到自己的本來面目，這時已經了知實相：「我這個如來藏本來就在啊！蘊處界我都從如來藏心中出生的啊！」而世間分別業果眾生們，卻一天到晚講：「你造了善業就升天，造了惡業就下地獄。」都是在分別世間業果的眾生，他們都不離三種相續：殺、盜、淫。因爲全都落在蘊處界自我中，而這種自我是虛妄有生的，是會與殺盜淫相應的虛妄心。這三種相續若是不能離開，感生三有之因就會繼續存在；這三緣斷了以後，三因就不生，自然就不在輪迴之數中，超脫於分別業果眾生之外。（三因其實就是講業感緣起、賴耶緣起、眞如緣起，這在我們《宗通與說通》裡面有說了，這裡就不再講了）三因不生時，還會輪迴生死嗎？當然不會了嘛！

當你斷了我見以後又斷了三因，業感緣起就斷了；業感緣起斷了，也就解脫於分段生死了，這就出三界了（這裡且先不談賴耶緣起，也不談眞如緣起）。業感緣起斷了，也就出三界了！這時自己心中的演若達多的狂性自然就歇除了、消失了，從此不再錯認鏡中的假頭是自己的眞實面目，不再錯認眞心如來藏幻化出來的蘊處界我爲本來面目，當然就會認得本來面目如來藏心的所在了！這不就是佛菩提嗎？

現在（編案：這是二〇〇二年講的）有很多大師說：「你不要再打妄想了，把這個妄想歇了，歇即菩提。」全都認爲只要放下煩惱以後，覺知心中沒有語言妄想時，就是《楞嚴經》所講的「狂心頓歇、歇即菩提」。假使佛法修證眞的是這樣，那麼佛菩提跟外道修定可就完全一樣了！那麼外道如果證得未到地定時，當他一念不生時也應該是成就佛菩提了；因爲狂性歇了，歇即菩提嘛！對不對呢？其實差遠囉！

台灣各大山頭如此，大陸所謂的八大修行人也都是如此；他們都說離念靈知就是眞如，即是佛性；徐恆志還說：「只要心中沒有語言妄想，了了分明時，不是這個，又是什麼？」他們也引證經典，說：「《楞嚴經》有這麼說：『狂心頓歇，歇即菩提。』所以只要妄想停歇了，就是本來面目。」這樣跟我們強辯，還講得振振有詞啊！佛教界有誰曉得他們都誤會佛法了呢？都不知道！所以我們眞的還要努力多寫一點書，我們若不辨正清楚，大家就這麼以訛傳訛，一代一代不斷地錯傳下去，佛教的未來可就堪憂了！所以「歇」是歇掉狂妄錯認之心，是歇掉不瞭解實相的狂心，而不是歇掉覺知心中的語言文字妄想；錯認蘊處界我的虛妄想歇掉以後，就是證得佛菩提的時機了。

勝淨明心如來藏，祂最殊勝、最清淨，祂的明性非常伶俐，你想什麼都瞞不了祂；如來藏心本來就周遍於十八法界中，不但周遍十八法界，也周遍十方法界的一切三界法中。當你往生到無色界去時，你的如來藏也會具足無色界法，讓你從容安住於無色界中。當破法者往生到無間地獄去，如來藏也會具足地獄中法，讓他遍嚐無間地獄中的一切法。在娑婆世界中如此，在十方三界中也是如此，所以才說如來藏周遍一切法界中。可是這個妙心「不從人得」，譬如你們參加禪三破參回來，你找到的如來藏是我給你的嗎？我沒有給你，是你本來就有的，我只是幫你把祂找出來而已，我並沒有送給你如來藏啊！即使我想要送給你，你也拿不去啊！

也許有人說：「我找到如來藏了！為了報恩，我把我的如來藏送給你。」我當然說：「我不要！」因爲我根本得不到嘛！明明知道我得不到，你送給我作什麼呢？縱使你眞的願意送給我，我的如來藏也不會增加，你的如來藏也不會減少；因爲你送不出去，而我拿不到——根本不可能與我的如來藏合併。所以才說「不從人得」，因爲是你本來就擁有的啊！既然不從人得，是本來就存在的心，何需要藉著劬勞—非常辛苦、勞累—來修證？只要找出來就行了。「肯綮修證」，肯綮就是去尋覓要領或方法，然後想要把如來藏心修出來。這是在罵誰呢？佛陀這一句聖教罵盡了當代所有大法師們，沒有一個大師不被訶責。因爲那些大師們都要把意識覺知心用功修行，想要把覺知心修成如來藏、修成眞如佛性；即使眞的能夠修成，那也是修來的，不是本來就眞，而是從妄心覺知心修成的，是本來非眞而後來變眞。這樣一來，將來修緣散壞時，修來的眞心可就不免又會變回妄心去了，那當然不是眞正的佛菩提見道之法。

台灣各大山頭的大法師們都是這樣啊！台灣如是，大陸所謂八大修行人也是一樣啊！都是要把虛妄生滅的覺知心、意識心，經由辛苦的修行來變成第八識眞如佛性。可是第八識眞如或佛性，都不需要他們去修行啊！是無量劫以來本來就眞而不曾虛妄過，根本不需要他們來修行轉變爲眞；只要把祂找出來就好了，爲什麼要虛妄心修行變眞？而眞心如來藏也不必他們來修祂，祂是本來就清淨性，本來就常住涅槃中不生不死，不需要他們幫祂修證涅槃。需要修行清淨的是他們自己，不是教如來藏修行變成清淨。祂本來就清淨，不需要他們修祂，只要把祂找出來就行了！所以 佛說：「何藉劬勞肯綮修證？」可是現在的所有大法師們，卻是個個都想要把覺知心意識修成眞如心；佛說如來藏的妙眞如性是本來就在的，不需要誰去修行祂，想要在大乘法中見道而實證般若智慧的人，都不需要那麼辛苦，只要學習正確的知見，把如來藏找出來就行了，實相般若智慧就跟著生起了。

「譬如有人於自衣中繫如意珠，不自覺知；窮露他方，乞食馳走；雖實貧窮，珠不曾失。忽有智者指示其珠，所願從心，致大饒富；方悟神珠，非從外得。」如來藏的妙眞如性是本來就在那邊，就好像有人遠行之前，在自己的衣服內外布面中，縫進如意珠藏起來（如意珠可以隨應所求，持有如意珠的人需要什麼，它就變現出什麼，滿足主人的需求）。可是當他遠行久了以後竟然忘記了，「**不自覺知**」。當他遠行而用盡錢財以後，只好到處求職以求餵飽肚子，於是窮露他方，連個住宿的地方都沒有，而且沒有盤纏而無法回到故鄉，最後落得四處乞食的下場；可是這時他衣服中的如意寶珠並不曾遺失，只是忘了拿出來使用。

就好像你們之中還沒有明心的人一樣，你們這一件衣服裡面（不是這一件，而是被薄皮裹著骨頭與肉的這一件衣服裡），早就縫了一顆如意寶珠在裡頭，可是你們都忘了，不曉得祂在哪裡；於是到處遊走求乞，也就是四處逛道場。有些人是逛了三十年道場以後才逛到正覺裡來，進正覺以前眞的是窮**露他方到處馳走**，到處乞食說：「**師父！有沒有開悟的方法，請您教導我。**」「**師父！您有沒有開悟的方法教我？**」就像是到處乞食一樣。一般人至少都逛過一個、兩個道場，但是現在越來越多的人是學佛二十幾年、三十幾年以後，終於找上正覺來了！現在這種人越來越多啦！

這就像經中說的那個人，窮露他方到處尋找：「**師父啊！教給我一個方法讓我能開悟明心哪！**」學過一段時間以後，發覺這邊沒有辦法幫我找到本來面目，於是又找到另一邊去，最後發覺根本就沒有一位師父敢承諾能幫你開悟。後來終於找到一個道場敢承諾幫你開悟，可是跟著修學以後，印證出來的悟卻又錯了。我們有一位師兄以前也是這樣，到處要找明心見性的法：「師父啊！您這裡有沒有開悟的法？」「沒有！」「那我不學了。」又到別處去問：「師父！您這邊有沒有幫人開悟的法？」「有！」那就跟著修學，後來連著打了兩個七七四十九天的禪七，總共是九十八天的禪七，被印證開悟以後，禪宗公案還是讀不懂，經中的法義依舊朦朧，才知道還是悟錯了，只好又走人。後來終於找到正覺來了，才終於眞懂禪宗公案中的密意，如今安住下來不走了。

但是，**依人不依法**的學人還眞的很多呢！未來有很多人還是會繼續迷信大名聲的法師呢！眞正能夠幫他們指出如意寶珠所在的善知識，只因爲名氣小，所以他們都不信，都說是假的；因爲我們名氣小，因爲我們從來不做宣傳。我們有眞正的黃金，但我們的黃金不是專門在打磨光亮上面用心，而是專門拿來使用的，所以我們的黃金表面上看起來樸實無華，不很討喜。各大山頭都是電鍍的，電鍍的都很亮（大家笑…），所以看表相的學人們還在比名氣、還在看山頭的大小，一時間還不會找到正覺裡來。那許多人還得要再等上十年、二十年以後，突然遇到一位有智慧的人告訴他，才會找到正覺裡來。

到了正覺修學三、五年以後，終於因緣成熟了，於是善知識指點他，告訴他身中某處有一顆如意寶珠，當他依照指示找出來時，不就開始「所願從心」了嗎？從此以後，他想要求證解脫道的涅槃，或是想要求證實相般若，或是想要證得一切種智，都是「所願從心」，在佛法寶殿中「致大饒富」了。眞的是這樣啊！到這時，終於知道這個寶珠「不從外得」，只是經過一個有智慧的人指點一下，就把這顆寶珠找出來了。譬如以前說：「蕭老師的書眞是寫得好。」可是，好在哪裡呢？又說不上來，眞的說不上來啊！現在終於知道好在哪裡了！終於弄清楚啦！

如今有不少同修們，自從精進禪三共修破參回來以後，就把我寫的書從早到晚抱在身上，走到哪裡就帶到哪裡，只要時間一有空檔，立刻取出來讀；到了晚上還不肯睡覺，妻子就罵：「禪三回來以後好像瘋了一樣，老是讀書，不肯睡覺。」如果是妻子破參，沒學佛的先生也會罵：「趕快去睡啦！」有沒有這樣的人？（眾答：有）有哦！因爲終於讀懂了，原來實相裡面有很多法呢！並不是破參明心就沒事了！原來悟後還有這麼多法要繼續修學。這不像聲聞法，我見斷了就沒事了，剩下的就只是自己斷我執了。這時才知道，原來佛菩提道不是這樣，證悟後才發覺如來藏心中有好多法義等著我們修學，於是就一直想要從如意寶珠裡面挖出很多寶物，當然就不肯睡覺，急著要從如來藏心中找出更多寶貝。

所以要等到眞正破參明心以後，才會知道那些大師們都錯了，都是要把意識覺知心修行變成如來藏。就像有個愚癡人拿著一塊黃銅，努力要把黃銅轉變成黃金，卻放著原有的黃金不知道要拿出來用。然後你指點他，無量的黃金在他家中某處，他卻不要；後來你順著他的意，取來一塊黃銅給他，教他好好打磨，說只要用乾布每天擦八小時，擦上五十年以後就會變成黃金，他們卻很歡喜信受，認爲這個才是眞的黃金。他們都說：「不必辛苦打磨的、本來就在的黃金，一定是假的。」然而進了正覺同修會，這時你才一證悟就知道了：「原來神珠非從外得。」原來我的清淨寶覺妙明眞心，是我本來就有的啊！

【即時阿難在大衆中頂禮佛足，起立白佛：「世尊現說殺盜婬業三緣斷故，三因不生，心中達多狂性自歇；歇即菩提，不從人得。斯則因緣皎然明白，云何如來頓棄因緣？我從因緣心得開悟，世尊此義，何獨我等年少有學聲聞、今此會中大目犍連及舍利弗須菩提等，從老梵志聞佛因緣，發心開悟得成無漏；今說菩提不從因緣，則王舍城拘舍梨等所說自然、成第一義。惟

垂大悲，開發迷悶。」】

講記：前面經文講過，阿難尊者「了然自知獲本妙心，常住不滅」（編案：第五輯 247 頁），一般人讀到這一句時，大概會認爲阿難這時證得眞如心了！但是大家讀到後面這一段經文時，就知道他在這時都還沒有證得如來藏眞如心。爲什麼呢？因爲　佛說這個如意寶珠（就是寶覺妙明眞心）非從外得，也不是因緣所生，可是在這一段經文中看得出來阿難尊者還是弄不清楚　世尊所說的義理。如果你從禪三破參回來，已經證得如來藏了，自己把這一段經文所說的正理檢查一下：**如來藏是不是因緣所生的？**你絕對會持否定態度，對這一段經文中的法義是不會有疑問的。可是阿難這時還會提出這個問題來，顯然當時是還沒有證得的。

阿難問：「世尊如今說：『殺盜婬業這三緣斷除的緣故，三有之因就不會再出生了，於是自己心中演若達多的狂性自然就歇息了；當顚狂之心性歇息下來時，剩下本來無狂的心性就是菩提性；而這個本性清淨的菩提性，不是從別人那邊得到的。』世尊這樣的開示，顯然也是經由歇息顚倒狂性的修行因緣才成就的，這個因緣成就的道理是很顯然、很清楚明白的，可是世尊爲什麼卻頓時棄捨因緣說，而說這不是因緣法呢？」阿難問得很有道理，明明是歇息覺知心中的顚倒狂性、歇息覺知心中的虛妄想以後，才找到如來藏妙眞如性的，當然是因緣性；可是 世尊爲什麼又說悟得如來藏的妙眞如性時，這如來藏妙眞如性並不是從別人那裡得來的，而是自己本有的，因此而頓棄本來所講的因緣說呢？

阿難繼續再問：「我阿難是從因緣法的修學中，方能心得開悟；如今世尊所說這個非因緣的法義，豈只是像我阿難一樣年少的有學位聲聞人聽不懂？如今同時在這一場法會中聞法的大目犍連及舍利弗與須菩提等人，以前同樣是聽聞老梵志馬勝比丘說法，成爲初果人；隨後又藉馬勝比丘這個緣起，前來聽聞佛陀宣說因緣法，所以發起解脫心而開悟因緣法，終於成爲漏盡阿羅漢。如今世尊所說的覺悟卻不是從因緣法來說，反而說是本來而有，非從外得；假使眞的是這樣，那麼王舍城中的拘舍梨等外道所說的諸法自然生，也就成爲第一義諦了。惟願世尊垂下大悲心，開發我們對本來而有的實覺圓明眞妙淨心無所了知的迷悶。」

確實是如此，二乘因緣法與大乘本住法的關聯與差別，確實很難弄清楚；連當時已證聲聞初果的阿難尊者，以及當時已證阿羅漢果的大目犍連、舍利弗、須菩提等人，都還弄不清楚，何況現代中國的台灣大陸所有凡夫大法師們，連我見都還分明具足存在，又如何能懂得呢？當然那時尚在聲聞初果中的阿難尊者，一定要爲大眾提出來請問，懇求 世尊發大悲心，爲大家詳細說明，否則根本就不可能實證。

在初轉法輪時期，講的是二乘菩提（聲聞菩提、緣覺菩提），全都是以世間法蘊處界爲主體而說的法，說蘊處界全都是因緣生、因緣滅。後來進入大乘法弘揚時期了，關於實相般若的密意既然不該明說，又想要使諸阿羅漢們迴心大乘，不要再那麼厭惡蘊處界，要讓聲聞聖者們全都願意繼續留惑潤生，轉入菩薩道而能夠生生世世在人間受生、住持正法，當然要告訴他們說，蘊處界全都是寶覺圓明眞妙淨心的如來藏所出生的，全都屬於如來藏的妙眞如性，不單純是因緣生，更不是自然性。這無非是希望大家都發起佛菩提心，願意走向成佛之道，從蘊處界的所在來實證眞菩提心如來藏。於是爲大眾說明，除掉三緣三因以後，三界中唯一剩下的就是如來藏妙眞如性了；而如來藏妙眞如性是本來就在的，不是藉因緣生的，是各人自己本來都有的妙覺心；而且蘊處界及七大的自性，也都是如來藏妙眞如性在背後流注種子支持才能運作的，所以同樣都是如來藏妙眞如性。然而這個第一義諦確實太深妙、太難懂了，所以阿難尊者與諸大阿羅漢們全都聽不懂；由於阿難尊者與世尊最親近，並且還有血緣關係，於是阿難尊者就代替大眾提出請問。

剛才 世尊明明說，斷了殺盜婬業等三種因緣以後，「歇即菩提」，這明明是要假藉修行才能證得菩提的；現在又說「方悟神珠，非從外得」，說如來藏妙眞如性並不是因緣法，而是本有的；這不只是阿難等年少的有學聲聞人難以聽懂，乃至同時在楞嚴法會中的大目犍連、舍利弗、須菩提等無學位的阿羅漢們，也是無法聽懂的。他們以前都是從老梵志馬勝比丘的因緣，才能聽到 佛所說的因緣法，所以前來追隨 世尊，親聞 佛陀說因緣法而發心開悟二乘菩提，得成無漏位的無學聖者。現在 世尊所說的卻不是因緣法，而是諸大菩薩們所證的如來藏妙眞如性，所以是一切有學位的聲聞聖者也都聽不懂的。

這就是說，有學位及無學位的聲聞聖人，以前證得無漏法時都是依世俗法蘊處界作爲觀行的對象，觀察蘊處界的因緣生、因緣滅。然而大乘菩提所應開悟的密意卻不是蘊處界，而是能出生蘊處界的如來藏妙眞如性，當然不可能是因緣法啊！蘊處界是如來藏所生的法，當然是要藉因緣來出生的，所以主體還是如來藏——由如來藏藉各種因緣來出生蘊處界，所以蘊處界是因緣生、因緣滅的因緣法；然而能生蘊處界的如來藏，一定是常住法而不是因緣法，只有常住法才能出生各種緣生法；所以能生諸法的如來藏當然不是從外而得的心，當然是本來就有的妙眞如心。由於當時的阿難與諸大阿羅漢們都把觀行的對象弄錯了，而且也還沒有證得如來藏心體，無法了知如來藏心體的妙眞如性，所以聽不懂 世尊所說的妙理。

在誤會的情況下，把蘊處界的因緣法，看成能出生蘊處界的本住法如來藏自性，當然是無法貫通 世尊所說的妙法。在誤會的情況下，就不免誤以爲王舍城中的拘舍梨外道等人所說自然性的道理，與 世尊所說本然存在的如來藏妙心第一義正理一樣。可是，世尊既然已經廣破王舍城中的自然外道拘舍梨所說的自然性，如今說如來藏妙眞如性不是因緣性，又說蘊處界及七大的功能全都是如來藏的妙眞如性，聽起來又似乎與拘舍梨外道講的自然性一樣，那麼外道講的自然性豈不等於是第一義諦了？阿難尊者等人聽了，當然只有更增迷悶而無法理解。

在還沒有找到如來藏以前，對這個道理總是弄不清楚的；由清末及民初百餘年來的時光裡所見，諸方大師都是弄不懂的；不論名氣多大、修證多高，全都弄不清楚大乘法中這個密意。特別是講解這個密意的《楞嚴經》，文辭太簡潔了，即使字面的意思都不容易讀懂，何況其中的義理呢？更何況此經有時從心體來說，有時又從心體起用而談妙眞如性——佛性，若不是眞正明心又已經眼見佛性的人，根本就讀不懂，所以很多未斷我見的凡夫大師們就斷章取義來用。其實他們也不是故意要斷章取義，只是難免誤會，於是就只從他們讀懂的文字援引出來使用，以爲 世尊的意思就是經中文字表面所說的意思。膽子更大的應成派中觀師們，就跟著日本一小撮批判佛教的學術研究者起鬨，共同批判大乘佛教根本法如來藏，於是就把專講如來藏法義的《楞嚴經》謗成僞經。

那些無根誹謗《楞嚴經》的愚人，連當年阿難還在初果時的智慧都沒有，就敢直接誹謗《楞嚴經》，眞的很膽大；中國地區的繼承人即是呂澂、印順……等一派人，都是如同台灣俗諺所說的「魚蝦不分」的愚癡人。魚，是指如來藏本來不生不滅；蝦，是蘊處界因緣生、因緣滅等因緣法。呂澂、印順……等一派人，只知道四阿含中所說蘊處界因緣生、因緣滅的一小部分法義，根本沒有眞的弄懂阿含諸經，就自以爲懂；然後以應成派中觀六識論的凡夫見解，企圖理解四阿含所說的因緣觀，根本就誤會四阿含諸經中所說的因緣觀了。接著再以他們自以爲是的因緣觀，來衡量及檢驗《楞嚴經》中所說的如來藏妙義，於是就認爲他們全然不懂而極深妙的《楞嚴經》是僞經，就全力否定了。

可是四阿含所說的因緣法，仍然是基於第八識如來藏（阿含中說爲入胎識、住胎識）爲根本前提，來說這個住胎識所生的蘊處界等我是因緣生、因緣滅，所以因緣法仍是以本住法住胎識如來藏爲大前提而說的。然而四阿含中所說的因緣法，全都圍繞在住胎識所生的蘊處界因緣生來講的，不曾說到住胎識是如何常住不壞，又是什麼自性；要等到運轉大乘法輪時才開始宣說住胎識的自性與常住不壞性，於是才有般若諸經以及第三轉法輪時期的唯識諸經繼續宣講出來。然而在宣講這些經典的同時，也得要幫助大眾實證住胎識如來藏的所在，才能有因緣宣講般若及種智唯識增上慧學；否則大家都將聽不懂，講了也是無人能體會的，等於白講了！所以才會有楞嚴法會而講出《楞嚴經》來。

在世俗諦與第一義諦的大前提還沒有弄清楚以前，當然會有疑問，所以阿難尊者提出這個問題，其實也可以說是爲後人預先請問，而由 世尊爲大家說明。但是因爲講得太簡略了，經文也譯得太精簡了，所以大家還是讀不懂，於是就由我來細說，讓大家聽了以後都能明白其中的道理。當大眾都明白了，就知道四阿含所說的因緣法，其實並不違背大乘法中所說的本住法、常住法如來藏妙義，只是粗淺與深廣的差別而已，只是觀行的對象不同而已，只是出離生死與成佛的不同而已。

當時聽經的阿難尊者提出來請問說：以前阿含期說的十八界、五蘊、七大……等法都是因緣生、因緣滅；如今卻說全都非因緣性亦非自然性，都是從如來藏中所生的體性，也都是由如來藏在背後支持才能運作的，所以都是如來藏的妙眞如性。接下來又說如來藏妙淨明心不是因人而得，不是從外而得，也不是因緣所生，更不是自然性；可是剛才 世尊所說的明明是從修行的因緣而證得的，是斷了殺盜婬三緣三因以後才證得如來藏啊！如果這樣還說如來藏不是因緣性，那就應該是自然性了；既然是自然性，那麼王舍城中的拘舍梨外道所說一切法都是自然性，他們所說的自然性當然就是第一義。

這正是當時阿難與其他阿羅漢們心中的疑問，由此可見當時的阿難尊者還沒有證得如來藏。他當時如果已經親證了，一定可以很清楚地理解 世尊所說的道理。因爲親證的人都可以現觀如來藏是本來就在的，是無法被哪一個法所生的，也沒有任何一個法可以毀壞祂。可是祂卻含藏了七識心相應染污的種子，眾生如果能把殺盜婬業的染污斷除了，就能出三界，成爲阿羅漢，可是卻仍然聽不懂 世尊所說「歇即菩提」的正理。由此可見 世尊宣講楞嚴當時，諸大阿羅漢及阿難尊者等人，都還沒有證得如來藏妙眞如性。

【佛告阿難：「即如城中演若達多，狂性因緣若得滅除，則不狂性自然而出；因緣、自然，理窮於是。阿難！演若達多頭本自然，本自其然，無然非自，何因緣故怖頭狂走？若自然頭因緣故狂，何不自然因緣故失？本頭不失，狂怖妄出；曾無變易，何藉因緣？本狂自然，本有狂怖；未狂之際，狂何所潛？不狂自然，頭本無妄，何爲狂走？若悟本頭，識知狂走；因緣自然，俱爲戲論。是故我言三緣斷故，即菩提心；菩提心生，生滅心滅；此但生滅，滅生俱盡、無功用道；若有自然，如是則明自然心生；生滅心滅，此亦生滅。無生滅者，名爲自然；猶如世間諸相雜和成一體者，名和合性；非和合者，稱本然性；本然非然，和合非合；合然俱離，離合俱非，此句方名無戲論法。菩提涅槃尚在遙遠，非汝歷劫辛勤修證，雖復憶持十方如來十二部經清淨妙理如恒河沙，只益戲論。汝雖談說因緣自然決定明了，人間稱汝多聞第一，以此積劫多聞熏習，不能免離摩登伽難；何因待我佛頂神咒、摩登伽心婬火頓歇得阿那含？於我法中成精進林、愛河乾枯令汝解脫？是故阿難！汝雖歷劫憶持如來祕密妙嚴，不如一日修無漏業，遠離世間憎愛二苦；如摩登伽宿為婬女，由神咒力鎖其愛欲，法中今名性比丘尼；與羅睺羅母耶輸陀羅同悟宿因，知歷世因貪愛為苦，一念熏修無漏善故，或得出纏，或蒙授記；如何自欺，尚留觀聽？」】

講記：佛陀對阿難等人開示說：「就像是王舍城中的瘋子演若達多，他的虛狂性因緣如果能夠滅除掉，那麼不狂性自然而然就出現了；所謂因緣法跟自然法的道理，到這裡就已經窮盡而究竟了。」「窮」就是究竟，是說因緣法及自然法的道理，全部只到這裡為止，不能超出其外。世尊又繼續開示說：「演若達多的頭與面目是本來就自然存在的，本來就依著他自己所應該有的頭臉而有，不可能有什麼理由不生長在他自己的身上，那麼演若達多又為了什麼緣故而恐怖自己沒有頭及面目，發狂地四處亂走呢？假使可以自然性而不是有什麼因緣，就自然地因為鏡中的頭而發狂起來，為什麼卻不會無因無緣而自然地因為鏡中的頭失去他的狂性呢？然而事實上演若達多本來的頭與面目並不曾失去，他的瘋狂與恐怖卻虛妄地出生了！既然他身上的頭與面目是從來都不曾有變化或改換，那麼演若達多的狂性又何必藉著外法的因緣才能出生呢？若是因此就反過來主張說：『演若達多的瘋狂是自然而有的。』那麼他心中本來就有的瘋狂與恐怖，在還沒有發瘋生狂以前，他的瘋狂又是潛藏在什麼處所中呢？若因此而說：『不狂才是自然性，瘋狂並不是自然性。』然而，演若達多身上的頭與面目本來就不曾虛妄地失去，那麼他又是為了什麼緣故而四處狂走呢？演若達多如果能夠悟得自己的頭與面目是本來就存在的，他就不必發狂地四處去尋找了；這時他就會認識到頭與面目的存在或消失等事相，其實全都是沒有意義的認知，那時，不論是誰主張說：『頭與面目是因緣生的。』或者還有別人主張說：『頭與面目是自然而有的。』對他而言，已經全都是戲論了！」因為演若達多已經發覺自己的頭與面目是本來就在的，不必再藉任何因緣來出生自己的頭與面目，也不必依靠自然性來突然出生自己的頭與面目了，這樣一來，他的狂性就再也沒有因緣出生了。

「即如城中演若達多，狂性因緣若得滅除，則不狂性自然而出；因緣、自然，理窮於是。」由於對於法界實相的不知，產生了虛妄想，所以心中作出種種想像與施設，所以這個「不知」即是狂性的由來；而狂性的滅除，必須經由實證法界的實相而生起智慧，所以狂性是不會自然滅的，在證悟前將會一直存在。為什麼狂性不會自然滅呢？如果有任何一法可以自然滅，那麼大家全都不用學佛了，因為不論是如何的修證，終有一天都會自然滅，所學智慧全都會自然消失而無作用了。如果狂性可以自然滅，那麼終有一天也會使生死煩惱及無始無明全都自然滅盡，那時可就自然成佛啦！那眞是好極了！那麼大家明天起都可以開始遊山玩水去了，何必這麼辛苦學佛呢？可是先別高興太早，因爲這樣的成佛，將來還會自然滅，使得佛地所有功德突然就自然消失，又成爲凡夫了。假使無明被滅除了，不狂性智慧也就自然而然地出生了，而滅除無明卻必須藉修學佛法爲因緣，三界萬法的因緣與自然的道理，不論如何推究窮盡其理，也都不會超出這個範圍的。

「阿難！演若達多頭本自然，本自其然，無然非自，何因緣故怖頭狂走？」所以，一定是因爲各人無始本有的如來藏本然已在，眾生卻對自己本有的無始如來藏都無所知，如同演若達多一般誤以爲自己的頭與面目失去了、或不存在了，才會自然出生了無始虛妄想，想像各種不同的理由來施設自己的本來面目，就以爲全都是因緣生；然後收集了各類的無明與善惡業種及無記種，才會因爲這些因緣而有自然而然產生的因緣觀的演變。推究到最後，自然與因緣其實都是依如來藏心而有的，不能外於如來藏而有自然性和因緣性。演若達多喻如無明未悟的眾生，演若達多的頭與面目，喻如無明眾生本有的如來藏——佛門參禪人所說的本來面目。

每一個人的本來面目都是自然而有，從來都不是因緣生的；若是因緣生的法即是所生法，凡是所生法就不可能出生萬法。譬如南傳佛法或印順學派的法師們常說：蘊處界緣起性空，緣起性空就是萬法的根源。然而，蘊處界既然是緣起故無常，無常故性空；這個緣起性空只是在顯示蘊處界的緣起性與無常性，那麼緣起性空這個法顯然是依附蘊處界而有的，當然與蘊處界一樣是生滅法，怎能說是萬法的根源？若是萬法的根源，當然是應該能夠出生蘊處界的法性，然而緣起性空這個法只是顯示蘊處界的緣起與性空，是依附蘊處界而存在的，怎能回頭又來出生蘊處界？豈不是如同演若達多一般地顛倒？

所以，演若達多的面目其實是本然存在的，不該因爲聽人說（喻如照鏡）自己也有本來面目，然後由於遍尋不見，就以爲自己失去了本來面目而發狂起來。事實上，演若達多（一切參禪人）的頭（本來面目）全都是本來就自然存在的，也是本來就自己那樣自然地存在著，繼續出生萬法而攝受萬法，沒有哪一種法的自然性不是自己的本來面目。這正是法界中的眞相，可是所有無明眾生與佛門中參禪悟錯的人，全都不知道這個事實。演若達多究竟是由於什麼因緣，竟然這樣恐怖失去自己的本來面目而四處狂走呢？富樓那與阿難等人剛剛迴心大乘法中，這時還未悟入佛菩提道，聽聞 佛說各人都有本來面目時，就如同演若達多照鏡而知道鏡中人有面目，反觀自己時卻沒看見自己的本來面目，誤以爲自己沒有本來面目；參禪人也是如同當時的富樓那與阿難一般，找不到自己的本來面目，所以迷悶起來，心中如同演若達多一般。然而各人的本來面目其實都是本然而在「**本自其然**」，而且沒有一法不是自己的本來面目——**無然非自**，何必失心發狂而四處奔走呢？因此 世尊反問說：「**何因緣故怖頭狂走？**」

「**若自然頭因緣故狂，何不自然因緣故失？本頭不失，狂怖妄出；曾無變易，何藉因緣？**」所以，演若達多的狂性是由於不知本來面目確實存在，誤以爲自己的本來面目失去了，或者誤認爲自己沒有頭與面目，因此而發起狂性，不是由於自然就在的頭與本來面目而發起狂性，更不是無緣無故而自然發起狂性的。假使有人不信這個道理，堅持是因爲有本來面目（自然有如來藏）才會自然發起狂性（才會有三界煩惱）；那麼，狂性既然能夠無因無緣而自然發起，當然狂性也應該可以自然消滅；所以若是有人主張狂性是因自然存在的本來面目而產生的，他就得接受「**狂性也會因爲自然存在的本來面目而自然消失**」的說法。然而事實上不可能如此，所以 世尊提出質疑說：「**何**

不自然因緣故失？」因此，事實上是本來面目仍然存在不失，而演若達多（無明眾生）的狂性，是不如理作意的虛妄想所出生的；若是想要滅除狂性，只要找到自己本來就在的頭與面目，狂性自然就消失了，又何必要藉各種精勤痛苦修行的因緣來滅除狂性呢？而演若達多等無明眾生的本來面目如來藏妙眞如性，卻是從來都沒有變易，一直恆住不變地存在著，也不必藉因緣來出生或存在。

「本狂自然，本有狂怖；未狂之際，狂何所潛？」狂性的存在，說穿了只是不知道自己本來面目究竟何在，胡思亂想而產生了種種虛妄的想像，所以四處狂走而方便說爲心狂，其實本就沒狂性可說；就如同演若達多還沒有照鏡子以前，根本不可能思惟自己的本來面目何在，又如何會發起狂性呢？參禪人也是一樣，如果不曾聽說自己也有本來面目，又怎麼會遍找不著而使心中生起迷悶呢？所以，假使有人主張說：「本來就有狂性存在，這個狂性是自然存在的。」那麼我們就要請教他：「在還沒有發狂的時候，那個狂性又潛藏在哪裡呢？」他一定會遍尋不著，因爲狂性的發起，只是由於不知道本來面目何在而發起的，狂性不是本來就存在的眞實法；所以當參禪人突然一念相應而悟得本來面目的所在時，狂性就頓時歇息了！當這個狂性頓歇的時候，正是佛菩提的實證，所以世尊說「歇即菩提」。

「不狂自然，頭本無妄，何爲狂走？」但在事實上，狂性的發起並不是自然而然發起的，都是因爲聽說人人各有本來面目常住不壞，遍尋不到時才會發狂，這個發狂就是禪宗祖師說的「悟前如喪考妣」。一定要找到自己的本來面目了，才能使這個狂性頓歇，因此不該說：「狂性是自然存在的，不狂性也是自然存在的。」如果有人不明事理，硬要這樣子主張，那麼世尊就提出反問說：「既然不狂性也是自然存在的，可是本來面目（頭）本來就一直存在著，本來就不曾虛妄地消失，那演若達多以前不曾發狂，爲何照鏡之後就狂走而到處找頭？」所以，狂性都是由於妄想而產生的，妄想則是由住在頭腦中的覺知心中生起的，所以一定是潛在他的頭裡面嘛！可是因爲「頭不自見己頭」的關係，於是沒有智慧而不知道要藉鏡子因緣才能看得見自己的頭，因此才想要在鏡子以外來看見自己的頭與面目，由於這個虛妄想而產生了狂性，四處狂走想要直接看見自己的頭與面目。然而，正當發起狂性時，其實是由於自己不明眞相，與自己本來就在的頭與面目無關——「頭本無妄」，那又是什麼原因而使得演若達多看不見自己的頭與面目而四處狂走呢？

「若悟本頭，識知狂走；因緣自然，俱為戲論。」所以，如果有人智慧聰明，在善知識指導下，悟得自己本有的頭（本來面目），當然就會識知自己以前四處狂走尋覓自己的本來面目，全都是由於無明所導致的；而在悟知自己的本來面目以前，以及悟知本來面目以後，自己的頭與本來面目從來都沒有改變，如今悟後也仍然沒有改變，仍然是好好地存在著，永遠不會有所改變。這時就知道，所謂因緣與自然，全都是戲論之說法。因為因緣法其實是依本來面目如來藏的實存不滅，以及祂的能生萬法而說有因緣法的；所謂的自然，也是因為如來藏自然就有出生及支援蘊處界萬法的功能，所以蘊處界萬法自然而然就能繼續運作，根本就沒有外於如來藏的各種自然性。這時已經成真悟的菩薩了，再來反觀因緣與自然時，當然已經分明看見因緣與自然二法，全都是戲論。

佛菩提道的修行也是一樣的道理，究竟地說，世間、出世間、世出世間一切法，全部都是由如來藏所含藏的種子生出來的（種子就是功能差別）；世間法的因緣生、因緣滅，其實都是如來藏的妙眞如性；世間法的自然功能性，其實也都是如來藏的妙眞如性；若沒有如來藏的妙眞如性，蘊處界根本不可能運作，何況能有因緣與自然可說呢？成為證悟的菩薩以後，親自現觀這個事實了，這時自然會知道：狂性發起而導致四處狂走的事情，若有人主張狂性是因緣生，或者有人另外主張狂性是自然性，其實全都是戲論；根本原因則是由於不知本來面目的實相，所以產生了虛妄想而四處狂走——到處逛道場、尋師訪道，心中始終不能安寧。這時也因爲知道本來面目的實相而滅除了無明，所以狂性就自然消失掉了；但是狂性的消失卻是要藉修習佛法的因緣來滅除的，卻仍然是依如來藏妙眞如性（本來面目）的實證而消失的。而本來面目（頭）卻是仍然本有、未曾失去。

「是故我言三緣斷故，即菩提心；菩提心生，生滅心滅；此但生滅，滅生俱盡、無功用道；若有自然，如是則明自然心生；生滅心滅，此亦生滅。無生滅者，名爲自然；猶如世間諸相雜和成一體者，名和合性；非和合者，稱本然性；本然非然，和合非合；合然俱離，離合俱非，此句方名無戲論法。菩提涅槃尚在遙遠，非汝歷劫辛勤修證，雖復憶持十方如來十二部經清淨妙理如恒河沙，只益戲論。」「由於這個緣故，我釋迦牟尼說：造作三界有的心就緣性已經斷除的緣故，那時不再有虛妄想了，那個剩下來的非蘊處界的心就是眞實菩提心。當你的眞實菩提心生起的時候，已經確定如來藏妙眞如性的所在了，於是以前錯將識蘊生滅心誤認爲常住不壞心的邪見，也就跟著消滅了。這只是生滅心消滅了，是將生滅心『滅掉了再生的因緣』，乃至將『滅掉再生的滅掉之想』也都滅盡了，成爲已無功用的解脫之道；如果這時覺得有自然心如來藏存在著，那就可以明白自己還有一個『自然心生起』的現象存在著；這時候應當知道，這種認知仍然是屬於生滅心（覺知心）中所知的事情；當這個生滅性的覺知心將來捨報而消滅的時候，這種認知也就跟著成爲生滅法了。沒有生滅性的心，名爲自然心；猶如世間各種法相夾雜和合成爲一個個體的物品，名爲和合性；世間若有事物不是和合性的，就稱爲本然性；然而心中生起了本然性的認知時，這個本然已經不是本然了；當心中了知和合性的時候，這個和合已經不是和合本身了，而是屬於覺知心中的想法了；應該要遠離和合與本然兩個想法，而且，與這兩個想法相合或遠離的認知，也都是錯誤的；我釋迦牟尼所講的這一句，才可以名爲無戲論法（因爲如來藏心自住境界中並沒有這些了知、想法與認知）。我看你阿難想要成就佛地菩提涅槃的智慧境界，其實還是很遙遠的，不是你歷劫辛勤修證到今天就能達到的；雖然你多劫以來都能夠憶持十方如來十二部經的清淨妙理，數量猶如恆河沙那麼多，卻都只是增益了你的戲論，對你在佛法中的實修並無幫助。」整段敘述了佛的開示以後，我們再一句一句來解釋其中的道理。

「是故我言三緣斷故，即菩提心；」由於殺盜淫三個惡緣已經斷除的緣故，不再認定能與這三個惡緣相應的識陰覺知心爲眞實常住的自我了，只剩下那個如來藏妙心可以認取了，再也沒有別的眞實心、常住心可以被我們認取了，這當然就是眞菩提心了。

「菩提心生，生滅心滅；此但生滅，滅生俱盡、無功用道；」當這個眞菩提心「出生」的時候，不論如何的檢驗與觀察，都找不出這個眞菩提心是會滅的，也無法現觀或推知這個眞菩提心是何時出生的，也無法找到能夠出生祂的另一個心。無始劫以來都不知道自己本有這個眞實菩提心，現在終於找到了，就說自己的眞菩提心出生了；當這個眞菩提心出生了以後，以前錯將識陰覺知心認爲常住自我的見解，也就跟著消滅了；當這個錯認覺知心爲常住不壞自我的見解消滅的時候，就說你的生滅心已經消滅了。然而，這種智慧境界也只是生滅性的覺知心中的法相，這種智慧仍然是生滅法；當生滅心在死後滅掉而不再受生時，這一世的生滅心中的這個智慧也就跟著永遠消滅了，所以不該對這個智慧有所執著。還要進一步把覺知心中的這個智慧也滅掉——不再常常抱著這個智慧，洋洋自得。應該把這個智慧也放下，都不執著，住於無所貪緣的解脫境界中，使自己的覺知心在世間運行時，成爲不會再成就世間輪迴的法道。

這也就是說，當你找到菩提心的時候，當場就把生滅心完全否定了，從此以後不會再認定生滅心作菩提心了，這才是不會退轉於佛菩提的人。可是諸位去看看藏傳佛教的那一些密續，不管是哪一派所寫出來的發菩提心文，所說的證菩提心，全都是意識心，全都落入生滅心中。生滅心怎麼可以叫作菩提心呢！如今台灣的大法師們，大陸的八大修行人，所謂開悟後親證的菩提心，也全部都是意識心。但意識心永遠都是生滅心，根本就不是菩提心。且不談死，光說晚上睡覺就好了，一睡著眠熟了，意識就斷滅了，這時他們所謂的眞菩提心、眞如心的離念靈知，又到哪裡去了呢？他們有誰能夠公開講出來呢？有誰能夠證實那個意識離念靈知心是不會中斷的常住心呢？如果開悟是證得這個意識心，而向大眾說：「**我時時刻刻都能夠作主，所以我死後就能夠作主。**」然而他們眠熟時就已經作不了主，乃至睡夢中自己分明存在時也都作不了主，那麼死亡以後還能作得了什麼主？才只是睡覺時在夢中就作不了主了，何況正死位中意識覺知心已經間斷而不在了，他們還能作什麼主？所以那些所謂的大修行人、大師們，全都是說大話籠罩學人。

這就是說，當代所有大法師們都不瞭解眞正的菩提心；因此就誤以爲只要覺知心中沒有語言妄想生滅，那就是生滅心斷了。這樣認定爲禪宗的開悟，跟我們的認定眞是相差十萬八千里，也都與中國禪宗祖師們眞正的開悟內容不同。我們所證的是無始劫以來本就是菩提心，不是把生滅性的覺知心修行再轉變成菩提心；如果有生有滅的意識覺知心修行以後可以轉變成菩提心，那麼這個「菩提心」當然是修來的，是緣生法而不是本住法。本非菩提心而現在出生成爲菩提心，本無今有，就是有生之法嘛！有生之法必定有滅，有生有滅怎麼可以叫作菩提心？而且是在他們修成菩提心以後仍然會夜夜斷滅的生滅心，以這樣夜夜生滅的離念靈知作爲眞菩提心，那他們的菩提心可就是有爲法囉！

這是很簡單的道理，可是當代所有大法師們爲什麼一個個都弄不懂呢？我們在不同的書中也把這個道理寫了好幾年，也流通好幾年了，他們卻還要繼續堅持有生有滅的意識心爲菩提心，堅持說覺知心修行離念了就變成菩提心。其實，如果打開天窗說亮話：**大法師們是爲什麼要這樣錯誤地繼續堅持下去呢？都因爲還沒有證得如來藏。**（有人答話，聽不清楚）對啦！正因爲沒有證得如來藏，所以不得不繼續堅持下去啊！如果有一天他們之中有誰找到如來藏了，就不會再繼續堅持了！這就是老實話。可是佛教界的學人們，有多少人能瞭解這個眞相呢？

因此，所謂「菩提心生」是有沒有生呢？當然沒有生。只是因爲第一次找到了，假名爲「生」。再套用般若經中的方程式說：**所謂菩提心生，即非菩提心生，是名菩提心生**。這就是般若經中的公式啦！好像一個化學方程式一樣，你只要把它帶進去就一定對。那麼「**菩提心生**」以後，生滅心就滅了，然而「**生滅心滅**」是有滅嗎？還是存在啊！覺知心還是繼續在運作，只是不承認覺知心爲眞實我、常住我，不再執著自己這個覺知心是眞心啊！同樣的方程式：「**所謂生滅心滅，即非生滅心滅，是名生滅心滅，如是名爲第一義諦**。」你這一講出去，人家說：「**某某師兄、某某師姊！您現在這麼有智慧**。」其實這只是親證的智慧，不是編來籠罩別人的啊！

當你證得這個道理，「**菩提心生，生滅心滅**」之後，現觀無餘涅槃的取證以後，就說這個是現觀生滅法實質以後所產生的「**滅生俱盡**」；從此以後住於「**無功用道**」的心境中。當你菩提心生了，生滅心滅了，不再以有生之法作爲眞實法，這時還只是用「**滅**」的方法來把「**生**」給滅了！滅了以後，「**滅**」也不在，「**生**」也不在，「**滅生俱盡**」，從此以後對世間法的所作所爲全都是無記性的行爲，都不會再產生三業諸緣而導致輪迴了，以後一切修行主要是在佛菩提道上，已經對解脫道無所增益了，所以成爲「無功用道」；對妄心的存在，以及妄心對諸法的認知，也全都放下而無所執著了。

成爲無功用道以後，剩下的就只是由如來藏直接去運作啦！這時住於清淨性、涅槃性、自在性、本來性之中，就這樣依止如來藏單獨存在的智慧境界去運作，就不再以意識覺知心在世間法上面生起虛妄想與貪著，或者生起厭惡世間法的心，這叫作轉依；這是將覺知心轉依如來藏的本來自性清淨涅槃，這時對於解脫道已經不必再用功了，就是「滅生俱盡、無功用道」。這時若還繼續進修解脫道，對自己的解脫會有什麼功用呢？已經都不會再增益自己的解脫道修持了，解脫之道窮盡於此，再也沒有可以進修的了。如果能夠這樣子如實轉依，捨報時就是慧解脫阿羅漢入無餘涅槃。雖然我們身爲菩薩，永遠都不入無餘涅槃，但是這個證境還是要有實證啊！有了這個證境，然後再發起受生願，後世繼續來入胎出生，爲佛法、爲眾生努力勤行菩薩行，所以接下來對於解脫道的細相加以了知等等行門，全都只是爲了方便救護眾生實修解脫道，對自己的解脫境界其實是全無增益的，這就是「無功用道」。

「**若有自然，如是則明自然心生；生滅心滅，此亦生滅。**」如果菩薩心中現觀如來藏是本有而不是所生法，是無始以來就自然存在著，從來沒有出生過，當然也可以說如來藏心是自然性。如來藏心自然而然就有各種功能性，只要因緣具足了就能夠自然地出生萬法，而各種因緣也還是從如來藏心中出生的。從這裡就可以明白，所謂的因緣與自然，其實還是從如來藏心而生。當你證得如來藏時，就知道因緣性與自然性全都是從如來藏心而生；然而這個「**從如來藏自然出生萬法**」的這個自然性的智慧出生時，自然就可以現前觀察到「**自然心生**」的智慧生起了；而這個智慧仍然屬於生滅性的覺知心所擁有的，當這個擁有「**自然心生**」智慧的「**生滅心滅**」的時候，也就是覺知心入涅槃而永滅以後，「**此亦生滅**」——這個「**自然心生的智慧**」也就跟著覺知心永滅而一起出生之後又跟著壞滅了。

「無生滅者，名爲自然；猶如世間諸相雜和成一體者，名和合性；非和合者，稱本然性；本然非然，和合非合；合然俱離，離合俱非，此句方名無戲論法。」這時已經很清楚地觀察確定：意識覺知心是生滅心，是虛妄的，於是「**生滅心就滅了**」，不再錯認生滅心爲常住心。但是滅了「**生滅心是常住心**」的虛妄想而出生的智慧，也是生滅法；把生滅心否定，不再承認意識覺知心是眞實心以後，剩下來的會是什麼呢？當然是「**無生滅者**」。前面我們也講過：**凡是生滅心都不可能出生諸法，只有不生不滅心才能出生諸法。**

當我們確定離念靈知意識心是生滅心，因爲夜夜斷滅，所以是被生的法；既是被生的法，又不是由上帝、造物主來出生覺知心（因爲上帝也是覺知心，一樣是被生的），那麼當然是還有一個在證悟以前所不知的心，來出生夜夜斷滅的上帝覺知心。當我們否定了生滅性的覺知心以後，去詳實觀察，就會發現剩下來的唯一的心，當然就是自然存在的不生滅心了，當然只有這個心才能稱爲自然。

若能眞的把前六識都否定了，甚至連意根也否定了，因爲當時在楞嚴法會上聞法的阿羅漢們，已經現前觀察六識心的虛妄，也觀察到意根一樣是可滅的，當時就只剩下一個沒有生滅性的心，那個心當然就叫作自然嘛！因爲祂是本然存在、法爾而有的心，無始劫以來本然存在，不曾有生，當然是自然。所以自然是從哪裡來的？自然還是依如來藏而立名的，是從如來藏妙眞如性來建立自然名詞，因爲祂自然而然就能出生諸法。如來藏本來就有，是自然存在的心，不是由誰創造的；包括一神教的上帝耶和華或阿拉，他們的如來藏也都是自然而有，不是他們自己創造。所謂造物主天神，只是人類的想像與虛構，因爲一神教的天神上帝仍然是五陰，仍然是所生法，怎有能力造物？何況能造有情的五陰身心？他們自己都還在欲界中輪迴，都還無法超出欲界境界呢，連聲聞初果人斷我見的解脫智慧都還沒有，又怎能創造世界與有情？當然只是人類創造出來的神話。

而上帝或阿拉的五陰，其實也都是由他們自己的如來藏所創造出來的；若離開了如來藏，上帝與阿拉也不免要立刻死亡再去受生。如果有智慧，能把生滅性的一切法都排除掉，想要找到如來藏就比較容易了。我們在禪三精進共修時就是這樣啊！當你把各類生滅心都否定掉，剩下那最後一個心，你說再也找不到別的心了，這個當然就是自然啊！你們有沒有覺得祂果然很自然啊！（大家笑⋯⋯）祂果然是很自然，所以說，「無生滅者，名為自然」。如來藏是本來自性清淨涅槃，是無始劫以前就自然這樣的，也是萬法的第一因，所以是自然性；因此說，世間人所謂的自然，其實自然背後的眞相就是如來藏的妙眞如性。

就好像世間種種物性法相，若是以種種物或法相離和起來成為一個物相或法相，我們就說這個物或法是和合性。如果不是和合而有，是本來就這樣的，是不曾有生，也是不可能被生的，是本然就存在而且本來就擁有各種功德，就稱祂為本然性。可是這個本然，只是從表相上面來說；事實上不該單從文字來理解，就說世間有什麼法是本然性的；其實世間一切被視為本然性的法，本來都不是自然。而世間一切和合而有的法性，也都不是單純的和合性，因爲世間諸法的本然性仍然是從如來藏而說的，所謂的和合性也是因爲如來藏的妙眞如性在運作而有和合，不是外於如來藏而能自己和合起來的。

譬如色身，你可以觀察自己的色身，有哪一個部分是你覺知心能和合出來的？都沒有辦法呀！你們有沒有一天到晚在觀想自己如何使頭髮增長出來？有沒有每天吃過飯以後去觀想，如何把食物分解及吸收營養？都沒有嘛！所以說，五蘊身心的和合而存在，這個和合並不是眞正的和合，而是由如來藏來和合運作才能成就五蘊身心的，所以蘊處界的和合仍然是依如來藏而說有和合的。如來藏的妙眞如性不斷地運作，上帝與阿拉都不知道，世間各教的教主們也都不知道，就說是造物主的神蹟，或說是自然性；其實所謂的神蹟或自然性，本來就是如來藏妙眞如性運作以後顯示出來的自然性嘛！

一般人總是認爲頭髮自己會生長，所以是自然性。如果頭髮眞的自己會生長，與如來藏妙眞如性無關，那麼就應該死人全都會繼續生長頭髮，爲什麼卻不會生長？所以說自然其實不是自然，和合也不是和合，都是因爲如來藏的妙眞如性在暗中運作著，才能夠有自然與和合的現象出現與存在啊！那麼當你證得如來藏以後，知道世人所謂的本然其實不是外於如來藏而有本來自然；所謂的自然其實並不是本然——本來自然，而是如來藏的妙眞如性。本來自然的道理是如此，和合的道理也一樣不是和合，而是如來藏的妙眞如性。

這兩個眞理都知道了以後，再來檢討：我知道了這個眞相，所以產生了法界實相的智慧，也就是有了實相般若；但我這個所知所見，我這個智慧又是從哪裡來的？還是從自己的八識心王和合運作而出現的，主要是在覺知心意識心中有了這個智慧，是附屬於意識覺知心；若是從如來藏的自住境界中來看的時候，這智慧其實也是假有的。這樣看清楚了以後，對於和合與自然的實相智慧也就不必執著了，於是「合然俱離、離合俱非」，這樣的智慧才是「無戲論法」。如果不是這樣，就不是無戲論法；因爲不能如此現觀的人，一定永遠只能談到世俗法蘊處界的無常性空，永遠說不到第一義的眞正道理，所說都叫作言不及義。也就是說，他們所說的所有佛法義理，都講不到第一義的眞諦。

「菩提涅槃尚在遙遠，非汝歷劫辛勤修證，雖復憶持十方如來十二部經清淨妙理如恒河沙，只益戲論。」還沒有親證第一義諦的人，永遠都到不了眞實義的智慧中；必須親證如來藏的妙眞如性以後，能現前觀察「本然非然，和合非合」，然後再「合然俱離」，也就是「非然非合」以後，連心中有個「非然非合」存在都是錯誤的，因爲如來藏的妙眞如性中從來都沒有無明與明，所以究竟轉依的人就是依如來藏而本然安住，成爲無智亦無得，這樣才叫作「無戲論法」。從這些道理來看當時的阿難與富樓那等人，連如來藏心體的所在都未證得，何況是證得以後的轉依呢！所以 世尊說：「佛地菩提與涅槃的實證，你阿難的距離仍然還很遙遠啊！」

佛法的實證包含兩個部分，第一是佛菩提，第二是涅槃解脫。若是從實相來說，其實仍然只是一個佛菩提，而涅槃只是佛菩提（佛地覺悟智慧）的副產品。但是因爲這時的阿難尊者還沒有悟得如來藏，不知道如來藏的妙眞如性，於佛菩提道來說，這時的阿難尊者根本就還沒有入門，所以 佛說：「佛菩提道與涅槃的修證，你阿難如今仍然是處於還很遙遠的地步，這不是你阿難經歷很多劫辛勤修證以來之所能得；雖然能夠記憶受持十方如來的十二部經中所說如恆河沙那麼多的清淨妙理，而你一直都不從事於實證，這樣憶持下來以後只是增加戲論而已。」

換句話說，即使能夠把十二部經倒背如流，也能爲人宣講，都只是戲論。所以，並不是一天到晚課誦就算是學佛修行，經典並不是單單要讓人拿來課誦的，而是要經由課誦來瞭解其中的道理，經典中的道理則是要讓人一一親證的；等到親證了以後，再根據經典所說的更深內涵去發起一切種智。經典的存在目的是這樣的，不是要供在經櫥中讓人家禮拜的。經櫥中是死的經典，活的經典在你們自己身上，要把活經典加以實證以後，再與文字經典中的至教作比對及進修。每一個人都揹著一部活的《大藏經》，卻來告訴我說「不知道」。學佛人總是這樣，等到找到了活經典以後才說：「哎呀！原來《大藏經》中說的都是我心中的東西。」才知道自己每天揹著三藏十二部經到處跑。

這意思就是說，若是眞正的親證了，不但菩提與涅槃無二，而且菩提與煩惱也無二。六祖施設三十六對，一般人都只會看到文字表相；你要是眞正懂了，隨便拿出一對，不必記得三十六對，只要一對就可以走遍天下。如果你是個念佛人，人家問你：「如何是祖師西來意？」你就：「阿彌陀佛！」又有別人問：「如何是佛法大意？」你還是答：「阿彌陀佛！」全部都對。還沒有證悟的人聽著覺得奇怪，就說：「奇怪！我有時問他『佛法大意』，有時是問他『如何是祖師西來意』，或者問『如何是眞如』，他都跟我答『阿彌陀佛』，也不開示一下，他到底悟在何處？」譬如人家去問廣欽老和尚：「佛法是什麼？」「念佛！」就只叫人念佛，因爲念佛之中就有佛法大意啊！而且聽到他一句「念佛」時就該悟了。可是如果還沒有悟，不論再怎麼聽，都聽不懂他意在何處？

那你如果是標準的禪和子，眞正在禪宗裡悟出來，是被人家痛棒打出來的，如果有人問你：「如何是佛法大意？」你就一棒打過去，再也沒別的事了；不管別人問什麼，都只是一棒。所以當禪師最輕鬆，不必像我這樣啊！古時候禪師度了人，只要破參了，就讓他出去開山度眾了。就這樣子啊！哪裡像我這樣子，在禪三裡破參後，我還要再幫你們整理，弄得口乾舌燥、腿瘦腳痛、腰瘦背痛，古時候禪師沒有這樣子辛苦的。不但如此，我還要講經、寫書論義，並且還有悟後增上的課程。古時候的禪師可是沒有人願意這樣子辛苦的。

所以，你們如果眞的親證佛菩提了，悟後繼續進修而發起種智了，就會發現原來菩提就是涅槃，涅槃就是菩提；原來涅槃就是如來藏，如來藏就是菩提，如來藏就是三藏十二部經。到這個地步時，你怎麼解說，全都通達而且互通，沒有一法不通。如果沒有種智，只有般若的總相智慧，這部分就不能通，就被侷限在禪宗公案中，那就必須悟後再精進、修學，所以佛菩提道的勝妙絕對不是不迴心的阿羅漢們所能了知的。你們有的人明心回來以後，往往會覺得：「明心就只有這樣子，好像沒有什麼。」千萬別這樣子想，事實上，不迴心的阿羅漢們是怎麼猜都猜不透的。他們作夢都想不通的，別說白天思惟想像，連作夢時都想不通的。所以菩提的勝妙就在這裡，諸位千萬要珍惜啊！

「汝雖談說因緣自然決定明了，人間稱汝多聞第一，以此積劫多聞熏習，不能免離摩登伽難；何因待我佛頂神咒、摩登伽心婬火頓歇得阿那含？於我法中成精進林、愛河乾枯令汝解脫？是故阿難！汝雖歷劫憶持如來祕密妙嚴，不如一日修無漏業，遠離世間憎愛二苦；如摩登伽宿爲婬女，由神咒力鎖其愛欲，法中今名性比丘尼；與羅睺羅母耶輸陀羅同悟宿因，知歷世因貪愛爲苦，一念熏修無漏善故，或得出纏，或蒙授記；如何自欺，尚留觀聽？」

「你阿難剛才雖然說自己對於因緣與自然，已經心得決定而且明了無礙，人間一切人也都宣稱你是多聞第一；然而你這樣累積了許多劫的多聞與熏習而到了這一世，卻仍然不能免離摩登伽婬女的災難。假使你這樣多劫累積的熏習與多聞是有功力的，又是什麼原因而必須等待我的佛頂神咒救護才能免於破戒呢？又何須等待我的佛頂神咒才能使摩登伽婬女心中的婬火頓時停歇而證得阿那含果？才能在我釋迦牟尼的佛法中成就精進林的功德，而使得愛河之流頓時乾枯，才能使你阿難解脫這個災難？由於這個緣故，阿難！你雖然經歷過很多劫親近諸佛而憶持了如來的祕密微妙莊嚴法句，反而不如以一日的時間勤修無漏業，遠離世間厭憎與貪愛等兩種痛苦。譬如摩登伽多世以來身為婬女，由於神咒威力鎖住了她的愛欲，在我釋迦牟尼的微妙法中，如今名為本性比丘尼，與羅睺羅的母親耶輸陀羅同樣悟得往世情愛的宿因，同樣已經知道多世以來由於互相貪愛所以成就了今世的痛苦；如今因為一念淨心熏習修學無漏善法而加以實證的緣故，她們或者已經出離三界生死的纏縛，或者如同耶輸陀羅已經被授記將來成佛；而你阿難為什麼還要自己欺瞞地裝作不知，如今還停留在所見所聞的語言文字之中？」

「汝雖談說因緣自然決定明了，人間稱汝多聞第一，以此積劫多聞熏習，不能免離摩登伽難；」佛陀的意思很清楚：阿難雖然能夠為大眾廣說所聞諸法，並且也向 世尊宣稱自己確實已經了知因緣法及自然性，決定無有疑惑；並且阿難尊者是世人所知多聞第一的聖弟子。然而多聞第一，畢竟只是聞慧，不是思慧、修慧，更不是證慧，所以就沒有功德受用；縱使多劫以來追隨諸佛多聞憶持佛法，終究沒有實證而無法免於摩登伽女的婬心愛染。

這當然也有背後的原因，是因為阿難尊者很多劫以來，都是發願要憶持如來的秘密妙嚴法義，所以多劫以來凡是有佛在人間示現時，他都去憶持諸佛所說過的一切經義。所以阿難尊者這一世對十二部經，記憶非常清楚；而且聽聞 佛說法，他也是聽得最多，因此人們都說他是多聞第一。佛的聲聞法中十大弟子各有第一，譬如目犍連是神通第一、富樓那是說法第一、須菩提是解空第一、優波離是持戒第一、迦旃延是解經第一等等，阿難尊者則是多聞第一。然而多聞第一終究免不掉摩登伽女的婬心所加。

當然，摩登伽女會強請善於咒術的母親對阿難橫加婬術，並不是沒有原因的，仍然是往昔多劫的夫妻愛情所致。摩登伽女今生其實不是賣婬的女人，也不是見了任何男人就會貪淫的女人；她家是專門以咒術為人辦事，來獲得生活所需的物資，一般而言是不被上流社會所恭敬的；而摩登伽女也不會對一般男人做這種事情，卻專對阿難尊者做出這種事情。每當阿難尊者入城托缽乞食的時候，她就故意在阿難即將托缽的人家門前擋住，不讓阿難乞食成功，想要把阿難帶回家供養，才能再續前緣。可是阿難都不願意，當阿難轉往下一家乞食時，摩登伽就跟著去下一家擋在門前，不讓阿難托缽。

後來有一天阿難有事，獨自一人乞食時，終於被摩登伽的母親藉用先梵天咒攝入家中，幾乎被摩登伽女毀了戒體。事實上，這是因為摩登伽女往昔多劫多世曾與阿難互為夫妻，時劫久長，情深意重，每一世都貪淫於阿難；今世再得親遇的時候，摩登伽女一見之下，往世感情的種子又流注出來了，於是管不住自己而開始糾纏阿難尊者。事實上她本身並不是賣淫的女子，只是因為一心想要與阿難再續前緣而行於淫事，每一世都貪戀與阿難共淫，所以經中說「**如摩登伽宿為婬女**」。正因為阿難多劫以來對佛法都只是多聞熏習，卻總是沒有親證，所以沒有解脫功德及智慧功德，自己無法免除摩登伽女的磨難。

「**何因待我佛頂神咒、摩登伽心婬火頓歇得阿那含？於我法中成精進林、愛河乾枯令汝解脫？**」如果單靠多聞大乘佛法、多聞解脫道羅漢法，就能獲得功德受用，那麼大家都去佛學院讀佛經，都像印順法師他們一樣專門研究佛教經典就行了，也就不必修行了！以後誰要是從佛學院讀完博士班，就都應該是成佛了！至少也應該全都是阿羅漢了！但事實上是不可能的。假使多聞就有用，那麼阿難尊者是最多聞，也是最能理解 世尊所說法義的人；那又是什麼原因而要等待 佛的佛頂神咒加持，才能使摩登伽女心中流注出來的往世婬火種子頓時停歇，如今還能證得阿那含果呢，才能免掉阿難這一場磨難呢？

由這裡也可以看到諸佛的威德力，佛只是請 文殊師利把楞嚴咒去摩登伽女面前唱誦一遍，攝她歸來聞法以後就變成三果人。假使有機會，這樣的一場法會（說法之會才是眞正的法會），大家都應該聽一聽；她只是婬火頓歇就證得阿那含果，已離欲界貪愛了。可是阿難尊者聽到這裡時，仍然只是聲聞初果人，仍是尚未實證的迴心菩薩。這意思就是說，其實摩登伽在過去無量世就一直都在精進修行了，只是因爲她歷世都對阿難尊者的情分執著很重，一心想要與阿難結合，所以這一世才一看到阿難尊者的時候，她就心迷意亂了。這種事情很多啊！很多人修學佛法時都很精進，可是一旦宿緣現行的時候，過去世的情愛種子流注出來時，可就沒有辦法啦！往往就弄到雙方家庭分裂，然後他們結成一對去了！或者弄到還俗而同居去了。

譬如世間人說一見鍾情，眞是愛得欲生欲死；有一句話說：「**問世間情爲何物？直教人生死相許。**」就是這個道理。當種子才剛現行時，得要當下就斷了，否則眞的沒有辦法壓制；只要第二剎那繼續下去的話，可就沒辦法管得了自己了。如果出世當法師（不管是在家人出來當說法之師，或者出家人出來當說法之師），所度眾生越來越多時，遇到往世有深厚情緣的人，機會一定越大，那麼斷除情愛的功夫就得越來越好，否則不曉得哪一天就會被往世的情人或配偶纏住，於是就發生邪淫的事情了。假使有智慧與功德受用，才能在這個時候控制住，能夠嚴持戒法而不踰矩。

摩登伽女往世已經修學佛法很久了，但是一遇到阿難尊者就控制不了。問題是她這一世對阿難尊者的情分始終捨不掉，若得不到阿難尊者爲夫，她就準備要自殺；她的母親明知道自己的咒術根本無法與世尊對抗，但因爲恐怕摩登伽自殺，才答應她施展先梵天咒來攝住阿難。但也因爲阿難尊者的緣故，所以她可以聽到大佛頂如來神咒，也就是楞嚴咒；當她被攝入楞嚴法會時，聽了佛法就立刻成就三果解脫，也眞的不簡單。但是，雖然不簡單，卻還是要有過去世修習解脫道的宿緣。

摩登伽女成爲三果人之後，在佛法中出家而成就精進林。精進林是說已經修集了很多的功德，猶如樹林一樣茂密；所以摩登伽如今已經是愛河乾枯而遠離欲界愛了。於是就使阿難尊者解脫於婬術障難而不會破戒，也就解脫於摩登伽的糾纏了。那麼摩登伽因爲這個大佛頂神咒的威德力，使得心中的愛河乾枯了，表示貪欲已經斷除了，超越欲界而成爲三果聖人了，從此不再還來人間。將來或者在中陰階段入無餘涅槃，或者往生色界而後出離三界生死，永遠解脫生死痛苦了。菩薩若是證得不還果以後，還得要再發起受生願，繼續再來人間自度度他；雖然同樣都是不還果，但也同樣是愛河乾枯，不會再有現行了。將來縱使遇到往世多劫多世成親的極親愛配偶，也是不會犯戒的，但是一定會記著那份情誼而極力幫助對方實證佛法、次第增上。

「是故阿難！汝雖歷劫憶持如來祕密妙嚴，不如一日修無漏業，遠離世間憎愛二苦；」正是由於沒有實修取證的緣故，阿難雖然經歷了許多劫的時間，努力記憶受持諸佛如來的秘密妙嚴種種法教（也就是記憶各類的總持），其實不如一天之中精進去修無漏業，才能遠離世間各種厭惡或貪愛等兩種苦惱。

世尊這個意思，若是依現代的佛教時空來說，就該這麼說：與其一世努力不懈地精研佛教經藏及論藏，深入佛學學術中廣作研究，不如一日精勤付之於實修，精進修持無漏業，藉以取證無漏果而遠離世間厭憎與貪愛等兩種苦惱。在二乘法中，無漏業即是斷我見以及斷我所執及我執，這是可以在一日或一世之中取證的——假使根器很好也夠精進。但在大乘法中，則要在這個基礎上面，再加上實證如來藏妙眞如性，現觀諸法都由如來藏生；而如來藏無眾生我性，諸法非自生、非他生、非無因生，無有常住不壞之自性，所以諸法也是無我性，全都由如來藏妙眞如性所出生。要這樣子實證，才能證得無漏業而遠離世間憎愛二苦，這就是 世尊所說「不如一日修無漏業」的意思。

若不信受 世尊這樣的說法，如同印順法師一般，年輕時出家不久就開始專作佛學研究；這樣子一世辛苦研究經論，推廣某些日本人種種批判佛教的說法以後，名聲廣大、徒眾甚多，如今九十幾歲了（編案：這是二〇〇二年所講），卻連我見都斷不了，連聲聞初果都證不到，何況能夠證得大乘法中的無漏業？所以如今還在凡夫位中，並且大膽地造作了毀謗最勝妙法、否定如來藏的大惡業。這是當代的現成例子，有世間智慧的人，絕對不會仿效他專作佛學研究。現代所謂的佛學學術研究，本質上只是針對經論作文字訓詁罷了，根本就不可能成爲眞正的佛學學術研究，因爲都是憑著意識思惟想像而整理出來的結論，與眞正的佛學學術沾不上邊的，何況能實證佛法？而眞正的佛學學術研究，必須是依學術界追求眞相的精神，在重複實證及再三檢驗的原則來研究的。但那一批常常批判佛教的一分日本人，以及印順法師等人，努力精研佛教經論一輩子的成果，反不如諸位進入同修會中修習三年的成果。

「如摩登伽宿爲婬女，由神咒力鎖其愛欲，法中今名性比丘尼；與羅睺羅母耶輸陀羅同悟宿因，知歷世因貪愛爲苦，一念熏修無漏善故，或得出纏，或蒙授記；如何自欺，尚留觀聽？」這就好像摩登伽在過去世中，總是一直貪愛婬樂，不曾修除心中的婬意，所以遇到多世恩愛的阿難時，就無法控制而幾乎毀了阿難的戒體。可是由於楞嚴神咒的威神之力，把她的愛欲之心給鎖住了，如今在 世尊正法中聞法以後，成就三果而離開了欲界境界，名爲本性比丘尼，也就是說她已經成爲清淨性的比丘尼了。摩登伽女在過去世是婆羅門的女兒，名爲本性，那一世就與阿難結爲夫妻，非常恩愛；後來每一世也都不離愛欲，所以這一世與阿難再次相遇的時候，就再度引起往世的愛情與婬欲種子；如今被 世尊攝來楞嚴法會中聞法，遠離愛欲而成爲三果人。由於她往世與阿難爲夫妻時名爲本性，所以 世尊就以這個緣故而爲她命名爲本性比丘尼。

如今摩登伽女在楞嚴會中，已經跟羅睺羅的母親同時證果了；摩登伽證得聲聞三果，羅睺羅的母親耶輸陀羅則是證悟如來藏妙法，被 世尊授記：未來無量世中繼續廣行菩薩道以後，將來成佛時名爲具足千萬光相如來。耶輸陀羅是羅睺羅的母親，那麼羅睺羅是誰呢？是 世尊出家前結婚而生的兒子，後來也出家成爲眞正佛子；那麼羅睺羅的母親耶輸陀羅，當然就是悉達多太子的妻子。後來 世尊成佛之後第一次回去看他的父王——淨飯王，耶輸陀羅便特地做了歡喜丸，當 世尊化現五百比丘成爲與自己同樣的相貌時，耶輸陀羅就交代年幼的羅睺羅自己去一模一樣的五百阿羅漢中找出眞正的父親，請 佛吃那一團歡喜丸，因爲父子同心的緣故，耶輸陀羅藉此證明羅睺羅確實是 世尊出家前與她所生的兒子。因爲羅睺羅是住胎六年才出生的，很多人懷疑太子妃耶輸陀羅是與別人淫亂而出生羅睺羅；藉這樣的機會，世尊爲耶輸陀羅洗刷了冤屈，證明羅睺羅確實是 世尊出家前由耶輸陀羅懷孕，而在 世尊出家六年以後才親生的兒子。

當 世尊宣講楞嚴眞義以後，摩登伽女與耶輸陀羅都由於同一個原因，也就是悟得同樣的宿因，都是悟知往世多劫以來的貪愛還沒有斷除，所以還會對過去世的親人有所貪愛，多世以來不免由於貪愛親人而產生苦惱；因此在楞嚴會上就證得聲聞果或大乘果了。民間信仰不是說有七世夫妻嗎？就是那董永嘛！其實七世夫妻並不稀奇，有些人連續十幾世以來都是當夫妻的，這在無量劫中本就是稀鬆平常的事情。凡是夫妻兩人互相愛得要死要活的，都是多世以來就一直當夫妻的；兩人互相繫縛，你綁住我，我綁住你，很多劫以來都是這樣的。摩登伽貪愛阿難，耶輸陀羅貪愛　世尊，可是她們兩人聽聞　佛的開示以後，由於一念熏修無漏善法，就遠離愛欲，因此獲得出纏，或者蒙　佛授記。出纏就是得以遠離欲界及解脫生死，授記就是記別將來成爲某某佛。

如果所授記的果位是聲聞果，在聲聞法中被印證爲阿羅漢的人，就稱爲「受第一記」，所以聲聞法中的第一記就是印證爲阿羅漢。在《阿含經》中領受第一記的比丘非常多，可是有兩個人例外，都不是比丘；一位是在家居士死後被　佛授給第一記，另一位則是還活著時就「受第一記」。這兩人原本都不是佛教中的出家人，其中一個人原來還是外道修行者；那個外道成爲阿羅漢的人就是玷牟留，原本是外道身，聽聞　世尊說法以後卻被　佛授給他第一記，說他是阿羅漢。當然，成爲阿羅漢以後就不再是外道身了。這眞的很厲害，應該也是本願力的緣故，所以特地示現爲外道被　佛所度，然後從外道法中度了人到佛教裡面來。這是　佛陀特勝的地方，隨機開示就度外道成爲阿羅漢。

這些事實，是說不應該老是記憶經典、研究文字，記得再多也沒有用；經論文字研究得很深入，一樣是無法實證的。所以應該要熏修無漏性的善法，所以 佛責備阿難說：「你今天看看她們兩位，一位是得到聲聞第三果，遠離欲界而成爲阿那含人，已經不再還來人間而解脫生死，另一位則是已經被我授記將來成佛。她們兩人的多聞都遠不如你阿難，而你阿難爲什麼如今還在自己欺騙自己，還繼續停留在觀聽的階段中，只能擁有初果見地而不肯付諸於實修呢？」

觀與聽都是世俗法，屬於二乘法。二乘法都是要把見聞覺知滅了，是要把六識、七識滅了，去證取出三界的解脫果啊！所以他們要滅的對象是能觀能聽的心，阿難當時所證的初果見地，當然也知道這個道理，只是沒有實修，所以還沒有滅掉對於能觀與能聽之心的執著，所以 佛說他「尚留觀聽」；「尚留觀聽」的結果，就會與厭憎及貪愛相應。然而大乘法卻不是這樣，是還住在能觀能聽的心中，就已經離開能觀能聽了，妙就妙在這裡啊！當你們找到如來藏時，是不是這樣？（眾答：是）是嘛！所以無妨在能觀能聽之中離能觀能聽，這就是大乘佛菩提的勝妙所在，二乘無學聖人所無法了知；所以他們要斷的是觀與聽，也就是斷除對七識心的執著。但是菩薩不然，菩薩能斷而不去斷祂，因爲知道自己的如來藏本來就離於觀聽，本來就不住在三界內，從來不住在六塵中，無始以來就不曾落在十八界中，那還需要再斷什麼觀聽呢？本來就是涅槃了，還要修什麼涅槃？因此 佛作這樣的開示，要他們發起大心來修證佛菩提道。

【阿難及諸大衆聞佛示誨，疑惑銷除，心悟實相，身意輕安，得未曾有。重復悲淚，頂禮佛足，長跪合掌而白佛言：「無上大悲清淨寶王，善開我心；能以如是種種因緣方便提獎，引諸沈冥出於苦海。世尊！我今雖承如是法音，知如來藏妙覺明心遍十方界，含育如來十方國土清淨寶嚴妙覺王剎；如來復責多聞無功，不逮修習；我今猶如旅泊之人，忽蒙天王賜以華屋，雖獲大宅要因門入，唯願如來不捨大悲，示我在會諸蒙暗者：捐捨小乘、必獲如來無餘涅槃本發心路，令有學者、從何攝伏疇昔攀緣，得陀羅尼、入佛知見。」**作是語已，五體投地。在會一心，佇佛慈旨。】**

講記：阿難和大眾們聽到 佛上面那一段開示與教誨之後，關於因緣與自然的疑惑就消除了，心中已經證悟實相，意思是說已經知道佛菩提跟聲聞解脫道是不相同的。可是這一句「心悟實相」，是有沒有證到如來藏了呢？還沒有！爲什麼還沒有呢？後面緊接著就會說明了。他們現在所知道的實相，只是知道如來藏妙眞如性不在十八界法所函蓋的範圍之內，而十八界法全都是從如來藏妙眞如性中生出來的；是說十八界法全都是如來藏的一部分，但如來藏不被十八界法所侷限。因爲他們都已經知道有這麼一個實相，所以方便稱爲「心悟實相」；然而這個「心悟實相」是指什麼呢？是指相似般若，因爲還沒有親證。若是親證如來藏時，就會知道實相的境界是什麼了！但因爲現在還沒有實證如來藏，還不曉得實相中的境界，所以這時雖然「身意輕安」——身體覺得輕鬆了，心中也跟著安祥了；這種「身意輕安」的狀況，卻是有生以來從未曾有的。

這是因爲在聲聞法的實證中，本來以爲滅了十八界以後，是一切都空、一切法空；卻沒想到，在大乘法中證得涅槃以後，一切法及十八界都可以依舊繼續存在，原來不是全部都空的斷滅空。所以心中生起了從來沒有過的輕安，身體也跟著輕鬆起來了。一般有學位的聲聞人，特別是初果及二果人，以前以爲阿羅漢入了涅槃大概就好像斷滅空一樣，因爲一切法都是無常性空啊！雖然聽 佛說過無餘涅槃之中實有本際常住不壞，不是斷滅空，但是畢竟自己依舊無法證實。現在才知道原來一切法是依如來藏而有因緣生與因緣滅，所以才有無常性空；所以一切法滅了以後，如來藏還是繼續存在不壞。是眞實心還在，只是蘊處界自我斷滅；而且如來藏心是可以親證的，所以就

「身意輕安，得未曾有。」

可是接下來，由於畢竟還是沒有把實相法弄清楚，如來藏究竟何在呢？還是沒有親證啊！想到這一點，又覺得自己可悲而掉下眼淚，所以又來頂禮佛足，頂禮完了就長跪合掌向 世尊稟告說：「無上大悲究竟清淨的大寶法王，善於開導我的心；能以這樣具足種種因緣而運用許多方便來提升及鼓勵，引導許多沉墮而沒有智慧光明的有情，出離生死苦海。世尊！我如今雖然承受了如來這樣微妙的法音，知道如來藏微妙覺了明性之心遍於十方世界，含藏養育如來十方清淨寶貴莊嚴微妙覺悟之王的佛土；如來您又責備我阿難多聞而沒有功德受用，不曾在實際上修學及熏習；我如今就好像是正在旅行而四處漂泊的人一般，忽然承蒙天王賞賜華麗的房屋，雖然獲得這個大宅了，卻還得要因爲找到了大門以後才能進入華麗大屋中休息。唯願如來不捨離大悲心，指示我們正在楞嚴會上仍然被昏暗所籠罩的大眾：教導我們捐捨了小乘道，全都迴心而入大乘法中，一定可以因此而獲得如來所證無餘涅槃的本來發心大乘之道，使得有學位的聖弟子們，可以從什麼法門中攝受及降伏以往無量世以來的種種攀緣，因此而獲得總持之法，可以眞實進入佛地的所知所見。」阿難尊者說完了這些話以後，又重新五體投地禮求 世尊；

和阿難同時在楞嚴會上聞法的人們，也都一心等待 佛陀依大慈心所宣講的旨意。這就是說，阿難這時爲自己、也爲大眾，向 世尊請求如來藏的實證，希望因此而找到華麗大屋的大門，眞正進入佛菩提道中。

「**無上大悲清淨寶王，善開我心；能以如是種種因緣方便提獎，引諸沈冥出於苦海。**」「**寶王**」是「**大寶法王**」的簡稱，是世人對 世尊的尊稱。藏傳佛教竊盜佛教中的**大寶法王**名稱，套在喇嘛教的凡夫上師頭上，也自稱**大寶法王**。可是藏傳佛教的所有「大寶法王」，不但都沒有證得如來藏心，更不曾眼見佛性，連三賢位的第七住、第十住菩薩位都還沒有證得，都還無法成爲大乘別教中的賢位菩薩，當然更不可能是入地的聖位菩薩，卻敢僭用諸佛**大寶法王**的尊稱，眞是大膽！說句老實話，如今藏傳佛教紅、白、黃、花四大派的所有大寶法王們，他們連我見都還沒有斷除，根本就是凡夫本質，竟敢自稱大寶法王，全都是大妄語人。所以我說藏傳佛教四大派的所有「大寶法王」們，將來捨壽後都是無法再繼續當人，連人身都保不住了，還想要去到來世繼續當大寶法王，還想要再度自稱是乘願再來的法王，繼續享受榮華富貴，實在是非常非常愚癡的人。阿難當年還沒有藏傳佛教出現，所以他所說的大寶法王，當然是指稱 世尊。眞正的大寶法王善於打開及顯示眞實心給眾生了知及實證，藏傳佛教古今的所有法王們，也不論是天竺或西藏的密宗，除了覺囊巴一派以外，從來不曾有人是實證眞實心如來藏的，當然不是**善開眾生心**的善知識。

「沈冥」的「沈」，是指還沒有證悟二乘菩提的凡夫，「冥」就是講證得二乘菩提的有學和無學聖人，由於對實相仍然無知，是對實相法界昏暗無智的人，所以叫作「冥」。阿難尊者請求 世尊「**引諸沉冥出於苦海**」，不是單單爲自己而請求 世尊開示。由楞嚴會上的法眾來看，大部分人是聲聞法中的有學與無學聖人，以及諸大菩薩眾；由此以觀，應該是爲了幫助聲聞有學及無學聖眾迴心大乘，並且得以普遍實證大乘妙義，以便將來可以繼續住持正法於人間，所以才要宣講首楞嚴妙義。至於聲聞法中的凡夫，就只能隨緣了！但也還是要爲他們建立正知正見，所以其中有許多法還是得要兼顧大乘法中的凡夫們，也因爲如此，阿難才會有「沈、冥」的說法。

「**世尊！我今雖承如是法音，知如來藏妙覺明心遍十方界，含育如來十方國土清淨寶嚴妙覺王剎；**」阿難尊者又向 世尊作了表白，表示已經能夠承聽 佛所開示如此勝妙的法音，也已經從理上瞭解如來藏這個妙覺明心是普遍於十方法界中存在著，也能夠含藏及養育諸佛如來的十方國土，出生清淨寶嚴妙覺王剎。也就是說，十方世界所有的佛剎中所出生的一切佛，全都是由如來藏妙覺明心所出生、所含育的。

「如來復責多聞無功，不逮修習；我今猶如旅泊之人，忽蒙天王賜以華屋，雖獲大宅要因門入，」阿難雖然知道十方國土中的清淨寶嚴佛剎都是由如來藏妙心所出生、所含育的，可是畢竟還沒有實證，不免受到世尊的責備，說他多聞而沒有功德受用，說他是「不逮修習」；正是責備阿難多聞而沒有眞正地修學以及熏習大乘佛法，所以成爲在大乘佛法中無所依止的人。在大乘法中，若是還沒有實證的人，禪宗祖師把這一類人稱爲依草附木精靈，也就是心中無主，不知道應該依止哪一個心，才是眞正可以依靠而不必再徬徨的人。所以阿難尊者當時自稱是如同正在旅行的人四處漂泊一般，忽然承蒙天王賜與非常華麗的大宅第，卻不知道這個大宅第的大門所在，無法從門而入。

「唯願如來不捨大悲，示我在會諸蒙暗者：捐捨小乘、必獲如來無餘涅槃本發心路，令有學者、從何攝伏疇昔攀緣，得陀羅尼、入佛知見。」阿難現在知道如來給他的是如來藏妙心，也就是三界中最廣大、最華麗的大宅第；然而阿難仍然不知道這個大宅第的大門在哪裡——不知道如來藏的所在，只好向　世尊請求指示大門的所在，所以求　佛說：「唯願如來不要捨棄大悲心，開示我們這一些在法會中仍然沈墮於世間五欲的凡夫，以及仍然被黑暗蒙住的聲聞法中有學及無學聖人；同時教導我們這一些聲聞人捐捨小乘，讓我們必定可以獲得如來所教導的實證無餘涅槃本來發心的正路。」也就是說，實證無餘涅槃的本際，是在生前就實證的，不是死後才進入無餘涅槃的；而眞正的無餘涅槃的實證，是諸佛的所證，菩薩隨學而跟著諸佛實證。想要實證無餘涅槃中的境界時，卻得要一開始發心修證的時候，就是正確而不偏差的路子，才有可能確實進入諸佛的所知與所見之中。

實證無餘涅槃是菩薩道中的正事，不是二乘無學聖人所能實證的（編案：詳見平實導師《邪見與佛法》結緣書中的說明），他們都是死後才進入無餘涅槃的。然而死後入了無餘涅槃中，二乘聖人的五蘊都已經滅盡了，又如何能知道無餘涅槃中的境界呢？所以他們雖然遠離了三界生死而入無餘涅槃了，但是無餘涅槃中的境界卻不是他們所能知道的；而菩薩們從佛修學的大乘佛法，卻是生前就知道無餘涅槃中的本際了，與二乘聖人所證的涅槃智是不相同的。這都是因爲初發心時的修學路子不同而導致的，所以探究「本發心路」就成爲很重要的事情了！因此阿難向　佛請求：「唯願如來不捨棄大悲心，指示我們這一些在大乘法中仍然屬於有學位的剛剛迴心大乘的聲聞人，要從什麼地方來攝受自己以及降伏過去世的種種攀緣，而能夠得到大乘法的總持，」得到大乘法的總持，就是證得如來藏心體，因為如來藏是一切法的總持。從如來藏心體衍生出無量無數法，證得如來藏時就能次第通達三乘菩提，所以證得如來藏時就是證得佛法的總持。總持又名陀羅尼，只要證得總持了，「就能夠進入諸佛的所知所見。」

譬如我們正覺同修會有一個總持咒，你們如果把總持咒背起來，就可以用那個總持咒中的兩個字或者一個字，或者三個字、五個字，把佛法一直講下去；只要依照總持咒的次第來講三乘菩提，就可以講上三天三夜，那就是法的次第。那個總持咒的內容，是從依他起性、遍計執性講到圓成實性，也是從二乘解脫道講到大乘的佛菩提道，也是從般若的總相智講到一切種智，全都函蓋在裡面，所以就叫作總持咒。因為這是我們正覺同修會弘法時所用的，所以就叫作〈正覺總持咒〉。你要是背熟了，對其中的法義也通達了，就可以用來為人說法、滔滔不絕。

或者說，假使有女眾膽子小，晚上將要經過墳場的時候，就唸〈正覺總持咒〉，口中一定放光，有天眼的人可以看得見，於是鬼神遠離、善神護持。

因爲它是總持咒，也就是佛菩提道的陀羅尼，咒就是陀羅尼，所以善神擁護而鬼神畏懼，不敢靠近相害於你。古時 佛說某一些咒的時候，就是摘要宣說某一些法，讓學人容易記住而不會忘失。就好像《阿含經》一樣，每十幾部經或二十幾部經的前面也都有四句偈，每一句或者有四個字或者有五個字，那四句偈就是總持十幾部或二十幾部解脫道的經義，那一首偈就是那十幾部經的總持。假使想要爲人說法時，只要先把那首偈誦出來，就可以把每一部經全部誦出來，不會遺漏掉。所以陀羅尼就是總持。

但在這裡，阿難尊者所講的陀羅尼，是指如來藏；因爲如來藏就好像佛菩提的綱領一樣，從如來藏追究下來，就會有很多的法出現，而三乘菩提妙法都不能離開如來藏，所以證得如來藏時就獲得佛菩提的總持了！有了如來藏總持一切法時，就是得到佛菩提陀羅尼，隨後就能漸次進入諸佛的所知與所見之中。阿難尊者講了這些話請求 世尊以後，又重新五體投地禮佛。這時楞嚴法會中的所有有學與無學聖者，全都一心在等待 佛陀依於慈心而宣揚出來的佛菩提意旨。

【爾時世尊哀愍會中緣覺聲聞於菩提心未自在者，及爲當來佛滅度後末

法眾生發菩薩心，開無上乘妙修行路，宣示阿難及諸大眾：「汝等決定發菩提心，於佛如來妙三摩提不生疲倦。應當先明『發覺、初心』二決定義。云何『初心』二義決定？阿難！第一義者：汝等若欲捐捨聲聞、修菩薩乘、入佛知見，應當審觀：『因地發心與果地覺，爲同爲異？』阿難！若於因地以生滅心爲本修因，而求佛乘不生不滅，無有是處。以是義故，汝當照明：諸器世間可作之法皆從變滅。阿難！汝觀世間可作之法，誰爲不壞？然終不聞爛壞虛空；何以故？空非可作，由是始終無壞滅故；則汝身中堅相爲地，潤濕爲水，煖觸爲火，動搖爲風，由此四纏，分汝湛圓妙覺明心爲視、爲聽、爲覺、爲察，從始入終，五疊渾濁。」

講記：這一段經文是說，世尊哀愍在楞嚴法會中的聲聞阿羅漢與緣覺辟支佛，因爲他們都是在佛菩提道的眞實如來藏心還沒有得自在的人。一般都說緣覺辟支佛是獨覺，出於無佛之世；可是這裡經文中爲什麼說楞嚴會上也有辟支佛呢？這是因爲 世尊在世時也同時教導聲聞人修學因緣法，所以阿羅漢們也是同時實證因緣法的聖者，當然也具有辟支佛的實證智慧，當然也是辟支佛。但因爲他們都同樣是從 佛音聲而聞，才能證得辟支佛果，所以仍然屬於聲聞聖者。由於他們的本質已經是辟支佛了，而這些聖人都不是菩薩，所以經中稱他們是緣覺，不說是獨覺。但因爲他們都還沒有證得如來藏妙心，還不曾生起開悟明心菩薩所擁有的智慧，所以才說「爾時世尊哀愍會中緣覺聲聞於菩提心未自在者」。

聲聞、緣覺爲什麼於如來藏心未得自在呢？因爲還不知道如來藏心在哪裡，所以還沒有實相般若智慧。假使已經知道如來藏的所在時，就得自在了嘛！因爲隨時隨地都可以體驗祂、領受祂，對如來藏還會有什麼不自在的？都因爲他們還沒有證得，所以他們都是於菩提心未得自在的二乘聖人。但是這個菩提心三字，在末法時代的今天已經到處被錯解了，絕大多數自稱證悟的大法師們，都說發菩提心就是在佛前發願：「**我願成就佛道，我願學一切佛法。**」總是說大家發了四宏誓願時就是眞發菩提心了。如果這樣就可以叫作發菩提心，那應該大眾三歸之時就是已經證悟了，爲什麼卻都不知道如來藏妙心的所在，全都對如來藏心不得自在呢？至於藏傳佛教，又有他們另外一套發菩提心，也是誤會一場；我們今天且不談它，因爲我們要稍微講快一點，不然這一部經要講到何年何月呢？

世尊是爲了哀愍楞嚴法會中的緣覺、聲聞聖人之中，還沒有證得眞菩提心的人，因爲他們於大乘佛法的眞菩提心還沒有得自在，就無法眞實理解大乘佛法的見道與修道了！而且也爲了促使當來 世尊滅度以後的末法眾生容易發起菩薩性，願意眞正修習菩薩道，永不入滅而願意留惑潤生，世世受生於人間來自度度他、利樂有情；所以就打開無上乘的微妙修行大道，也就是打開佛菩提路，向阿難以及大眾開示說：「你們已經實證緣覺法及聲聞法的所有大眾，已經堅決想要發起眞實菩提心，下定決心對於諸佛如來的微妙三摩地不會生起疲倦的心態。既然這樣決定不變了，當你們想要確實發起眞菩提心，」也就是決定要實證眞菩提心時，「應當要先明白『發覺』與『初心』這兩個決定不會改變的眞實義。」

「發菩提心」講的就是證如來藏，如來藏才是眞正的菩提心；因爲佛菩提是常住法，而如來藏正是常住法；可是發起四宏誓願的覺知心卻不是常住法，而是生滅法，當然就不是佛菩提道的所依心。所以 佛爲了幫助楞嚴法會中已經迴心大乘的聲聞緣覺大眾實證佛菩提，可以確實進入大乘佛法中，將來可以繼續住持正法於人間；也爲當來滅度後的末法眾生能夠發起菩薩性，才要開導出這個無上乘的妙修行路，才會有這一部《楞嚴經》中的妙法演說出來，流傳到現在而繼續利益大乘佛法中的四眾弟子。

「汝等決定發菩提心，於佛如來妙三摩提不生疲倦。應當先明『發覺、初心』二決定義。」佛的意思很清楚：既然聲聞緣覺大眾決定迴心大乘，想要眞正的發菩提心，對於諸佛如來的妙三摩提（也就是對於佛地微妙的三昧）不生起疲倦之心；凡是想要這樣實證的人，都應當要先明白兩個很重要的決定不變的正理。這兩個眞正的道理是，一定要先明白「發起佛地覺悟及因地初悟菩提心」的兩個決定不變的道理。可是大乘佛法中的實義發菩提心，並不簡單；一般人所知的發菩提心，就只是在佛像前發四宏誓願，也就是**眾生無邊誓願度，煩惱無盡誓願斷，法門無量誓願學，佛道無上誓願成**。然而這種因地發菩提心時的初心，只是在事相上的初發心，並不是在證道上面的眞正發菩提心，因爲還牽涉不到第一義諦啊！

這種發心雖然很普通，並不是眞發菩提心，卻也是很重要的，因爲要先這樣發心，然後才會漸漸走上成佛之道。所以很多人在歸依三寶時並沒有覺得怎麼重要，其實卻有很多護法神都在看著，所以也別小看三歸時在事相上的初發心。我這一世剛學佛的時候（這有很多同修知道），我這一世剛學佛時根本不知道過去世曾經幹過什麼，完全不知道。那時只是想：「**佛教中好像有我要探討的生命實相的答案**。」所以就這樣一頭栽進來，永遠不再回頭了！我這一世的歸依三寶，也只是在大約十個月的時間裡讀過一些法師的著作，心想可能那些書中有我所要的答案——我想要尋求的道理應該在佛教裡面，所以我讀了大約十個月的佛書，才在舊曆年時歸依三寶。我不想隨便就去歸依，要先瞭解所應歸依的是什麼，爲什麼要去歸依三寶？

歸依後不久回去故鄉，那時候是春天，我父親還在，那時他已八十幾歲。因爲他喜歡上廟裡去，我就陪他到各處廟裡或寺院上香。他是每年三節都會去廟裡以及寺院中供養，我常常回鄉看望他，當然就開車載他去，只要他喜歡就好。有一次在南投名間鄉的松柏坑玄天上帝廟中上香，他叫我抽籤；我說：「**教我抽籤作什麼？我又不求什麼。**」他說：「**你就抽一抽嘛！**」不便拂逆父命，所以我就抽了一隻籤，一開始卻說我是「**佛前發誓無異心**」，將來「**凡鐵也能得成金**」。我都沒開口求什麼，我父親也沒講什麼，可是玄天上帝爲什麼會知道我已經在佛前發誓行菩薩道了？這表示護法神一直都跟在我身邊。所以一看就知道這個人是佛法中人，因爲有佛教的護法神跟在身邊啊！由這個事實，當然不該說歸依三寶以後眾神還不知道。

其實，佛教的護法神跟隨著，也是直接告訴天神法界：「**這個人是我們佛門中的人，你們不要隨便動他。**」是有這個意思啦！但是一直都有很多人不瞭解這個事實，心中以爲經上說歸依了以後就有多少護法善神跟隨著保護，那大概只是安慰佛弟子的說法。但我的經驗卻認為那不只是安慰人的，而是真的。那麼大眾歸依三寶時發了四宏誓願，那時我心中也是真的發了四宏誓願。只要是真的發四宏誓願，就是發菩提心的初心，是在事相上發心要修學佛菩提道，只是事相上的初發心。然而佛菩提道中實修實證的發菩提心，卻是指發起真正的菩提心如來藏。發起真菩提心時就是因地中的覺悟，這個「覺」是指因地的覺悟；當你覺悟時所悟的初心，就是剛證悟時的明心，在證悟明心時還得要跟後面果地（佛地）的究竟心加以對照，看有沒有互相符合？看是不是同一個心？是否常住而能維持到究竟佛地時？這件事情是在覺悟菩提心時就必須要先弄清楚的，不許含糊籠統，否則可就白修一世了。

這可就牽涉到事與理，牽涉到第一義與第二義的道理了。所以 佛就解釋：「云何『初心』二義決定？阿難！第一義者：汝等若欲捐捨聲聞、修菩薩乘、入佛知見，應當審觀：『因地發心與果地覺，為同為異？』」「什麼是初發菩提心時有兩種義理是決定不變的呢？阿難！第一種決定義是說：你們聲聞、緣覺眾人如果想要捐捨聲聞道而轉修菩薩乘，想要在修學菩薩乘以後進入佛的所知與所見之中，應當這樣詳細地觀察：『因地覺悟時所證的初心，與將來成佛時果地所覺悟的心，是相同的一個心呢？或是不相同的兩個心呢？』阿難！如果於現在因地之時是以生滅性的心作爲根本修習的正因，而想要求證佛乘的不生不滅境界，是沒有這種道理的。」

佛是斬釘截鐵、不通商量地直接講了！佛法修證的事情是不能作人情的，對就對，不對就不對；因爲如果一開始就偏差了，以後就全盤都錯，全都白修了！剛出發時的方向一定要絕對正確，否則就會越走越發的偏差了。所以如果想要證佛菩提、入佛知見，應該先把這個因地「發起覺悟所證的初心」與「果地覺悟所證究竟心」兩個眞實義決定清楚。「發覺初心」的「發」，是指因地時所發的菩提心正確或錯誤，這是因地首次覺悟而證得的眞心，所以就稱爲「初心」，「發覺」是指發起覺悟的智慧。學佛而不是學羅漢的人，在此世發起覺悟境界時，應該檢查現在初次覺悟的心，與將來到達果地佛地時的究竟覺悟，那時所證的是否仍然一樣是這個心？而這個因地時的「發」菩提心與果地時的「覺」菩提心，是否相符合？卻是在因地初發菩提心時就必須抉擇清楚，不許有絲毫的含糊籠統；可別等到將來自認爲果地最後覺悟時，才被善知識指正而發覺到根本就錯了，三大阿僧祇劫中的精進苦修全都白費功夫，依舊只是凡夫；藏傳佛教的那些大寶法王們，正是具體的事例。所以初發菩提心與未來的果地覺心，必須互相符合而沒有錯誤。要先把這個大前提決定了，再從理證上面確認所悟是否符合第一義？把第一義確認清楚了，然後再從事相上的事修來除掉煩惱，從賢位進修聖位的種智，漸次到達佛地究竟覺的果位，這就是第二義。

然後 佛就先講第一義。第一義的部分詳細說明的是，如果想要捐棄或捨掉聲聞乘的自了心態，想要改修菩薩乘而期望進入諸佛的所知與所見中，應當審細地觀察辨正：**這時因地所發的菩提心，也就是此時因地開悟所發起的菩提心，與將來成佛時的果地覺心**（也就是成佛時的究竟心）**是不是同一個心**？這眞的很重要！因地開悟時所證得的菩提心，必須是第八識如來藏，又名阿賴耶識、異熟識；而將來成佛時的果地所覺悟的菩提心應該還是此時所悟的同一個第八識心，那時將改名爲無垢識，同樣都名爲如來藏。如果因地時所證的眞心只是第六識、第七識，當然會全部依止六、七識妄心爲主體來進修佛道了，接下來所修的方向當然也就全盤錯誤了。除了無法符合法界實相而不可能生起實相般若以外，當然更不可能進修一切種智，又如何能證得諸地的道種智呢？那又如何能在三大阿僧祇劫以後成佛呢？

而且，第三轉法輪的唯識增上慧學諸經中所說的一切種智，全都圍繞著第八識如來藏來解說眞實唯識門，是以眞實唯識門來解說如來藏所生七轉識的虛妄唯識門，是以眞實唯識門來函蓋虛妄唯識門而具足增上慧學，才能成就佛地的一切種智。假使因地所證的眞心是虛妄唯識門所說的七轉識內的妄心，而將來成佛時的果地覺心是第八識無垢識（因地稱爲阿賴耶識、異熟識），那麼此時開始進修種智的全部過程中，又如何能夠相符相契而成就道種智（諸地無生法忍）呢？若是完全都不符合，就表示將來三大阿僧祇劫所修的佛道全部都將唐捐其功——全部都是白修的，又如何可能成佛呢？所以一定要先弄清楚：**因地開悟發起菩提心的時候**（就是證得第八識如來藏的時候），**悟後一定要先檢查現在所悟的眞實心，是不是將來成佛時所悟的同一個心？**如果不是同一個心，那麼因地的「發覺初心」就與將來果地覺悟的後心不同，就表示悟後進修的修道位中所修都將錯修、錯證而徒勞無功了。

「**阿難！若於因地以生滅心爲本修因，而求佛乘不生不滅，無有是處。**」因地心與果地覺，爲同爲異？是修學佛菩提道過程中非常重要的大前提，無奈百年來海峽兩岸的所有大師們都不在這上面著墨，學人也都跟著糊裡糊塗盲修瞎練一世，空過一生。早已預見末法時期必然會如此，所以 佛在此經中特別交代說：**如果在因地明心開悟時，已經是用生滅心**（離念靈知、有念靈知）**作爲本修因——以生滅性的妄心意識作爲修學成佛的根本因而修習佛道，想要以這個生滅心作爲追求未來果地時所證佛菩提乘的不生不滅心，在佛法中是沒有這個道理的。這意思就是說，現在因地初次證悟時所悟的眞實心，一定要跟未來佛地所悟的第八識無垢識是同一個心；若現在因地所悟與將來佛地所悟的心不是同一個第八識心，所修的佛道都將是戲論，將來當然是白修三大阿僧祇劫而全都無用。佛又接著說：

「以是義故，汝當照明：諸器世間可作之法皆從變滅。阿難！汝觀世間可作之法，誰爲不壞？然終不聞爛壞虛空；何以故？空非可作，由是始終無壞滅故；則汝身中堅相爲地，潤濕爲水，煖觸爲火，動搖爲風，由此四纏，分汝湛圓妙覺明心爲視、爲聽、爲覺、爲察，從始入終，五疊渾濁。」「由於這個道理的緣故，你阿難應當以智慧觀照明白：一切器世間裡的種種可以被造作出來的法——有生之法，全部都會隨從不斷變異的原則而歸於壞滅。阿難！你可以觀察世間可作的有生之法，有哪一個法是可以永遠不壞滅的？然而終究不曾聽聞有人主張可以爛壞虛空；爲什麼我這樣說呢？因爲虛空不是可以由誰造作出來的，是本有而且無生的，由這個原因，自始至終都沒有壞滅的緣故；反過來觀察你阿難身中堅硬之相爲地大所造，潤濕之相爲水大所造，煖觸之相爲火大所造，動搖之相爲風大所造；由這四大所纏縛，就把你阿難本有而不曾有生的澄湛圓滿微妙覺明的眞實心如來藏，抽出一分而分割爲能見色、能聞聲、能覺觸、能觀察諸法等六種功能；就這樣從最初分成這六種功能而成就五陰，於世世流轉中，總是從色陰而進入到最後的識陰，然後再由色陰的死亡而令識陰歸於壞滅，不斷地從始入終而有五種遮障重疊起來，造成渾濁無明的現象而無法回歸本來面目。」

「以是義故，汝當照明：諸器世間可作之法皆從變滅。阿難！汝觀世間可作之法，誰爲不壞？」佛說在因地開悟時的菩提心，必須能夠經得起檢驗，也就是必須與將來果地的菩提心是同一個心；意思是說，必須是可以從這一世去到後世乃至無量世以後的佛地時仍然存在著的心，是因地發起覺悟時的初心與果地覺悟成佛時爲同一個心——是同一個第八識，而不是只能存在一世的識陰六識或意識覺知心，才能說是常住不壞的果地覺心。假使現在因地所覺悟的眞心是生滅心，譬如離念靈知心或是有念靈知心，乃至前念已過、後念未起中間的極短暫而毫無定力相應的離念靈知心，全都是生滅心，眠熟時就斷滅而不存在了，也都是無法去到下一世的生滅心，何況能夠去到無量世以後的佛地？爲了再次提示這個原則，所以 世尊交代阿難尊者觀察：所有器世間，也就是物質世間的可作之法——有生之法，全部都是一直在變異而終歸於壞滅的。提示以後又要求阿難觀察：凡是器世間可作之法——有生之法，有沒有哪一個有生之法可以永遠維持而不壞滅？能不能永遠不變異、不壞滅？

「然終不聞爛壞虛空；何以故？空非可作，由是始終無壞滅故；」然而終究不曾聽聞有人能夠爛壞虛空，因爲虛空不是可作之法，沒有誰能夠製造出虛空；虛空是無生所以也是無壞的，是無始所以也無終的。根本原因就是「空非可作」，因爲不是可以被造作出來的，所以是本來無生之法；既然本來無生，當然也就不可能在將來壞滅。所悟的眞實心——本來面目，當然也必須是本來就在而從來不曾有生之心；由於這個心本來法爾而有、不曾有生，那麼將來當然也就不壞不滅。只有這樣不生不滅的心，才能夠去到未來的無量世中仍然繼續存在而不會壞滅，依止這樣的不生滅心來修行，來深觀這個不生不滅心的自性，才能通達實相般若智慧而滿足三賢位的果證；還要依止這樣的不生不滅心，深觀祂所含藏的一切種子——深入了知祂所含藏的八識心王所有功能差別，才能夠成就一切種子的智慧——成就一切種智，這樣才能成佛，這是因爲這個心是無始無終的不生不滅心故。

「則汝身中堅相爲地，潤濕爲水，煖觸爲火，動搖爲風，由此四纏，分汝湛圓妙覺明心為視、為聽、為覺、為察，從始入終，五疊渾濁。」世尊開示完了，接著就回到阿難身上來說明：色身中的堅硬相就是地大所造的，潤濕相是由水大所造出來的，溫煖相是由火大所造出來的，動搖之相是由風大所造出來的；正是由於這四大所造出來的色身為媒介，成就了五色根，於是湛圓妙覺明心如來藏就藉意根及五色根為緣，分成識陰六識的見聞覺知等六種功能，取代了如來藏心自己本有的局部功能性，剩下識陰六識所無法取代的功能繼續由如來藏自己來運作。正是由於這四大的堅、濕、煖、動四種自性所纏縛的緣故，把妙覺明心如來藏的部分功德分為見聞覺知心等六種自性；再由識陰這六種虛妄的自性從始入終而不斷地現行與攀緣，於是有了五種渾濁的法性互相重疊，眾生就因此流轉不息而永遠無法遠離生死中的種種苦惱了。「五疊渾濁」是指五濁，是對五陰的虛妄不明白，也是對五陰本如來藏妙眞如性所生的自性不明白，所以 佛開示說：

【「云何為濁？阿難！譬如清水，清潔本然，即彼塵土灰沙之倫、本質留礙；二體法爾性不相循。有世間人取彼土塵投於淨水，土失留礙，水亡清潔，容貌汩然，明之為濁；汝濁五重，亦復如是：阿難！汝『見、虛空』遍十方界，空見不分，有空無體，有見無覺，相織妄成，是第一重名爲劫濁。汝身現摶四大爲體，見聞覺知壅令留礙；水火風土旋令覺知，相織妄成，是第二重名爲見濁。又汝心中憶識誦習性發知見，容現六塵；離塵無相，離覺無性；相織妄成，是第三重名煩惱濁。又汝朝夕生滅不停，知見每欲留於世間，業運每常遷於國土；相織妄成，是第四重名眾生濁。汝等見聞元無異性，眾塵隔越，無狀異生；性中相知，用中相背；同異失準，相織妄成，是第五重名爲命濁。」

講記：佛說：「就好像清水，」清水比喻如來藏，「就好像清水的清潔狀態是本然而不是加工形成的，可是就因爲這塵土灰沙一類的物質，本質是會停留而不流動，並且是有障礙性的；然而清水與塵土灰沙這兩種物質的體性，是本來就不會互相因循的。可是若有世間人拿了土塵灰沙，丟到清淨的水中，乾土就失去了原來可以被留置的體性，也失去了原來會障礙其他物質存在同一空間的體性了；當乾土被投入清水中而失去留礙的體性時，清水也同時失去了原來的清潔性；清水原本清潔而可以分明看見的透明性，就因塵土而變成渾濁了。至於你阿難的渾濁，總共有五種重疊起來，就像是清水與塵土灰沙互相渾濁一般。阿難！你從如來藏中產生的『見』和『虛空』是遍於十方法界的，然而由於你無法明白虛空與見的分際及本質，因此而成爲有虛空時卻沒有虛空之體，有見的時候就沒有了眞覺妙明，這樣使如來藏眞覺出生的覺知心妙明，與妄知妄見互相交織在一起的結果，虛妄性的色陰便成就了，這就是第一重的渾濁，名爲劫濁。」

「你阿難的色身現前可以看得見的，是聚集四大和合起來作爲身體，其實是因爲想要見聞覺知的緣故而使四大積聚停留在一起，產生了停滯不移而能夠障礙虛空的現象；這個色身本是由水火風土（地水火風）聚集而成的，本無覺知；卻也是由四大的運轉而與如來藏妙眞如性所生的覺知心，共同和合運作而出現了對六塵的了知性，這其實是如來藏妙眞如性所生的覺知性，與四大互相交織在一起，才使虛妄不實的見聞覺知六種功能得以成就，於是生滅性的受陰便出生了，這就是第二重的渾濁，是在受陰見分上的渾濁，名爲見濁。」

「而且你阿難心中的記憶與識知、誦讀及熏習等事相不斷，使如來藏妙眞如性繼續發起能知能見的功能，因此就在覺知心中容納及顯現了六塵相分；若是離開了六塵相分，覺知心也就沒有自在的法相了；若是離開了覺知心的妙覺明性，也就沒有識陰六識的見聞知覺性等想陰存在了；這樣子，往世不斷地憶識誦習的習慣性，已經成爲如來藏妙眞如性繼續發起六識見聞覺知的動力，又有如來藏妙眞如性藉四大所成的色身產生了六塵相分，再由如來藏妙眞如性、四大色身、六塵、六識的見聞覺知等法，互相交織而有眾生對自我貪愛的虛妄煩惱成就了，想陰就出現了，這就是第三重渾濁，名爲煩惱濁。」

「此外，你阿難的五陰其實是每天從早到晚一直都生滅不停地變異著，而你能知能見的自己總是想要永遠停留於世間，不想消失掉；眾生也都跟你阿難一樣，使得自身的善惡業及共同造作的各種共業不斷地運行著，因此而每天都在不斷地變遷大家同住的國土；這樣子，各個有情的見聞覺知心各自都想要繼續常住世間，又有自業與共業在互相交織而不斷地運作著，於是就使國土不斷地成住壞空而有眾生流轉於各種世界國土中，就像這樣子虛妄性的眾生就不斷地存在與流轉，於是就有行陰不斷地出現，導致不停息地受生，這就是第四重渾濁，名爲眾生濁。」

「你們各人的見聞覺知等六種功能，本來並沒有不同的法性、不同的功能；但是由於六塵的分隔而使六種功能無法超越自己的界限，於是沒來由地分成六種不同的功能，使本來同一而且能具足了知六塵的覺知性，產生了互相差別的現象；其實六識的六種不同功能自性中，本來是同一個法性而可以互相了知六塵的，但是卻在運用的過程中成爲互相背逆而無法互通的狀況；如此一來，本來可以互通之中而又可以有不同功能的覺知自性功能，就失去了所依的基準，於是就分隔成爲各自運作，在虛妄的六塵境界中互相交織著，識陰六識就這樣出現，使六種不同的異熟果報因此而產生了，這就是第五種渾濁，名爲命濁。」

「譬如清水，清潔本然，即彼塵土灰沙之倫、本質留礙；二體法爾性不相循。」上一段經文說「五疊渾濁」，是說五種會導致污濁的法性重疊起來，使如來藏妙眞如性的本覺自性，抽出一分而散布在五陰十八界中，產生了五陰重疊渾濁的現象；然而爲什麼本來清淨無染的本覺會渾濁呢？又爲什麼說有五種渾濁互相重疊呢？當然要先解釋。就好像清水（清水是比喻如來藏），就好像清水的清潔狀態是本然而不是由於加工以後才形成的，本來就不會障礙人們透過清水來看見清澈的水底；可是塵土灰沙一類的物質，本質是會停留不動，而且是有障礙性的，是無法使人看透的。可是當塵土與灰沙被放入水中而暫時不能沈澱下去時，就會把清水不遮障光線的自性給渾濁了，使人無法看透清水而無法看見水底了。然而清水與塵土灰沙這兩種物質的體性，是本來就不會互相因循的。這就是說，清水與塵土灰沙的體性不同，不會一直互相攀緣而永遠混合爲一體，最後終究會互相分離而使塵土灰沙沈澱在水底；渾濁的水就會重新清淨下來，也就是終究可以經由佛道的修行而將五濁滅除，不再使清水渾濁，也就是回復如來藏的妙眞如性—佛性—原有的六根互通的功能。

「有世間人取彼土塵投於淨水，土失留礙，水亡清潔，容貌汨然，明之爲濁；」假使有世間人拿了土塵灰沙丟到原本清淨的水中，乾硬而有留滯性的塵土就失去了原來可以被留置的體性，也失去了原來會障礙其他物質存在同一空間的體性了；當乾土失去留礙的體性時，是溶入清水中而與清水混合起來了，於是清水也同時失去了原來的清潔性，使清水原本清潔而可以分明看透的透明性，由於塵土的混合而變成渾濁不堪了。這只是事相上的事情，大家都可以瞭解；而本來清淨性的如來藏妙眞如性—佛性—喻如清水，眾生想要使見聞覺知的自己繼續存在，並且想要繼續攀緣六塵境界……等煩惱的運作，就如同塵土灰沙一般混入清水如來藏妙眞如性—佛性—之中；於是如來藏妙眞如性—佛性—就與五陰十八界等塵土灰沙混合在一起了，如來藏的局部妙眞如性—佛性—也就散入五陰十八界中，不斷地流轉，這樣便成爲五濁眾生而具足五陰了。如來藏妙眞如性—佛性—本來清淨而不被六塵境界侷限的功能，由於五濁而有一部分散入六識功能中的時候，其實仍然是如來藏的妙眞如性；這時如來藏的妙眞如性—佛性—之中，只剩部分自性不被六塵侷限，大部分都已被六塵境界所侷限了，就稱爲渾濁了。

「**汝濁五重，亦復如是：**」佛說阿難的渾濁總共有五種重疊起來，就像是清水與塵土灰沙互相渾濁一般。一旦渾濁了，想要把原來的塵土灰沙從水中拿出來，可就不容易了！因爲這時塵土溶化在水中了，稱爲「**土失留礙**」；當然這時「**水亡清潔**」，清水也跟著亡失了原來的清潔性；當塵土丟進清水中，清水原來的清潔性不見了，原來清潔可見的容貌也就跟著消失了，而塵土原來會留礙的容貌也一樣消失了。這樣混合起來以後，雙方原來的自性都消失了，於是清水原來的清潔性不見了，而塵土原來不障礙清水中的清潔性以及留礙性也都不見了，就說是變成渾濁了。

同樣的道理，如來藏的妙眞如性—佛性—本來就像清水一樣，四大與見惑、思惑、塵沙惑等煩惱就像是塵土一樣，當眾生的我見、我執、我所執、法執運作之後，就會使如來藏妙眞如性—佛性—開始聚集四大而在色身中流注出六識功能；於是本來可以遍知六塵內外一切法的妙眞如性——佛性，就有一部分被侷限在六根、六塵、六識之內，這就是由於有五種混濁而被限制了，所以稱爲五濁。於是眾生如來藏妙眞如性—佛性—原來的清淨性好像不見了，都被無明所籠罩了；也就是說，煩惱全都跟如來藏妙眞如性—佛性—的清淨性混雜在一起了！而這些煩惱可以分成五種不同的層次。

眾生的煩惱都是很堅固的，可是當你找到如來藏的時候，煩惱就沒那麼堅固了，這時你會發覺說：「原來這一杯濁水裡面有土也有清水。」這時能把這一杯濁水中的清水成分以及塵土成分區分出來了，就知道應該如何把濁水中的塵土除掉了。在沒有找到如來藏以前都是弄不清楚的，現在卻很清楚了。所以說，還沒有找到如來藏以前的所知所見都名之爲「濁」，在還沒有弄清楚如來藏的妙眞如性—佛性—與五陰四大之間的區分時，智慧就出不來，當然是渾濁不堪而不清明——無明。現在弄清楚了，能區分如來藏與五陰四大之間的同異性了，也能區分出如來藏心體與祂的妙眞如性—佛性—的時候，就是弄清楚一杯濁水中的某一些部分是清水，某一些部分是土沙，就是有智慧的人，就開始出生實相般若了。可是眾生因爲還沒有證得如來藏而不瞭解，無法區分如來藏與五陰四大，實相智慧無法出生，都是籠統眞如的凡夫或二乘愚人；當明心的菩薩還無法弄清楚如來藏心體與妙眞如性—佛性

—的分際時，則仍然是顢頇佛性，所以明心之後仍然不能脫離五濁衆生的範疇。接著 佛陀就作了結論說：「**你阿難這樣的渾濁總共有五重，就像這個道理一樣。**」

「**阿難！汝『見、虛空』遍十方界，空見不分，有空無體，有見無覺，相織妄成，是第一重名爲劫濁。**」佛陀解釋這五濁的意涵，首先是劫濁。劫是時間的單位，但是劫也有交織的意思，當某一些法性交織在一起時也可以稱爲劫。譬如水劫、火劫、風劫、刀兵劫、饑饉劫、疾疫劫，全都是因爲有不同的法性交織在那一段時間與空間裡，所以就有不同的劫名。又如星宿劫、賢劫、莊嚴劫，也是因爲不同的法性因素與同一段時間交織起來，而有不同的劫名。同理，劫濁的意思，正是說這段時間——這一劫中是有渾濁的法性交織在一起的，這個能使這一段時間污濁的法性就稱爲**劫濁**。

劫濁形成的原因有三：四大所成的色陰、四大所成的六塵、對見聞覺知的自我執著。這三個法性互相交織，於是如來藏妙眞如性—佛性—中的部分見聞覺知功能，就分散在四大所成的色身中，就被侷限在六塵中運作了。本來衆生如來藏的見分—佛性—與虛空性，是遍知十方世界而沒有侷限的；可是由於執著如來藏見分—佛性—的局部（執著六塵中的見聞覺知性），於是聚集四大結爲色陰，本來猶如虛空的妙眞如性—佛性—中的一部分就被吸住了，只能在色法所攝的色陰與六塵中運作了；這時眾生就以六識見聞覺知性作爲自己，便與頑空以及種種虛妄想結合起來，完全遺忘自己如來藏妙眞如性—佛性—的其餘部分，也不能了知佛性的意涵了，開始與世間六塵中的種種虛妄法結合而污濁不淨；於是妙眞如性—佛性—再也沒有原來如同清水一般的清淨透明了，於是就「**空、見不分**」而「**有空無體**」了。這時已經不再了知如來藏的妙眞如性—佛性—究竟是什麼了，於是只知道六識見分等功能，不再住於如來藏的妙覺明性—佛性—之中；這樣子，如來藏的一分妙覺明性，與色陰、四大、六塵等法性合起來，就稱爲「**相織妄成**」。於是色陰就出生了，在這段時間裡的所有眾生就這樣子全都污濁而具足色陰，不離有色的欲界與色界了，這就稱爲**劫濁**。

「**汝身現摶四大爲體，見聞覺知壅令留礙；水火風土旋令覺知，相織妄成，是第二重名爲見濁。**」所有人的色身，現前可以看見的，全都是「**摶四大爲體**」;「摶」是聚集的意思，是聚集了四大作爲人們的身體。可是爲什麼會使四大聚集而成爲這個身體呢？都是因爲如來藏妙眞如性—佛性—之中，本來就有能對六塵生起見聞覺知的體性存在著，而眾生單單執著六塵中的六識見聞覺知的自性，全都忽略了如來藏妙眞如性─佛性─之中其他的各種自性；於是爲了想要保持六塵中的見聞覺知功能性，就必須要有色身（色陰）才能使見聞覺知在六塵中現前運作；當這種執著煩惱存在時，就由如來藏的妙眞如性─佛性─在暗地裡配合，將地水火風等四大給聚集起來成爲色身了。爲什麼如來藏要運作妙眞如性把四大聚集成爲色身呢？正因爲意根及意識都想要讓佛性的見聞覺知等自性，可以藉六識在六塵中運作嘛！這樣才能繼續攀緣世間的六塵嘛！所以一切人都不能離開四大，否則身體五色根就不能成就啊！所以「**纏令留礙**」的原因，全都是因爲貪著六塵中的見聞覺知性而遺忘了佛性所導致的，於是人們開始不斷地擁有一世又一世的色身而落入受陰之中，使佛性留礙在色陰之中。

「**水火風土旋令覺知，**」旋就是運轉、運行，由身中四大功能的運行，才能使人們有了六塵中的覺知性；如果身中的地水火風四大都不能運轉──「**不旋**」，那只能叫作死人了！人死了以後如來藏的妙眞如性─佛性─就無法在色身中運作而沒有見聞覺知了！甚至於只是四大違和，都還沒有死，只是悶絕了，就不能使見聞覺知繼續現行運作了。因此說，由於水火風土正常運轉的結果，**色陰**出生了，如來藏妙眞如性─佛性─才能在其中流注出六識的功能，於是才有了見聞覺知而出現**受陰**。當見聞覺知現前運作時，有情眾生當然是完全用心在六塵諸法中，於是必然會與妄知妄覺相應，完全昧略了如來藏的妙眞如性——佛性；全部用心在六塵之中，想要繼續保持見聞覺知，於是再度**「相織妄成」**——與虛妄的六塵萬法交織在一起而不能捨離，不斷地作出種種不如理作意的思惟，一再確認虛妄性的有生滅法見聞覺知為眞實自我；這樣的**我見**出生以後，繼續生生世世不斷熏習這種邪見以後，**我執**便一再增長而反過來使**我見、三縛結**更加的堅固了，這就是由於我見、邪見而產生第二重的污濁，名為**見濁**，**受陰**就這樣出生了。

四大所成的色陰本來是無覺亦無知的，而如來藏妙眞如性——佛性——之中本來也是沒有四大所成的色陰；但因為眾生的邪見而錯認為見聞覺知心自己是本住法、是不生滅我，落入六塵境界中的虛妄自我之中，才使如來藏的妙眞如性——佛性——運作而摶集四大為身；然後如來藏再運轉四大之身而使妙眞如性的見聞知覺性現前運作，於是佛性就有了留礙與侷限，只能分散在六根六識中被侷限而運作著。這時如來藏的妙眞如性——佛性——就與四大之身及六識六塵互相交織，沒有辦法分離了；但是眾生卻不能理解到如來藏的所在，更不能理解如來藏的妙眞如性——佛性——究竟是什麼？又是怎麼運作的？於是就自以爲是，產生了我見、邪見等錯誤的見解，繼續增長對於自我的執著；所以見濁其實就是對六識在六塵中的見聞覺知性，沒有智慧現觀自我的總根源佛性，也不知道自我的生滅性，錯認爲眞實常住的不生滅我；這是以見爲代表，從邪見所生的錯誤見解，導致生死輪迴而不知推究生命的實相，所以稱爲見濁，於是受陰就這樣出生了。而這個見濁的成因，全都由於六識見聞覺知心領受了六塵中的萬法所致，也就是在色陰與識陰具足之後，進一步落入受陰之中了；所以對六塵一切境界的領受，不能如實了知能領受六塵的受陰虛妄性的緣故，才會有見濁產生，不離受陰區宇而無法證知妙眞如性。也就是無法回歸如來藏妙眞如—佛性—本源，所以才有受陰現行不斷，名爲見濁。

「又汝心中憶識誦習性發知見，容現六塵；離塵無相，離覺無性；相織妄成，是第三重名煩惱濁。」當阿難尊者心中能夠記憶及識別各種所背誦熏習的法義時，這種能夠常常誦習的體性，也會發起許多的所知與所見；當阿難心中有了過往今來的種種識別與憶想時，正是想陰的功能。這些由於憶識及誦習所引生的所知與所見，也都會產生一些煩惱；除非實證了法界實相以後，才會滅除這些因爲憶識誦習時不能如實理解而產生的煩惱，這已經是進入想陰的階段了。即使是憶識誦習時由於已經實證了，能確實理解所誦習的諸多法義，一樣會藉這些誦習作爲因緣而發起如理作意的所知與所見，當然也是「容現六塵」的狀況，仍然是在想陰之中。

但是凡夫眾生的想陰全都屬於我所上面的煩惱，必然會使想陰堅固增長。凡夫眾生憶識誦習時，是對什麼法來憶識誦習呢？當然是對世間六塵中的萬法嘛！眾生總是會憶持世間的六塵萬法，有的人甚至會記得小時候二、三歲時發生的事，這表示從小時候就很執著我所了！如果小時候不是對我所那麼執著，一定是記不住的，所以說是「憶識誦習」而發起的知與見。由於對世間種種法的憶識誦習，就發起了世間法中的知與見等六種自性；而這些全都是在六塵中現起才能運作的，因此覺知心中「容現六塵」。這在唯識增上慧學中就稱爲「顯境名言」，所以離念靈知仍然是有名言的，不是離語言道的實相心。由此可見離念靈知心所住的境界，並不是實相境界，而實相境界即是無餘涅槃中的境界，是如來藏獨存的無境界境界，這是永遠離語言道的，一切名言（表義名言、顯境名言）都到不了祂的境界中，而祂卻又函蓋世間境界。

當見聞覺知性從如來藏妙眞如性—佛性—之中現起時，見聞覺知心中就容納及顯現了六塵；因爲見聞覺知心要以六塵爲緣才能現起，所以見聞覺知心中不可能沒有六塵。既然有了六塵，那就有萬法囉！可是見聞覺知心對六塵能知能見的自性能夠發起，都是由於無量世以來憶識誦習諸法而不肯讓自己消失；至於想要讓自己的見聞覺知性繼續存在之目的，都是想要覺知六塵中的種種法相；特別是在外我所，也就是在五欲的執著上面；這是會產生許多煩惱的，眾生正是因爲這些煩惱而成爲污濁的眾生，名爲煩惱濁。

見聞覺知心所了知的種種法相是依附於六塵才有的，若是離開了六塵時就不可能有任何法相存在；同樣的道理，見聞覺知心若是離開了如來藏微妙明覺—佛性—之時，就不可能有見聞覺知各種法相的知覺性存在。正因爲如此，所以如來藏妙眞如性—佛性—與六塵互相交織重疊起來，就有虛妄法產生了，於是覺知心中就有了種種煩惱，名爲煩惱濁，於是想陰便出生了；最平凡而最常看到的煩惱是想要保有五欲的煩惱，最根本而且最深細的煩惱則是想要使覺知心自己長生久視，而一般眾生都是在外我所的五欲煩惱上不斷地擾濁不停，這也是從憶識誦習所引生的能知能見之中產生出來的，正是想陰的範圍，名爲煩惱濁。

人間眾生沒有一個人是無煩惱的，只是煩惱多或者煩惱少的不同。你若問我有沒有煩惱？當然有！我煩惱的是正法會不會被那些大法師們滅掉？正法勢力這麼微弱，那些大法師們的常見法、斷見法、無因論的法，勢力是那麼龐大；再加上邪魔法—藏傳佛教樂空雙運邪魔法—的勢力一樣是那麼龐大，我能夠沒有煩惱嗎？所以我一定會有煩惱（編案：這是二〇〇二年時所說，當時正法勢力尚未鞏固）。只要住在世間，菩薩還是有煩惱的，只是煩惱的對象不一樣，但同樣都是煩惱。這意思是說，只要想陰還在，而且還沒有究竟成佛時，都還是會有煩惱的；或者說，只要煩惱還在，而且還沒有究竟成佛時，都還是會有想陰，不能稱爲想蘊。

「**離塵無相，離覺無性；**」然而想陰的本質是什麼？其實想陰即是了知性。想陰是依意根、五色根以及如來藏的妙眞如性—佛性—才能出生與存在的，所以不論是哪一位名氣很大的大法師，當他們開示說：「**能見聞覺知的能見之性、能聞之性乃至能知覺性，就是佛性。所以你們在下面聽法的一念心，師父在上面說法的一念心，就是眞如佛性。這樣，會了沒有？**」他們其實都是落入想陰之中了！由他們這些開示中，已經證明他們都還沒有斷我見，因爲他們連想陰的內涵都不知道，如何能斷我見呢？怪不得會落入五陰之中。既然還不離五陰範疇，未斷我見，當然更無法明心；至於眼見佛性，那就更別提了！六識的了知性，必須依五色根爲緣才能在人間生起；而且，有了五色根以後，還必須有六塵才能生起，才會有能夠了知六塵的能覺能知的行相；並不是單依五色根就能生起的，同時必須有六塵存在，也就是必須由六根觸六塵才能生起，所以 世尊說：「離塵無相。」若沒有六塵，覺知心中又如何能有了知六塵的心行法相呢？縱使有五色根與六塵了，覺知心的了知性也還是無法出生與存在的，因爲六識覺知心的了知性，其實是從如來藏的妙眞如性—佛性—之中生起的，六根與六塵只是妙眞如性—佛性—在六根中生起覺知性的所緣，而六塵中的覺知性正是想陰。以此緣故，世尊在前面也說過：覺知性是無法歸還給任何所緣的，只能歸還給如來藏的妙眞如性——佛性，所以才說「本非因緣，非自然性，本如來藏妙眞如性」，如來藏的妙眞如性就是佛性。若是離開了如來藏的見分—眞覺佛性—六識也就不可能有了知性了，所以說：「離覺無性。」

明心的菩薩們知道如來藏確實有眞覺，因爲他們從如來藏與七轉識的和合運作中，已經觀察到如來藏確實有了知性，才能與七轉識互相配合運作；其密合的程度眞是天衣無縫，然而還是無法眼見如來藏的妙眞如性，只能觀察到如來藏的所在與運作。至於如來藏的妙眞如性，也就是如來藏的見分—

佛性—就必須修到第十住滿心位，有一天突然眼見佛性時才能親眼看見。如來藏的妙眞如性名爲佛性，就是眞覺，不是依五色根生起而在六塵中了知的妄覺；而妄覺的覺知心的了知性，其實是因爲背後有如來藏的妙眞如性—佛性—眞覺在支持，才能繼續有了知性存在運作，若沒有佛性眞覺的種子流注就沒有六塵中的了知性——想陰，所以 世尊說「離覺無性」。當眠熟或悶絕時，覺知心的了知性消失了，已經對六塵無知無覺了，然而眼見佛性的十住菩薩卻仍然可以清楚分明看見那位眠熟或悶絕者的妙眞如性—佛性眞覺—如來藏的見分，繼續在運作不斷，分明現前而無遮隱，這就是眼見佛性的十住滿心位菩薩的現觀境界。如來藏的妙眞如性—佛性—是如此眞實而常住不壞，眼見之下的山河大地與五陰身心就全都虛妄不實了，於是世界如幻、身心如幻的現觀立刻成就，不假修習，這就是十住滿心菩薩的如幻觀的現觀境界。所以如來藏的見分—佛性—妙眞如性，是從來不曾中斷過一剎那的，不論悶絕、眠熟、無想定、滅盡定中，都是不曾中斷一剎那的；直到正死位時才離開身中，又在新生的中陰身裡被你看見了，除非你沒有天眼通而看不見亡者的中陰身。如來藏這個妙眞如性—佛性—才是想陰了知性的根源，而了知性—想陰—是藉眾緣和合以後，才能從如來藏的妙眞如性—佛性—之中生起的，也都不離六塵，所以世尊說：「離塵無相，離覺無性。」

「相織妄成，是第三重名煩惱濁。」以上所說的正是想陰範圍中的煩惱，被這些煩惱所污濁了，就稱爲煩惱濁；也就是不能了知妙眞如性——佛性——是不需要依附於五色根的，是可以離五根色法而獨自運作的，但眾生迷於妙眞如性——佛性，所以有種種煩惱而使妙眞如性無法脫離五色根，成就煩惱而落入想陰之中，於是如來藏的妙眞如性—佛性—與煩惱互相交織成爲想陰；自從有了想陰以後就永遠都不離想陰，於是被想陰所遮蓋而不能證知佛菩提道，也不能眼見佛性。緣於迷惑如來藏的妙眞如性—佛性—所以眾生都有緣於世間法而產生的煩惱，更有緣於想陰—了知性—而產生的自我執著煩惱，不樂於寂滅，也就是不樂於滅除了知性而證無餘涅槃，所以「相織妄成」，想陰就一世又一世永遠存在。菩薩雖不迷惑於妙眞如性——佛性，卻有延續正法的煩惱；但諸地菩薩明見佛性，也了知佛性的眞實內涵，所以菩薩這個煩惱是無濁的，不攝在煩惱濁中，所以菩薩沒有煩惱濁；而一般眾生都有煩惱濁，因爲都是在外我所上面用心的緣故。以上的道理，是說明眾生都執著依五色根才能生起的覺知心，不知道如來藏的妙眞如性—佛性—是可以離五色根而直接了別六塵的；於是執著五色根所成的覺知心的了知性，不肯否定或捨離；於是如來藏的妙眞如性—佛性—就與這種煩惱濁相織相成，產生了依五色根才能生起的生滅虛妄的覺知性，想陰因此成就，名爲「相織妄成」。這就是想陰出生的原由，也是煩惱濁的原理。

「又汝朝夕生滅不停，知見每欲留於世間，業運每常遷於國土；相織妄成，是第四重名眾生濁。」從人類單獨個體的自相說完了，佛陀接著延續到一切有情眾生來說，而一切有情眾生其實都是同一個模樣。而且覺知心從早上到晚上一直生滅不停，因爲是虛妄心嘛！虛妄生滅的覺知心念念不斷、一直在運轉，當然是生滅不停的，於是不離**行陰**。而眾生總是想要讓自己的能知能見永遠留在世間，想要永遠不斷地存在世間做各種自己所喜歡的事情，也就是想要永遠擁有**行陰**，並且是想要擁有快樂的**行陰**。假使只是繼續保有能知能覺，一直都有見聞覺知，卻不能做什麼事情，這也不是眾生所喜樂的；一定是見聞覺知心可以自由自在地做各種事情，也就是一定要有**行陰**，眾生才會喜歡自己的存在，也因爲這樣才能稱爲有情眾生；若是沒有**行陰**的過程，就不能成其爲有情眾生了，這種對**行陰**的執著就是**眾生濁**。

眾生總是希望能知能見的自己可以長遠地留在世間，然而業運總是不斷地遷流，所以往往在這個世界死了以後就往生到另一個世界去，往往在人間死後就往生欲界天中，或者在欲界天中死後下墮於畜生道中，這就是「**業運每常遷於國土**」。這個眾生濁是依於行陰而存在的，眾生總是誤認能覺能知能見的自己是主人，然而這只是虛妄性的有生滅心，其實並不是眞正的主人；但卻因爲這樣誤認的緣故，所以就不免會與善惡業行相應，因爲這個生滅性的自己一定會與六塵相應，當然會與境界相應而產生了貪愛或厭惡的心行，於是就會造業——不論是造善業或者造惡業。造了業以後，就不免一世又一世遷流於不同的國土中，這就是「**業運**」。

眾生都認爲見聞覺知心是色身、色陰的主人，然而由於造作善惡業的緣故，所以就有了**行陰**，這個行陰即是**眾生濁**。因爲這個**行陰**一定會造成眾生不斷地遷流轉世，常在三界六道中不停地變換身相，當然會有各種不同的眾生相輪替交換著出現，於是就有種種眾生出現於三界六道中，所以**行陰**就是**眾生濁**。而且，眾生造作善惡業的**行陰**，其實仍然不離心行，當覺知心中念念遷流時的心行過程，其實也是**行陰**。從來沒有一個眾生願意自己的見聞覺知心是無法思惟運行的，當覺知心在思惟運行時，就是覺知心的行陰；由於覺知心的行陰，才會產生身口的行陰而造作出善業或惡業，於是捨報後就由這些業種的運行而遷流於三界六道中，下一世所住的國土法相就改變了。眾生即使想要免除或逃離業運的遷變，也是無法作主的。

這表示覺知心其實不是自在心，不是眞實的自我，也是無法流轉三世的，而是每一世的覺知心都只能存在一世，都是無法轉移到下一世去的。所以，眾生都是被業運所掌控的，都想要繼續保有此世的色陰與名利；無奈的是業運，也就是業種運行時，會使人們想要繼續保持的此世五陰與我所，逐漸地流失掌控權；當往世造惡業而此世正在受苦報時，想要遷移這些痛苦的業報而不再受報時，見聞覺知心卻又無法自我斷滅而不受苦報——無法把業運加以轉變，只能繼續留在痛苦的色陰中領受痛苦的果報過程——繼續住在痛苦的行陰過程中。這些善惡業種子運行所產生的果報，不論是想要繼續保有，或者想要趕快遠離，都是由不得有情眾生自己作主來決定的，於是不得不繼續當眾生。當如來藏妙眞如性—佛性—與業運配合，而且與始終想要使能覺能知永遠留存在世間的執著動力互相交織時，行陰便出現而持續運行，這就是眾生濁，這是五疊渾濁中的第四重渾濁。

「汝等見聞元無異性，眾塵隔越，無狀異生；」世間人的六識顯現的見聞嗅嚐觸知等六種自性，其實本來就無異性，本來就是同一種自性，名爲佛性，卻因爲被色身四大五根六塵所拘束而分成六種不同的自性。其中的密意當然不可以公開解釋，等你們將來眼見佛性的時候自然就會知道啦！但是我們仍然要從事相上來加以解釋，否則講解這一段經文時究竟要講什麼呢？當然還是要設法講一講，讓已經眼見佛性的同修們多增長一些智慧，也爲還沒有眼見佛性的同修們種下將來眼見佛性的因緣。由於佛性經由識陰見聞覺知心面對六塵時，既然已經分成六種自性了，所以六識心各自面對色聲香味觸法時當然就有了界限：色塵是色塵，聲塵是聲塵……乃至法塵是法塵，這樣使妙眞如性—佛性—分散於六塵的界限中，互相隔開而不能超越自己的界限，這就是「**眾塵隔越**」。

意思是說，**命濁**其實是依識陰而說的，當識陰永遠不能在同一個色陰中繼續現前時，就必須捨報了。識陰雖然分成六個識，然而從見性的實證者所見來說，其實本都源於同一個自性，這個自性正是識陰六種自性的總相，也就是如來藏的妙眞如性——佛性，由這個總相中出生了識陰六識六種不同的自性，所以　佛說「**汝等見聞元無異性**」；然而在見聞覺知原來本無異性之中，卻又因爲六塵的不同而且互有隔越，所以本來是一的佛性就分散在六塵中有了隔越而出生了六識不同的自性來因應，才能夠識知六塵中的各種不同法相。假使有七塵，那麼如來藏妙眞如性—佛性—當然就會變生七個能識知七塵的七個分別識，而這七個識也都將同樣是互相隔越而不能互通的。所以，當人間有情只需要六塵就能生存，又只需要識知六塵時，如來藏妙眞如性—佛性—當然就會只出生六識，由六種不同功能的識別性來運作而識知六塵法相，並不需要有什麼業緣運行才出生六識，所以說是「無狀異生」：沒有別的業運作爲所緣而有不同性質的識別性出生。

「性中相知，用中相背；同異失準，相織妄成，是第五重名爲命濁。」

本來一切人的如來藏自己的妙眞如性—佛性—都是可以直接與六塵相應的，但是由於不能回歸本來面目的緣故，落入劫濁、見濁、煩惱濁、眾生濁之內，就使「元無異性」的如來藏妙眞如性—佛性—出生了六種不同的識知性而互相隔越，各有自己所識知的範圍而不能互相超越。對眾生而言，由於從來都不瞭解其中的道理，就只能說是沒來由的、從無始劫以來就是這樣不能互通。然而在被分成六種不能互通的不同自性時，這六種自性卻還是能夠互相聯繫的，所以眼識見到了色塵時，意識也能知；耳識聽到聲塵時，意識也能知；乃至身識觸到觸塵時，意識也能知。這表示六種不同的識別性固然有所隔越，但這六識中卻有同一個法性存在，使得六識可以相知而共同運作，不會互不相干；因此，意識想要識別什麼，其餘五識也會配合而作識別；

而前五識識別的內容，意識也能了知，這就是「性中相知」。換句話說，六識固然是「無狀異生」而成爲「眾塵隔越」的不同識別性，但卻可以「性中相知」。可是在「無狀異生」而「性中相知」的時候，卻又同時是「用中相背」的；譬如眼識正在作用時，耳識無法了知眼識所識知的內容；耳識正在作用時，鼻識無法了知耳識所識知的內容；乃至意識正在作用時，眼等五識無法了知意識所識知的內容；這就是「用中相背」，這也是由於「無狀異生」而導致的結果。

如來藏的妙眞如性—佛性—的功能分出六個部分成爲六識，也就是識陰；識陰具有能見、能聞、能嗅、能嚐、能觸、能知等六種自性，這六種自性既然「無狀異生」而「用中相背」，卻又「眾塵隔越」而「性中相知」，從文字表面看來似乎是矛盾的現象。然而又有很合理的部分，譬如「眾塵隔越」就必然「用中相背」，又如「元無異性」當然就「性中相知」。所以六識互相之間究竟是同或異，也眞的很難說清楚；因爲假使有人主張六識相同，業用卻又相背而不能互相通用；假使有人主張六識相異時，六識卻又可以互知而能互相配合；這樣看來，還眞難有一個定準，簡直是可以各說各話的了！然而菩薩卻正是因爲這樣子實證的緣故，從不同的方向說出不同的法義來，卻又總是互相輝映而沒有自相矛盾之處。世尊則是從這個特性上面說：「同異失準，相織妄成，是第五重名爲命濁。」

這部經中有許多地方是牽涉到佛性密意的，我是不可以公開解釋的，只能向已經眼見佛性的極少數同修們私下解釋。我若是公開解釋了其中的佛性密意，也就等於剝奪了你們將來眼見佛性的機緣了！因爲見性這一關很奇特，如果慧力、定力、福德三個條件還沒有具足以前，就先知道佛性密意了，一定看不見佛性的，必定會成爲解悟者；縱使將來再補足這三個條件時，也還是無法以肉眼看得見的，永遠都將是解悟者，只能期待來世重新再開始求見佛性了。這是我度人十來年的經驗，百試不爽，也眞的無可奈何。也就因爲有如此的特性，只好做隱覆式的解說，只有已經眼見佛性的同修們可以確實聽懂，卻不會洩露佛性密意而使大眾失去將來眼見佛性的因緣。

世尊這二句「性中相知，用中相背」，說得眞傳神，因爲不只是把識陰六識的自性講出來了，卻又烘雲托月地隱藏了佛性的密意—妙眞如性—在裡面；必須是有因緣、有福德、有慧力的菩薩們，才有機會通達其中的密意而眼見佛性。等到有一天眼見佛性的時候一定會這樣說：「啊！原來是這樣，果然是這樣，眞是元無異性而性中相知。」證實妙眞如性—佛性—確實是在識陰六識之中互相聯繫著，而這卻是眞悟明心的七住菩薩們所無法了知的，乃至初入十住位而尚未眼見佛性的菩薩們所無法了知的。以前明心時發覺說：「見性是見性、聞性是聞性、嗅性是嗅性、嚐性是嚐性、觸覺性是觸覺性、了知性是了知性，確實是分開的，也確實都不是如來藏妙心，全都屬於識陰。」等到有一天終於眼見佛性時，才赫然發覺原來根本就沒有分開過，原來還是如來藏的同一個妙眞如性——佛性。

所以，在同修會以外，明心以後就是一生學佛事畢。然而在同修會中，明心才只是剛剛入門；明心以後還有很長的路要走，因爲眼見佛性時才能證得的十住滿心位世界身心如幻觀，還在等著你親自實證；只要眼見佛性了，在一刹那間便成就如幻觀了，也就同時圓滿十住位的智慧與解脫受用了。不過眼見佛性很不容易，我昨天才跟楊老師講：「我這一世發願要度一百零八個人明心而且眼見佛性，達成目標的機會很小。明心者可以有很多，但是眼見佛性眞的很難，假使能有五十人見性，也就喜出望外了，也是打破二千五百多年佛教史的記錄了。」

《大般涅槃經》中 佛說眼見佛性的三個條件：第一是慧力，要不斷地熏習增長；第二是定力，也就是無相念佛功夫成就以後改作看話頭的功夫，而且這個功夫必須很好，更不能作錯功夫。這一回也有人自信滿滿，認為自己一定可以眼見佛性，那我就幫他引導了！可是仍然看不見佛性。只要是無法在山河大地上看見自己的佛性，就不算是見性，只是解悟佛性密意而已。他的無相念佛的功夫很好，可是問題出在哪裡呢？出在看話頭的功夫作錯了——不是見性時所需要的定力——所以引導出來時還是看不見啊！所以下一回要引導以前，一定要先勘驗平常看話頭的功夫是怎麼作的？如果功夫作錯了，禪三後回家再去看話頭，千萬別急！因為一旦引導出來時看不見，接下來就再也沒有機會了，這一輩子是看不見佛性了。眼見佛性這一關可不像明心破參，明心後若是智慧不能如泉湧發，我們還是可以幫他補救的，可以再三幫忙而激出他的實相般若；然而見性這一關是無法補救幫忙的，真的沒辦法硬送。

更多的人則是定力也行，慧力也好，功夫也做得對，就是差在福德不夠，而福德正是眼見佛性所必須的第三個條件。如果福德欠缺，在定力與慧力都很好的情況下，被引導出來時，還是怎麼樣都沒辦法看見佛性的。以前，我不太相信見性需要福德佐助，我只相信定力跟慧力，因為那時我還不知道自己過去世有修過什麼福德，這一世就這麼眼見佛性了！可是後來出世度眾，越是度到後來就越發相信　佛說必須要有大福德，這話一定有道理。如今證明果然如是，眞的是福德不夠就看不見佛性啊！不論我怎麼樣幫忙也都是看不見的，沒有辦法作人情。所以見性這一關還眞的很困難，如今已經又過一年了，一直想要送，可是卻送不出去。有些人，我明知道幫他引導出來以後一定看不見的，那就得要自己參究啊！可是也別以爲自己參出來時就一定看得見，福德若是不夠，照樣是看不見，所以福德眞的很重要。

可是，眼見佛性的方法、方向、智慧都跟明心不一樣，明心是智慧開始出現了，因爲我們都會幫忙整理見地，但畢竟只是實相智慧而沒有絲毫的境界可言。可是眼見佛性時眞的棒透了，因爲十住位的世界如幻觀、身心如幻觀，是在見性的那一刹那便成就了；這是有境界相的，但卻不是世間的境界相，而且是在看見佛性的當下便成就了！那時心中大爲驚訝：「**哎呀！世界竟然可以是這個樣子！從大地上所看到的都是佛性，無一處沒有自己的佛性。**」就是這樣，連牆壁上、狗屎上也都可以看見自己的佛性，但不是狗屎或牆壁上有佛性，卻可以從狗屎或牆壁上看得見自己的佛性；而自己的佛性根本就不在牆壁上，也不在狗屎上。還沒有眼見的人根本就聽不懂，可是事實上正是這樣，所有已經眼見佛性的人都同樣是如此看見的，根本就不必解釋，也無法解釋；而是本來就這樣，法爾如是，無理可說。

假使有眼見佛性了，今天所說的「性中相知」就懂了：原來見性、聞性乃至知覺性裡面都有同一個佛性，而佛性卻不只是這六識的自性；而這六識的自性之中確實是有一個能夠相知的佛性，在這六識自性裡面互通。然而眾生都是落在六識自性中，永遠是「眾塵隔越」的，因此不免「用中相背」；所以，能見之性就只能夠見色，能聞之性就只能聞聲，都不能互通的。可是如果進修到佛地時，第八識如來藏可就大大的不一樣了；修到佛地時，如來藏已經可以六根互通，每一根都可以通六塵，這個是佛地的境界啊！等覺、妙覺菩薩所無法想像。所以這個「性中相知」，得要眼見佛性了，才會更深入、更正確知道這個道理。

佛菩提道的修證，能夠修到眼見佛性的階段，就已經很了不得了！因為眾生都是連明心都沒有辦法證得的，當然無法懂得「無狀異生」與「性中相知」的道理；乃至三明六通大阿羅漢們尚未迴心大乘證悟佛菩提之前，也都是不瞭解的，因此就很難理解「同異失準」的眞正意涵。然而一旦眼見佛性分明時，就不致於再誤會「同異失準」的道理了。單說明心時親證八識心王具足的智慧境界，不迴心的阿羅漢們就無法弄懂了，更何況是我見未斷的凡夫眾生，更是無法理解的。甚至直到如今，都還有一位台北很聞名的大法師向我們的一位同修說：「**心就只有一個，怎麼會有眞心與妄心兩個心？**」（編案：這是二〇〇二年時所說）其實何止兩個心？我們只是爲了幫助大眾更容易證悟如來藏心，所以說心有兩個：把前七識合併爲一個妄心來說，然後說第八識如來藏是眞心，而那位名聞四海、足跡遍及五大洲的大法師，竟然不承認七識妄心是有七個心；當他認定只有一個見聞覺知心的時候，當然更不會認同還有一個第八識如來藏了。（編案：這位大法師教禪極有名聲，此書出版前已經過世了！）

都由於八識心王有眞有妄，互相交織而成就了虛妄法，而在八識心王互相配合運作時是「**性中相知**」而且「**用中相背**」，確實不能單單主張其中的一種，所以單說八識心王相同或相異，都會有問題出現，不符合法界實相，因此眞的是「**同異失準**」。那麼就在這種「**同異失準**」的情況下，八識心王就在如來藏的妙眞如性—佛性—的互相交織之中，成就了識陰六識互知互聯而又各有不同功能的作用，這就是眾生之所以被稱爲有生命的原因。所以若是執著識陰六識的見聞知覺性作爲眞實的自我、常住不壞的自我，就是佛所說的命濁眾生。這樣的眾生，永遠都會基於業運及見思惑而具足五濁，一世又一世由如來藏的妙眞如性—佛性—與無明及我執互相交織成虛妄的識陰，落入六塵境界中繼續維持識陰六識的存在，於是每一世死後都不得不繼續受生，才能繼續保有識陰六識的知覺性，當然就永遠處於凡夫位中輪轉生死。

總而言之，如來藏妙覺明心是三界有情唯一的眞心，除了各自所有的如來藏妙覺明心以外，別無眞心可以實證。而這個如來藏妙覺明心是本來澄湛而圓滿一切功德的金剛心，只因爲眾生五濁重疊而迷惑實相，不知五陰自我的虛妄，並且又貪著各類我所；於是對空性如來藏及祂的妙眞如性等功德不如實知，貪於六塵境界而被見聞覺知性所繫縛，因此而自困於四大所成的色身之內，落入色陰之中便成就了劫濁。然後則是由於被自己的身相所繫縛而落入受陰之中，產生了邪見、我見，於是成就見濁。接著由於色陰、受陰的作用而對六塵中的種種法，生起了貪愛與厭惡之想，於是有了種種想而成就了想陰，有了想陰便成就了煩惱濁。由於種種煩惱的緣故而導致「業運遷流」，無量世以來始終不離三界六道輪迴，世世繼續各種行陰而不能斷絕，具足了眾生相，這就是眾生濁。一旦落入眾生相之中，就必然要繼續執著命根，世世都會執著識陰六識自身，或者執著六識的自性以爲常住不壞的眞我自己，成就命濁。這樣子「五疊渾濁」以後，再也無法回歸湛然圓滿的如來藏本覺—佛性—的自性了。這就是「五疊渾濁」的道理。（未完，詳續第七輯）

佛教正覺同修會〈修學佛道次第表〉

第一階段

* 以憶佛及拜佛方式修習動中定力。
* 學第一義佛法及禪法知見。
* 無相拜佛功夫成就。
* 具備一念相續功夫—動靜中皆能看話頭。
* 努力培植福德資糧，勤修三福淨業。

第二階段

* 參話頭，參公案。
* 開悟明心，一片悟境。
* 鍛鍊功夫求見佛性。
* 眼見佛性〈餘五根亦如是〉親見世界如幻，成就如幻觀。
* 學習禪門差別智。
* 深入第一義經典。
* 修除性障及隨分修學禪定。
* 修證十行位陽焰觀。

第三階段

* 學一切種智真實正理—楞伽經、解深密經、成唯識論…。
* 參究末後句。
* 解悟末後句。
* 透牢關—親自體驗所悟末後句境界，親見實相，無得無失。
* 救護一切衆生迴向正道。護持了義正法，修證十迴向位如夢觀。
* 發十無盡願，修習百法明門，親證猶如鏡像現觀。
* 修除五蓋，發起禪定。持一切善法戒。親證猶如光影現觀。
* 進修四禪八定、四無量心、五神通。進修大乘種智，求證猶如谷響現觀。

佛菩提二主要道次第概要表——二道並修，以外無別佛法

佛菩提道——大菩提道

遠波羅蜜多

資糧位

十信位修集信心——一劫乃至一萬劫

初住位修集布施功德（以財施爲主）。

二住位修集持戒功德。

三住位修集忍辱功德。

四住位修集精進功德。

五住位修集禪定功德。

六住位修集般若功德（熏習般若中觀及斷我見，加行位也）。

七住位明心般若正觀現前，親證本來自性清淨涅槃。

八住位起於一切法現觀般若中道。漸除性障。

十住位眼見佛性，世界如幻觀成就。

外門廣修六度萬行

見道位

一至十行位，於廣行六度萬行中，依般若中道慧，現觀陰處界猶如陽焰，至第十行滿心位，陽焰觀成就。

一至十迴向位熏習一切種智；修除性障，唯留最後一分思惑不斷。第十迴向滿心位成就菩薩道如夢觀。

內門廣修六度萬行

初地：第十迴向位滿心時，成就道種智一分（八識心王一一親證後，領受五法、三自性、七種第一義、七種性自性、二種無我法）復由勇發十無盡願，成通達位菩薩。復又永伏性障而不具斷，能證慧解脫而不取證，由大願故留惑潤生。此地主修法施波羅蜜多及百法明門。證「猶如鏡像」現觀，故滿初地心。

二地：初地功德滿足以後，再成就道種智一分而入二地；主修戒波羅蜜多及一切種智。滿心位成就「猶如光影」現觀，戒行自然清淨。

解脫道：二乘菩提

→ 斷三縛結，成初果解脫

→ 薄貪瞋癡，成二果解脫

→ 斷五下分結，成三果解脫

入地前的四加行令煩惱障現行悉斷，成四果解脫，留惑潤生。分段生死已斷，煩惱障習氣種子開始斷除，兼斷無始無明上煩惱。

近波羅蜜多 —— 大波羅蜜多 —— 圓滿波羅蜜多

修道位 —— 究竟位

三地：二地滿心再證道種智一分，故入三地。此地主修忍波羅蜜多及四禪八定、四無量心、五神通。能成就俱解脫果而不取證，留惑潤生。滿心位成就「猶如谷響」現觀及無漏妙定意生身。

四地：由三地再證道種智一分故入四地。主修精進波羅蜜多，於此土及他方世界廣度有緣，無有疲倦。進修一切種智，滿心位成就「如水中月」現觀。

五地：由四地再證道種智一分故入五地。主修禪定波羅蜜多及一切種智，斷除下乘涅槃貪。滿心位成就「變化所成」現觀。

六地：由五地再證道種智一分故入六地。此地主修般若波羅蜜多——依道種智現觀十二因緣一一有支及意生身化身，皆自心眞如變化所現，「非有似有」，成就細相觀，不由加行而自然證得滅盡定，成俱解脫大乘無學。

七地：由六地「非有似有」現觀，再證道種智一分故入七地。此地主修一切種智及方便波羅蜜多，由重觀十二有支一一支中之流轉門及還滅門一切細相，成就方便善巧，念念隨入滅盡定。滿心位證得「如犍闥婆城」現觀。

八地：由七地極細相觀成就故再證道種智一分而入八地。此地主修一切種智及願波羅蜜多。至滿心位純無相觀任運恆起，故於相土自在，滿心位復證「如實覺知諸法相意生身」故。

九地：由八地再證道種智一分故入九地。主修力波羅蜜多及一切種智，成就四無礙，滿心位證得「種類俱生無行作意生身」。

十地：由九地再證道種智一分故入此地。此地主修一切種智——智波羅蜜多。滿心位起大法智雲，及現起大法智雲所含藏種種功德，成受職菩薩。

等覺：由十地道種智成就故入此地。此地應修一切種智，圓滿等覺地無生法忍；於百劫中修集極廣大福德，以之圓滿三十二大人相及無量隨形好。

妙覺：示現受生人間已斷盡煩惱障一切習氣種子，並斷盡所知障一切隨眠，永斷變易生死無明，成就大般涅槃，四智圓明。人間捨壽後，報身常住色究竟天利樂十方地上菩薩；以諸化身利樂有情，永無盡期，成就究竟佛道。

七地滿心斷除故意保留之最後一分思惑時，煩惱障所攝色、受、想三陰有漏習氣種子全部斷盡。←

煩惱障所攝行、識二陰無漏習氣種子任運漸斷，所知障所攝上煩惱任運漸斷。←

斷盡變易生死成就大般涅槃

圓滿成就究竟佛果

佛子蕭平實 謹製

（二〇〇九、〇二 修訂）

（二〇一二、〇二 增補）

佛教正覺同修會 共修現況 及 招生公告　2016/1/16

一、共修現況：（請在共修時間來電，以免無人接聽。）

台北正覺講堂 103 台北市承德路三段 277 號九樓 捷運淡水線圓山站旁

Tel..**總機** 02-25957295（晚上）（**分機**：**九樓**辦公室 10、11；知客櫃檯 12、13。 **十樓**知客櫃檯 15、16；書局櫃檯 14。 **五樓**辦公室 18；知客櫃檯 19。**二樓**辦公室 20；知客櫃檯 21。）

Fax..25954493

第一講堂　台北市承德路三段 277 號九樓

禪淨班：週一晚上班、週三晚上班、週四晚上班、週五晚上班、週六下午班、週六上午班（皆須報名建立學籍後始可參加共修，欲報名者詳見本公告末頁）

增上班：**瑜伽師地論詳解**：每月第一、三、五週之週末 17.50～20.50 平實導師講解（僅限已明心之會員參加）

禪門差別智：每月第一週日全天　平實導師主講（事冗暫停）。

佛藏經詳解　平實導師主講。已於 2013/12/17 開講，歡迎已發成佛大願的菩薩種性學人，攜眷共同參與此殊勝法會聽講。詳解 釋迦世尊於《佛藏經》中所開示的眞實義理，更爲今時後世佛子四眾，闡述佛陀演說此經的本懷。眞實尋求佛菩提道的有緣佛子，親承聽聞如是勝妙開示，當能如實理解經中義理，亦能了知於大乘法中：如何是諸法實相？善知識、惡知識要如何簡擇？如何才是清淨持戒？如何才能清淨說法？於此末法之世，眾生五濁益重，不知佛、不解法、不識僧，唯見表相，不信眞實，貪著五欲，諸方大師不淨說法，各各將導大量徒眾趣入三塗，如是師徒俱堪憐憫。是故，平實導師以大慈悲心，用淺白易懂之語句，佐以實例、譬喻而爲演說，普令聞者易解佛意，皆得契入佛法正道，如實了知佛法大藏。

此經中，對於實相念佛多所著墨，亦指出念佛要點：以實相爲依，念佛者應依止淨戒、依止清淨僧寶，捨離違犯重戒之師僧，應受學清淨之法，遠離邪見。本經是現代佛門大法師所厭惡之經典：一者由於大法師們已全都落入意識境界而無法親證實相，故於此經中所說實相全無所知，都不樂有人聞此經名，以免讀後提出問疑時無法回答；二者現代大乘佛法地區，已經普被藏密喇嘛教滲透，許多有名之大法師們大多已曾或繼續在修練雙身法，都已失去聲聞戒體及菩薩戒體，成爲地獄種姓人，已非眞正出家之人，本質只是身著僧衣而住在寺院中的世俗人。這些人對於此經都是讀不懂的，也是極爲厭惡的；他們尚不樂見此經之印行，何況流通與講解？今爲救護廣大學佛人，兼欲護持佛教血脈永續常傳，特選此經宣講之。每逢週二 18.50~20.50 開示，不限制聽講資格。會外人士需憑身分證件換證入內聽講（此是大樓管理處之安全規定，敬請見諒)。桃園、台中、台南、高雄等地講堂，亦於每週二晚上播放平實導師所講本經之 DVD，不必出示身分證件即可入內聽講，歡迎各地善信同霑法益。

第二講堂　台北市承德路三段 267 號十樓。

禪淨班：週一晚上班、週六下午班。

進階班：週三晚上班、週四晚上班、週五晚上班（禪淨班結業後轉入共修)。

佛藏經詳解：平實導師講解。每週二 18.50~20.50（影像音聲即時傳輸)。本會學員憑上課證進入聽講，會外學人請以身分證件換證進入聽講（此爲大樓管理處安全管理規定之要求，敬請諒解)。

第三講堂　台北市承德路三段 277 號五樓。

進階班：週一晚上班、週三晚上班、週四晚上班、週五晚上班。

佛藏經詳解：平實導師講解。每週二 18.50~20.50（影像音聲即時傳輸)。本會學員憑上課證進入聽講，會外學人請以身分證件換證進入聽講（此爲大樓管理處安全管理規定之要求，敬請諒解)。

第四講堂　台北市承德路三段 267 號二樓。

進階班：週一晚上班、週三晚上班、週四晚上班、週五晚上班（禪淨班結業後轉入共修)。

佛藏經詳解：平實導師講解。每週二 18.50~20.50（影像音聲即時傳輸)。本會學員憑上課證進入聽講，會外學人請以身分證件換證進入聽講（此爲大樓管理處安全管理規定之要求，敬請諒解)。

第五、第六講堂　爲**開放式講堂**，不需以身分證件換證即可進入聽講，台北市承德路三段 267 號地下一樓、地下二樓。已規劃整修完成，每逢週二晚上講經時段開放給會外人士自由聽經，請由大樓側面梯階逕行進入聽講。**聽講者請尊重講者的著作權及肖像權，請勿錄音錄影，以免違法；若有錄音錄影被查獲者，將依法處理。**

正覺祖師堂　大溪鎭美華里信義路 650 巷坑底 5 之 6 號（台 3 號省道 34 公里處 妙法寺對面斜坡道進入）電話 03-3886110　傳眞 03-3881692 本堂供奉 克勤圓悟大師，專供會員每年四月、十月各二次精進禪三共修，兼作本會出家菩薩掛單常住之用。除禪三時間以外，每逢單月第一週之週日 9:00~17:00 開放會內、外人士參訪，當天並提供午齋結緣。教內共修團體或道場，得另申請其餘時間作團體參訪，務請事先與常住確定日期，以便安排常住菩薩接引導覽，亦免妨礙常住菩薩之日常作息及修行。

桃園正覺講堂（第一、第二講堂）：桃園市介壽路 286、288 號 10 樓（陽明運動公園對面）電話：03-3749363(請於共修時聯繫，或與台北聯繫)

禪淨班：週一晚上班、週三晚上班、週四晚上班、週五晚上班。

進階班：週六上午班、週五晚上班。

佛藏經詳解：平實導師講解。每週二晚上，以台北正覺講堂所錄 DVD 放映；歡迎會外學人共同聽講，不需出示身分證件。

新竹正覺講堂 新竹市東光路 55 號二樓之一　電話 03-5724297（晚上）

第一講堂：

禪淨班：週一晚上班、週五晚上班、週六上午班。

進階班：週三晚上班、週四晚上班（由禪淨班結業後轉入共修）。

佛藏經詳解：平實導師講解。每週二晚上，以台北正覺講堂所錄 DVD 放映。歡迎會外學人共同聽講，不需出示身分證件。

第二講堂：

禪淨班：週三晚上班、週四晚上班。

佛藏經詳解：每週二晚上與第一講堂同時播放佛藏經詳解 DVD。

台中正覺講堂 04-23816090（晚上）

第一講堂 台中市南屯區五權西路二段 666 號 13 樓之四（國泰世華銀行樓上。鄰近縣市經第一高速公路前來者，由五權西路交流道可以快速到達，大樓旁有停車場，對面有素食館）。

禪淨班：週三晚上班、週四晚上班。

進階班：週一晚上班、週六上午班（由禪淨班結業後轉入共修）。

增上班：單週週末以台北增上班課程錄成 DVD 放映之，限已明心之會員參加。

佛藏經詳解：平實導師講解。每週二晚上，以台北正覺講堂所錄 DVD 放映。歡迎會外學人共同聽講，不需出示身分證件。

第二講堂 台中市南屯區五權西路二段 666 號 4 樓

禪淨班：週一晚上班、週三晚上班、週六上午班。

進階班：週五晚上班（由禪淨班結業後轉入共修）。

佛藏經詳解：每週二晚上與第一講堂同時播放佛藏經詳解 DVD。

第三講堂、第四講堂：台中市南屯區五權西路二段 666 號 4 樓。

嘉義正覺講堂 嘉義市友愛路 288 號八樓之一　電話：05-2318228

第一講堂：

禪淨班：週一晚上班、週四晚上班、週五晚上班。

進階班：週三晚上班（由禪淨班結業後轉入共修）。

佛藏經詳解：平實導師講解。每週二晚上，以台北正覺講堂所錄 DVD 放映。歡迎會外學人共同聽講，不需出示身分證件。

第二講堂 嘉義市友愛路 288 號八樓之二。

台南正覺講堂

第一講堂 台南市西門路四段 15 號 4 樓。06-2820541（晚上）

禪淨班：週一晚上班、週三晚上班、週四晚上班、週五晚上班、週六下午班。

增上班：單週週末下午，以台北增上班課程錄成 DVD 放映之，限已明心之會員參加。

佛藏經詳解：平實導師講解。每週二晚上，以台北正覺講堂所錄 DVD 放映。歡迎會外學人共同聽講，不需出示身分證件。

第二講堂　台南市西門路四段 15 號 3 樓。

佛藏經詳解：每週二晚上與第一講堂同時播放佛藏經詳解 DVD。

第三講堂　台南市西門路四段 15 號 3 樓。

進階班：週三晚上班、週四晚上班、週六上午班（由禪淨班結業後轉入共修）。

佛藏經詳解：每週二晚上與第一講堂同時播放佛藏經詳解 DVD。

高雄正覺講堂　高雄市新興區中正三路 45 號五樓 07-2234248（晚上）

第一講堂（五樓）：

禪淨班：週一晚上班、週三晚上班、週四晚上班、週五晚上班、週六上午班。

增上班：單週週末下午，以台北增上班課程錄成 DVD 放映之，限已明心之會員參加。

佛藏經詳解：平實導師講解。每週二晚上，以台北正覺講堂所錄 DVD 放映。歡迎會外學人共同聽講，不需出示身分證件。

第二講堂（四樓）：

進階班：週三晚上班、週四晚上班、週六上午班（由禪淨班結業後轉入共修）。

佛藏經詳解：每週二晚上與第一講堂同時播放佛藏經詳解 DVD。

第三講堂（三樓）：

進階班：週四晚上班（由禪淨班結業後轉入共修）。

香港正覺講堂　**☆已遷移新址☆**

九龍觀塘，成業街 10 號，電訊一代廣場 27 樓 E 室。

（觀塘地鐵站 B1 出口，步行約 4 分鐘）。電話：(852) 23262231

英文地址：Unit E, 27th Floor, TG Place, 10 Shing Yip Street, Kwun Tong, Kowloon

禪淨班：雙週六下午班 14:30-17:30，已經額滿。
雙週日下午班 14:30-17:30，2016 年 4 月底前尚可報名。

進階班：雙週五晚上班（由禪淨班結業後轉入共修）。

增上班：單週週末上午，以台北增上班課程錄成 DVD 放映之，限已明心之會員參加。

妙法蓮華經詳解：平實導師講解。雙週六 19:00-21:00，以台北正覺講堂所錄 DVD 放映；歡迎會外學人共同聽講，不需出示身分證件。

美國洛杉磯正覺講堂　☆已遷移新址☆

825 S. Lemon Ave Diamond Bar, CA 91798 U.S.A.
Tel. (909) 595-5222（請於週六 9:00~18:00 之間聯繫）
Cell. (626) 454-0607

禪淨班：每逢週末 15：30~17：30 上課。

進階班：每逢週末上午 10：00~12：00 上課。

佛藏經詳解：平實導師講解。每週六下午 13：00~15：00，以台北正覺講堂所錄 DVD 放映。歡迎各界人士共享第一義諦無上法益，不需報名。

二、招生公告　本會台北講堂及全省各講堂，每逢**四月、十月**下旬開新班，每週共修一次（每次二小時。開課日起三個月內仍可插班）；但美國洛杉磯共修處之禪淨班得隨時插班共修。各班共修期間皆爲二年半，欲參加者請向本會函索報名表（各共修處皆於共修時間方有人執事，非共修時間請勿電詢或前來洽詢、請書），或直接從本會官方網站(http://www.enlighten.org.tw/newsflash/class)或成佛之道網站下載報名表。共修期滿時，若經報名禪三審核通過者，可參加四天三夜之禪三精進共修，有機會明心、取證如來藏，發起般若實相智慧，成爲實義菩薩，脫離凡夫菩薩位。

三、新春禮佛祈福 農曆年假期間停止共修：自農曆新年前七天起停止共修與弘法，正月 8 日起回復共修、弘法事務。新春期間正月初一～初七 9.00～17.00 開放台北講堂、正月初一～初三開放新竹講堂、台中講堂、台南講堂、高雄講堂，以及大溪禪三道場（正覺祖師堂），方便會員供佛、祈福及會外人士請書。美國洛杉磯共修處之休假時間，請逕詢該共修處。

密宗四大派修雙身法，是外道性力派的邪法；又以生滅的識陰作爲常住法，是常見外道，是假的藏傳佛教。

西藏覺囊巴以他空見弘揚第八識如來藏勝法，才是真藏傳佛教

佛教正覺同修會　弘法行事表　　2017/03/31

1、**禪淨班**　以無相念佛及拜佛方式修習動中定力，實證一心不亂功夫。傳授解脫道正理及第一義諦佛法，以及參禪知見。共修期間：二年六個月。每逢四月、十月開新班，詳見招生公告表。

2、**《佛藏經》**詳解　　平實導師主講。已於 2013/12/17 開講，歡迎已發成佛大願的菩薩種性學人，攜眷共同參與此殊勝法會聽講。詳解 釋迦世尊於《佛藏經》中所開示的眞實義理，更爲今時後世佛子四眾，闡述 佛陀演說此經的本懷。眞實尋求佛菩提道的有緣佛子，親承聽聞如是勝妙開示，當能如實理解經中義理，亦能了知於大乘法中：如何是諸法實相？善知識、惡知識要如何簡擇？如何才是清淨持戒？如何才能清淨說法？於此末法之世，眾生五濁益重，不知佛、不解法、不識僧，唯見表相，不信眞實，貪著五欲，諸方大師不淨說法，各各將導大量徒眾趣入三塗，如是師徒俱堪憐憫。是故，平實導師以大慈悲心，用淺白易懂之語句，佐以實例、譬喻而爲演說，普令聞者易解佛意，皆得契入佛法正道，如實了知佛法大藏。每逢週二 18.50~20.50 開示，不限制聽講資格。會外人士需憑身分證件換證入內聽講（此是大樓管理處之安全規定，敬請見諒）。桃園、新竹、台中、台南、高雄等地講堂，亦於每週二晚上播放平實導師講經之 DVD，不必出示身分證件即可入內聽講，歡迎各地善信同霑法益。

有某道場專弘淨土法門數十年，於教導信徒研讀《佛藏經》時，往往告誡信徒曰：「後半部不許閱讀。」由此緣故坐令信徒失去提升念佛層次之機緣，師徒只能低品位往生淨土，令人深覺愚癡無智。由有多人建議故，平實導師開始宣講《佛藏經》，藉以轉易如是邪見，並提升念佛人之知見與往生品位。此經中，對於實相念佛多所著墨，亦指出念佛要點：以實相爲依，念佛者應依止淨戒、依止清淨僧寶，捨離違犯重戒之師僧，應受學清淨之法，遠離邪見。本經是現代佛門大法師所厭惡之經典：一者由於大法師們已全都落入意識境界而無法親證實相，故於此經中所說實相全無所知，都不樂有人聞此經名，以免讀後提出問疑時無法回答；二者現代大乘佛法地區，已經普被藏密喇嘛教滲透，許多有名之大法師們大多已曾或繼續在修練雙身法，都已失去聲聞戒體及菩薩戒體，成爲地獄種姓人，已非眞正出家之人，本質上只是身著僧衣而住在寺院中的世俗人。這些人對於此經都是讀不懂的，也是極爲厭惡的；他們尚不樂見此經之印行，何況流通與講解？今爲救護廣大學佛人，兼欲護持佛教血脈永續常傳，特選此經宣講之，主講者平實導師。

3、**瑜伽師地論**詳解　詳解論中所言凡夫地至佛地等 17 師之修證境界與理論，從凡夫地、聲聞地……宣演到諸地所證一切種智之眞實正理。由平實導師開講，每逢一、三、五週之週末晚上開示，僅限已明心之會員參加。

4、**精進禪三**　主三和尚：平實導師。於四天三夜中，以克勤圓悟大師及大慧宗杲之禪風，施設機鋒與小參、公案密意之開示，幫助會員剋期取證，親證不生不滅之眞實心——人人本有之如來藏。每年四月、十月各舉辦二個梯次；平實導師主持。僅限本會會員參加禪淨班共修期滿，報名審核通過者，方可參加。並選擇會中定力、慧力、福德三條件皆已具足之已明心會員，給以指引，令得眼見自己無形無相之佛性遍佈山河大地，眞實而無障礙，得以肉眼現觀世界身心悉皆如幻，具足成就如幻觀，圓滿十住菩薩之證境。

5、**大法鼓經**詳解　詳解末法時代大乘佛法修行之道。佛教正法消毒妙藥塗於大鼓而以擊之，凡有眾生聞之者，一切邪見鉅毒悉皆消殞；此經即是大法鼓之正義，凡聞之者，所有邪見之毒悉皆滅除，見道不難；亦能發起菩薩無量功德，是故諸大菩薩遠從諸方佛土來此娑婆聞修此經。

本經破「有」而顯涅槃，以此名爲眞法；若墮在「有」中，皆名「非法」；若人如是宣揚佛法，名爲擊大法鼓；如是依「法」而捨「非法」，據以建立山門而爲眾說法，方可名爲法鼓山。此經中說，以「此經」爲菩薩道之本，以證得「此經」之正知見及法門作爲度人之「法」，方名眞實佛法，否則盡名「非法」。本經中對法與非法、有與涅槃，有深入之闡釋，歡迎教界一切善信（不論初機或久學菩薩），一同親沐 如來聖教，共沾法喜。由平實導師詳解。不限制聽講資格。

6、**不退轉法輪經**詳解　本經所說妙法極爲甚深難解，時至末法，已然無有知者；而其甚深絕妙之法，流傳至今依舊多人可證，顯示佛學眞是義學而非玄談，其中甚深極妙令人拍案稱絕之第一義諦妙義，平實導師將會加以解說。待《大法鼓經》宣講完畢時繼續宣講此經。

7、**阿含經**詳解　選擇重要之阿含部經典，依無餘涅槃之實際而加以詳解，令大眾得以現觀諸法緣起性空，亦復不墮斷滅見中，顯示經中所隱說之涅槃實際—如來藏—確實已於四阿含中隱說；令大眾得以聞後觀行，確實斷除我見乃至我執，證得**見到**眞現觀，乃至**身證**……等眞現觀；已得大乘或二乘見道者，亦可由此聞熏及聞後之觀行，除斷我所之貪著，成就慧解脫果。由平實導師詳解。不限制聽講資格。

8、**解深密經**詳解　重講本經之目的，在於令諸已悟之人明解大乘法道之成佛次第，以及悟後進修一切種智之內涵，確實證知三種自性性，並得據此證解七眞如、十眞如等正理。每逢週二 18.50~20.50 開示，由平實導師詳解。將於《大法鼓經》講畢後開講。不限制聽講資格。

9、**成唯識論**詳解　詳解一切種智眞實正理，詳細剖析一切種智之微細深妙廣大正理；並加以舉例說明，使已悟之會員深入體驗所證如來藏之微密行相；及證驗見分相分與所生一切法，皆由如來藏—阿賴耶識—直接或展轉而生，因此證知一切法無我，證知無餘涅槃之本際。將於增上班《瑜伽師地論》講畢後，由平實導師重講。僅限已明心之會員參加。

10、**精選如來藏系經典**詳解　精選如來藏系經典一部，詳細解說，以此完全印證會員所悟如來藏之眞實，得入不退轉住。另行擇期詳細解說之，由平實導師講解。僅限已明心之會員參加。

11、**禪門差別智**　藉禪宗公案之微細淆訛難知難解之處，加以宣說及剖析，以增進明心、見性之功德，啓發差別智，建立擇法眼。每月第一週日全天，由平實導師開示，僅限破參明心後，復又眼見佛性者參加（事冗暫停）。

12、**枯木禪**　先講智者大師的《小止觀》，後說《釋禪波羅蜜》，詳解四禪八定之修證理論與實修方法，細述一般學人修定之邪見與岔路，及對禪定證境之誤會，消除枉用功夫、浪費生命之現象。已悟般若者，可以藉此而實修初禪，進入大乘通教及聲聞教的三果心解脫境界，配合應有的大福德及後得無分別智、十無盡願，即可進入初地心中。親教師：平實導師。未來緣熟時將於大溪正覺寺開講。不限制聽講資格。

註：本會例行年假，自 2004 年起，改爲每年農曆新年前七天開始停息弘法事務及共修課程，農曆正月 8 日回復所有共修及弘法事務。新春期間（每日 9.00~17.00）開放台北講堂，方便會員禮佛祈福及會外人士請書。大溪區的正覺祖師堂，開放參訪時間，詳見〈正覺電子報〉或成佛之道網站。本表得因時節因緣需要而隨時修改之，不另作通知。

佛教正覺同修會　贈閱書籍 目錄

2015/09/29

1.**無相念佛**　平實導師著　回郵 10 元
2.**念佛三昧修學次第**　平實導師述著　回郵 25 元
3.**正法眼藏—護法集**　平實導師述著　回郵 35 元
4.**真假開悟簡易辨正法&佛子之省思**　平實導師著　回郵 3.5 元
5.**生命實相之辨正**　平實導師著　回郵 10 元
6.**如何契入念佛法門**（附：印順法師否定極樂世界）平實導師著　回郵 3.5 元
7.**平實書箋**—答元覽居士書　平實導師著　回郵 35 元
8.**三乘唯識**—如來藏系經律彙編　平實導師編　回郵 80 元
（精裝本　長 27 cm　寬 21 cm　高 7.5 cm　重 2.8 公斤）
9.**三時繫念全集**—修正本　回郵掛號 40 元（長 26.5 cm×寬 19 cm）
10.**明心與初地**　平實導師述　回郵 3.5 元
11.**邪見與佛法**　平實導師述著　回郵 20 元
12.**菩薩正道**—回應義雲高、釋性圓…等外道之邪見　正燦居士著 回郵 20 元
13.**甘露法雨**　平實導師述　回郵 20 元
14.**我與無我**　平實導師述　回郵 20 元
15.**學佛之心態**—修正錯誤之學佛心態始能與正法相應 孫正德老師著 回郵35元
附錄：平實導師著**《略說八、九識並存…等之過失》**
16.**大乘無我觀**—《悟前與悟後》別說　平實導師述著　回郵 20 元
17.**佛教之危機**—中國台灣地區現代佛教之真相（附錄：公案拈提六則）
平實導師著　回郵 25 元
18.**燈　影**—燈下黑（覆「求教後學」來函等）　平實導師著　回郵 35 元
19.**護法與毀法**—覆上平居士與徐恒志居士網站毀法二文
張正圜老師著　回郵 35 元
20.**淨土聖道**—兼評**選擇本願念佛**　正德老師著　由正覺同修會購贈 回郵 25 元
21.**辨唯識性相**—對「紫蓮心海《辯唯識性相》書中否定阿賴耶識」之回應
正覺同修會 台南共修處法義組 著　回郵 25 元
22.**假如來藏**—對法蓮法師《如來藏與阿賴耶識》書中否定阿賴耶識之回應
正覺同修會 台南共修處法義組 著　回郵 35 元
23.**入不二門**—公案拈提集錦 第一輯（於平實導師公案拈提諸書中選錄約二十則，
合輯爲一冊流通之）平實導師著　回郵 20 元
24.**真假邪說**—西藏密宗索達吉喇嘛《破除邪說論》真是邪說
釋正安法師著　回郵 35 元
25.**真假開悟**—真如、如來藏、阿賴耶識間之關係　平實導師述著　回郵 35 元
26.**真假禪和**—辨正釋傳聖之謗法謬說　孫正德老師著　回郵 30 元

27.**眼見佛性**—駁慧廣法師眼見佛性的含義文中謬說

游正光老師著　回郵 25 元

28.**普門自在**—公案拈提集錦 第二輯（於平實導師公案拈提諸書中選錄約二十則，合輯爲一冊流通之）平實導師著　回郵 25 元

29.**印順法師的悲哀**—以現代禪的質疑為線索　恒毓博士著　回郵 25 元

30.**識蘊真義**—現觀識蘊內涵、取證初果、親斷三縛結之具體行門。

—依《成唯識論》及《惟識述記》正義，略顯安慧《大乘廣五蘊論》之邪謬

平實導師著　回郵 35 元

31.**正覺電子報** 各期紙版本　免附回郵　每次最多函索三期或三本。

(已無存書之較早各期，不另增印贈閱)

32.**現代人應有的宗教觀**　蔡正禮老師 著　回郵 3.5 元

33.**遠惑趣道**—正覺電子報般若信箱問答錄　第一輯　回郵 20 元

34.**遠惑趣道**—正覺電子報般若信箱問答錄　第二輯　回郵 20 元

35.**確保您的權益**—器官捐贈應注意自我保護　游正光老師 著　回郵 10 元

36.**正覺教團電視弘法三乘菩提 DVD 光碟（一）**

由正覺教團多位親教師共同講述錄製 DVD 8 片，MP3 一片，共 9 片。有二大講題：一爲「三乘菩提之意涵」，二爲「學佛的正知見」。內容精闢，深入淺出，精彩絕倫，幫助大眾快速建立三乘法道的正知見，免被外道邪見所誤導。有志修學三乘佛法之學人不可不看。（製作工本費 100 元，回郵 25 元）

37.**正覺教團電視弘法 DVD 專輯（二）**

總有二大講題：一爲「三乘菩提之念佛法門」，一爲「學佛正知見（第二篇）」，由正覺教團多位親教師輪番講述，內容詳細闡述如何修學念佛法門、實證念佛三昧，以及學佛應具有的正確知見，可以幫助發願往生西方極樂淨土之學人，得以把握往生，更可令學人快速建立三乘法道的正知見，免於被外道邪見所誤導。有志修學三乘佛法之學人不可不看。（一套 17 片，工本費 160 元。回郵 35 元）

38.**佛藏經** 燙金精裝本　每冊回郵 20 元。正修佛法之道場欲大量索取者，請正式發函並蓋用大印寄來索取（2008.04.30 起開始敬贈）

39.**喇嘛性世界**—揭開假藏傳佛教譚崔瑜伽的面紗　張善思 等人合著

由正覺同修會購贈　回郵 20 元

40.**假藏傳佛教的神話**—性、謊言、喇嘛教　張正玄教授編著　回郵 20 元

由正覺同修會購贈　回郵 20 元

41.**隨 緣**—理隨緣與事隨緣　平實導師述　回郵 20 元。

42.**學佛的覺醒**　正枝居士 著　回郵 25 元

43.**導師之真實義**　蔡正禮老師 著　回郵 10 元

44.**淺談達賴喇嘛之雙身法**—兼論解讀「密續」之達文西密碼

吳明芷居士 著　回郵 10 元

45.**魔界轉世**　張正玄居士 著　回郵 10 元

46.**一貫道與開悟**　蔡正禮老師 著　回郵 10 元

47.**博愛**—愛盡天下女人　正覺教育基金會 編印　回郵 10 元

48.**意識虛妄經教彙編**—實證解脫道的關鍵經文　正覺同修會編印　回郵 25 元

49.**邪箭囈語**—破斥藏密外道多識仁波切《破魔金剛箭雨論》之邪說
陸正元老師著　上、下冊回郵各 30 元

50.**真假沙門**—依 佛聖教闡釋佛教僧寶之定義
蔡正禮老師著　俟正覺電子報連載後結集出版

51.**真假禪宗**—藉評論釋性廣《印順導師對變質禪法之批判
及對禪宗之肯定》以顯示真假禪宗
附論一：凡夫知見 無助於佛法之信解行證
附論二：世間與出世間一切法皆從如來藏實際而生而顯
余正偉老師著　俟正覺電子報連載後結集出版　回郵未定

52.**假鋒虛焰金剛乘**—揭示顯密正理，兼破索達吉師徒《般若鋒兮金剛焰》。
釋正安 法師著　俟正覺電子報連載後結集出版

★ 上列贈書之郵資，係台灣本島地區郵資，大陸、港、澳地區及外國地區，請另計酌增（大陸、港、澳、國外地區之郵票不許通用）。尚未出版之書，請勿先寄來郵資，以免增加作業煩擾。

★ 本目錄若有變動，唯於後印之書籍及「成佛之道」網站上修正公佈之，不另行個別通知。

函索書籍請寄：佛教正覺同修會　103 台北市承德路 3 段 277 號 9 樓
台灣地區函索書籍者請附寄郵票，無時間購買郵票者可以等值現金抵用，但不接受郵政劃撥、支票、匯票。大陸地區得以人民幣計算，國外地區請以美元計算（請勿寄來當地郵票，在台灣地區不能使用）。欲以掛號寄遞者，請另附掛號郵資。

親自索閱：正覺同修會各共修處。　★請於共修時間前往取書，餘時無人在道場，請勿前往索取；共修時間與地點，詳見書末正覺同修會共修現況表（以近期之共修現況表爲準）。

註：正智出版社發售之局版書，請向各大書局購閱。若書局之書架上已經售出而無陳列者，請向書局櫃台指定洽購；若書局不便代購者，請於正覺同修會共修時間前往各共修處請購，正智出版社已派人於共修時間送書前往各共修處流通。 郵政劃撥購書及 大陸地區 購書，請詳別頁正智出版社發售書籍目錄最後頁之說明。

成佛之道 網站：http://www.a202.idv.tw　　正覺同修會已出版之結緣書籍，多已登載於 成佛之道 網站，若住外國、或住處遙遠，不便取得正覺同修會贈閱書籍者，可以從本網站閱讀及下載。　　書局版之《宗通與說通》亦已上網，台灣讀者可向書局洽購，售價 300 元。《狂密與眞密》第一輯~第四輯，亦於 2003.5.1.全部於本網站登載完畢；台灣地區讀者請向書局洽購，每輯約 400 頁，售價 300 元（網站下載紙張費用較貴，容易散失，難以保存，亦較不精美）。

＊＊假藏傳佛教修雙身法，非佛教＊＊

正智出版社 籌募弘法基金發售書籍目錄 2017/04/22

1.**宗門正眼**—公案拈提 第一輯 重拈 平實導師著 500 元

因重寫內容大幅度增加故，字體必須改小，並增爲 576 頁 主文 546 頁。比初版更精彩、更有內容。初版《禪門摩尼寶聚》之讀者，可寄回本公司免費調換新版書。免附回郵，亦無截止期限。（2007 年起，每冊附贈本公司精製公案拈提〈超意境〉CD 一片。市售價格 280 元，多購多贈。）

2.**禪淨圓融** 平實導師著 200 元（第一版舊書可換新版書。）

3.**真實如來藏** 平實導師著 400 元

4.**禪—悟前與悟後** 平實導師著 上、下冊，每冊 250 元

5.**宗門法眼**—公案拈提 第二輯 平實導師著 500 元

（2007 年起，每冊附贈本公司精製公案拈提〈超意境〉CD 一片）

6.**楞伽經詳解** 平實導師著 全套共 10 輯 每輯 250 元

7.**宗門道眼**—公案拈提 第三輯 平實導師著 500 元

（2007 年起，每冊附贈本公司精製公案拈提〈超意境〉CD 一片）

8.**宗門血脈**—公案拈提 第四輯 平實導師著 500 元

（2007 年起，每冊附贈本公司精製公案拈提〈超意境〉CD 一片）

9.**宗通與說通**—成佛之道 平實導師著 主文 381 頁 全書 400 頁售價 300 元

10.**宗門正道**—公案拈提 第五輯 平實導師著 500 元

（2007 年起，每冊附贈本公司精製公案拈提〈超意境〉CD 一片）

11.**狂密與真密 一～四輯** 平實導師著 西藏密宗是人間最邪淫的宗教，本質不是佛教，只是披著佛教外衣的印度教性力派流毒的喇嘛教。此書中將西藏密宗密傳之男女雙身合修樂空雙運所有祕密與修法，毫無保留完全公開，並將全部喇嘛們所不知道的部分也一併公開。內容比大辣出版社喧騰一時的《西藏慾經》更詳細。並且函蓋藏密的所有祕密及其錯誤的中觀見、如來藏見……等，藏密的所有法義都在書中詳述、分析、辨正。每輯主文三百餘頁 每輯全書約 400 頁 售價每輯 300 元

12.**宗門正義**—公案拈提 第六輯 平實導師著 500 元

（2007 年起，每冊附贈本公司精製公案拈提〈超意境〉CD 一片）

13.**心經密意**—心經與解脫道、佛菩提道、祖師公案之關係與密意 平實導師述 300 元

14.**宗門密意**—公案拈提 第七輯 平實導師著 500 元

（2007 年起，每冊附贈本公司精製公案拈提〈超意境〉CD 一片）

15.**淨土聖道**—兼評「選擇本願念佛」 正德老師著 200 元

16.**起信論講記** 平實導師述著 共六輯 每輯三百餘頁 售價各 250 元

17.**優婆塞戒經講記** 平實導師述著 共八輯 每輯三百餘頁 售價各 250 元

18.**真假活佛**—略論附佛外道盧勝彥之邪說（對前岳靈犀網站主張「盧勝彥是證悟者」之修正） 正犀居士（岳靈犀）著 流通價 140 元

19.**阿含正義**—唯識學探源 平實導師著 共七輯 每輯 300 元

20.**超意境 CD** 以平實導師公案拈提書中超越意境之頌詞，加上曲風優美的旋律，錄成令人嚮往的超意境歌曲，其中包括正覺發願文及平實導師親自譜成的黃梅調歌曲一首。詞曲雋永，殊堪翫味，可供學禪者吟詠，有助於見道。內附設計精美的彩色小冊，解說每一首詞的背景本事。每片 280 元。【每購買公案拈提書籍一冊，即贈送一片。】

21.**菩薩底憂鬱 CD** 將菩薩情懷及禪宗公案寫成新詞，並製作成超越意境的優美歌曲。 1.主題曲〈菩薩底憂鬱〉，描述地後菩薩能離三界生死而迴向繼續生在人間，但因尚未斷盡習氣種子而有極深沈之憂鬱，非三賢位菩薩及二乘聖者所知，此憂鬱在七地滿心位方才斷盡；本曲之詞中所說義理極深，昔來所未曾見；此曲係以優美的情歌風格寫詞及作曲，聞者得以激發嚮往諸地菩薩境界之大心，詞、曲都非常優美，難得一見；其中勝妙義理之解說，已印在附贈之彩色小冊中。 2.以各輯公案拈提中直示禪門入處之頌文，作成各種不同曲風之超意境歌曲，值得玩味、參究；聆聽公案拈提之優美歌曲時，請同時閱讀內附之印刷精美說明小冊，可以領會超越三界的證悟境界；未悟者可以因此引發求悟之意向及疑情，眞發菩提心而邁向求悟之途，乃至因此眞實悟入般若，成眞菩薩。 3.正覺總持咒新曲，總持佛法大意；總持咒之義理，已加以解說並印在隨附之小冊中。本 CD 共有十首歌曲，長達 63 分鐘。每盒各附贈二張購書優惠券。每片 280 元。

22.**禪意無限 CD** 平實導師以公案拈提書中偈頌寫成不同風格曲子，與他人所寫不同風格曲子共同錄製出版，幫助參禪人進入禪門超越意識之境界。盒中附贈彩色印製的精美解說小冊，以供聆聽時閱讀，令參禪人得以發起參禪之疑情，即有機會證悟本來面目而發起實相智慧，實證大乘菩提般若，能如實證知般若經中的眞實意。本 CD 共有十首歌曲，長達 69 分鐘，每盒各附贈二張購書優惠券。每片 280 元。

23.**我的菩提路**第一輯　釋悟圓、釋善藏等人合著　售價 300 元

24.**我的菩提路**第二輯　郭正益、張志成等人合著　售價 300 元

25.**我的菩提路**第三輯　王美伶等人合著　預定 2017/6/30 發行　售價 300 元

26.**鈍鳥與靈龜**—考證後代凡夫對大慧宗杲禪師的無根誹謗。
平實導師著　共 458 頁　售價 350 元

27.**維摩詰經講記**　平實導師述　共六輯　每輯三百餘頁　售價各 250 元

28.**真假外道**—破劉東亮、杜大威、釋證嚴常見外道見　正光老師著　200 元

29.**勝鬘經講記**—兼論印順《勝鬘經講記》對於《勝鬘經》之誤解。
平實導師述　共六輯　每輯三百餘頁　售價 250 元

30.**楞嚴經講記**　平實導師述　共 **15** 輯，每輯三百餘頁　售價 300 元

31.**明心與眼見佛性**—駁慧廣〈蕭氏「眼見佛性」與「明心」之非〉文中謬說
正光老師著　共 448 頁　售價 300 元

32.**見性與看話頭**　黃正倖老師　著，本書是禪宗參禪的方法論。
內文 375 頁，全書 416 頁，售價 300 元。

33.**達賴真面目**—玩盡天下女人 白正偉老師 等著 中英對照彩色精裝大本 800 元
34.**喇嘛性世界**—揭開假藏傳佛教譚崔瑜伽的面紗　張善思 等人著　200 元
35.**假藏傳佛教的神話**—性、謊言、喇嘛教　正玄教授編著　200 元
36.**金剛經宗通**　平實導師述　共九輯　每輯售價 250 元。
37.**空行母**—性別、身分定位，以及藏傳佛教。
珍妮·坎貝爾著 呂艾倫 中譯 售價 250 元
38.**末代達賴**—性交教主的悲歌　張善思、呂艾倫、辛燕編著 售價 250 元
39.**霧峰無霧**—給哥哥的信　辨正釋印順對佛法的無量誤解
游宗明 老師著　售價 250 元
40.**第七意識與第八意識？**—穿越時空「超意識」
平實導師述　每冊 300 元
41.**黯淡的達賴**—失去光彩的諾貝爾和平獎
正覺教育基金會編著　每冊 250 元
42.**童女迦葉考**—論呂凱文〈佛教輪迴思想的論述分析〉之謬。
平實導師 著 定價 180 元
43.**人間佛教**—實證者必定不悖三乘菩提
平實導師 述，定價 400 元
44.**實相經宗通**　平實導師述　共八輯　每輯 250 元
45.**真心告訴您(一)**—達賴喇嘛在幹什麼？
正覺教育基金會編著　售價 250 元
46.**中觀金鑑**—詳述應成派中觀的起源與其破法本質
孫正德老師著　分爲上、中、下三冊，每冊 250 元
47.**佛法入門**—迅速進入三乘佛法大門，消除久學佛法漫無方向之窘境。
○○居士著　將於正覺電子報連載後出版。售價 250 元
48.**藏傳佛教要義**—《狂密與真密》之簡體字版　平實導師 著 上、下冊
僅在大陸流通　每冊 300 元
49.**法華經講義**　平實導師述　共二十五輯　每輯 300 元
已於 2015/05/31 起開始出版，每二個月出版一輯
50.**西藏「活佛轉世」制度**—附佛、造神、世俗法
許正豐、張正玄老師合著　定價 150 元
51.**廣論三部曲**　郭正益老師著　定價 150 元
52.**真心告訴您(二)**—達賴喇嘛是佛教僧侶嗎？
—補祝達賴喇嘛八十大壽
正覺教育基金會編著　售價 300 元
53.**廣論之平議**—宗喀巴《菩提道次第廣論》之平議　正雄居士著
約二或三輯　俟正覺電子報連載後結集出版　書價未定
54.**末法導護**—對印順法師中心思想之綜合判攝　正慶老師著　書價未定
55.**菩薩學處**—菩薩四攝六度之要義　陸正元老師著　出版日期未定。
56.**八識規矩頌**詳解　○○居士 註解　出版日期另訂　書價未定。

57.**印度佛教史**—法義與考證。依法義史實評論印順《印度佛教思想史、佛教史地考論》之謬說　正偉老師著　出版日期未定　書價未定

58.**中國佛教史**—依中國佛教正法史實而論。○○老師 著　書價未定。

59.**中論正義**—釋龍樹菩薩《中論》頌正理。
孫正德老師著　出版日期未定　書價未定

60.**中觀正義**—註解平實導師《中論正義頌》。
○○法師（居士）著　出版日期未定　書價未定

61.**佛藏經講記**　平實導師述　出版日期未定　書價未定

62.**阿含經講記**—將選錄四阿含中數部重要經典全經講解之，講後整理出版。
平實導師述　約二輯　每輯300元　出版日期未定

63.**寶積經講記**　平實導師述　每輯三百餘頁 優惠價300元　出版日期未定

64.**解深密經講記**　平實導師述 約四輯　將於重講後整理出版

65.**成唯識論略解**　平實導師著　五～六輯　每輯300元　出版日期未定

66.**修習止觀坐禪法要講記**　平實導師述　每輯三百餘頁
將於正覺寺建成後重講、以講記逐輯出版　出版日期未定

67.**無門關**—《無門關》公案拈提　平實導師著　出版日期未定

68.**中觀再論**—兼述印順《中觀今論》謬誤之平議。正光老師著 出版日期未定

69.**輪迴與超度**—佛教超度法會之真義。
○○法師（居士）著　出版日期未定　書價未定

70.**《釋摩訶衍論》平議**—對偽稱龍樹所造《釋摩訶衍論》之平議
○○法師（居士）著　出版日期未定　書價未定

71.**正覺發願文**註解—以真實大願為因 得證菩提
正德老師著　出版日期未定　書價未定

72.**正覺總持咒**—佛法之總持　正圜老師著　出版日期未定　書價未定

73.**涅槃**—論四種涅槃　平實導師著　出版日期未定　書價未定

74.**三自性**—依四食、五蘊、十二因緣、十八界法，說三性三無性。
作者未定　出版日期未定

75.**道品**—從三自性說大小乘三十七道品　作者未定　出版日期未定

76.**大乘緣起觀**—依四聖諦七真如現觀十二緣起 作者未定　出版日期未定

77.**三德**—論解脫德、法身德、般若德。　作者未定　出版日期未定

78.**真假如來藏**—對印順《如來藏之研究》謬說之平議　作者未定 出版日期未定

79.**大乘道次第**　作者未定　出版日期未定　書價未定

80.**四緣**—依如來藏故有四緣。　作者未定　出版日期未定

81.**空之探究**—印順《空之探究》謬誤之平議　作者未定 出版日期未定

82.**十法義**—論阿含經中十法之正義　作者未定　出版日期未定

83.**外道見**—論述外道六十二見　作者未定　出版日期未定

正智出版社有限公司 書籍介紹

禪淨圓融：言淨土諸祖所未曾言，示諸宗祖師所未曾示；禪淨圓融，另闢成佛捷徑，兼顧自力他力，闡釋淨土門之速行易行道，亦同時揭櫫聖教門之速行易行道；令廣大淨土行者得免緩行難證之苦，亦令聖道門行者得以藉著淨土速行道而加快成佛之時劫。乃前無古人之超勝見地，非一般弘揚禪淨法門典籍也，先讀爲快。平實導師著 200元。

宗門正眼——公案拈提第一輯：繼承克勤圜悟大師碧巖錄宗旨之禪門鉅作。先則舉示當代大法師之邪說，消弭當代禪門大師鄉愿之心態，摧破當今禪門「世俗禪」之妄談；次則旁通教法，表顯宗門正理；繼以道之次第，消弭古今狂禪；後藉言語及文字機鋒，直示宗門入處。悲智雙運，禪味十足，數百年來難得一睹之禪門鉅著也。平實導師著　500元（原初版書《禪門摩尼寶聚》，改版後補充爲五百餘頁新書，總計多達二十四萬字，內容更精彩，並改名爲《宗門正眼》，讀者原購初版《禪門摩尼寶聚》皆可寄回本公司免費換新，免附回郵，亦無截止期限）（2007年起，凡購買公案拈提第一輯至第七輯，每購一輯皆贈送本公司精製公案拈提〈超意境〉CD一片，市售價格280元，多購多贈）。

禪—悟前與悟後：本書能建立學人悟道之信心與正確知見，圓滿具足而有次第地詳述禪悟之功夫與禪悟之內容，指陳參禪中細微淆訛之處，能使學人明自眞心、見自本性。若未能悟入，亦能以正確知見辨別古今中外一切大師究係眞悟？或屬錯悟？便有能力揀擇，捨名師而選明師，後時必有悟道之緣。一旦悟道，遲者七次人天往返，便出三界，速者一生取辦。學人欲求開悟者，不可不讀。 平實導師著。上、下冊共500元，單冊250元。

眞實如來藏：如來藏眞實存在，乃宇宙萬有之本體，並非印順法師、達賴喇嘛等人所說之「唯有名相、無此心體」。如來藏是涅槃之本際，是一切有智之人竭盡心智、不斷探索而不能得之生命實相；是古今中外許多大師自以爲悟而當面錯過之生命實相。如來藏即是阿賴耶識，乃是一切有情本自具足、不生不滅之眞實心。當代中外大師於此書出版之前所未能言者，作者於本書中盡情流露、詳細闡釋。眞悟者讀之，必能增益悟境、智慧增上；錯悟者讀之，必能檢討自己之錯誤，免犯大妄語業；未悟者讀之，能知參禪之理路，亦能以之檢查一切名師是否眞悟。此書是一切哲學家、宗教家、學佛者及欲昇華心智之人必讀之鉅著。 平實導師著 售價400元。

宗門法眼——**公案拈提**第二輯：列舉實例，闡釋土城廣欽老和尚之悟處；並直示這位不識字的老和尚妙智橫生之根由，繼而剖析禪宗歷代大德之開悟公案，解析當代密宗高僧卡盧仁波切之錯悟證據，並例舉當代顯宗高僧、大居士之錯悟證據（凡健在者，爲免影響其名聞利養，皆隱其名）。藉辨正當代名師之邪見，向廣大佛子指陳禪悟之正道，彰顯宗門法眼。悲勇兼出，強捋虎鬚；慈智雙運，巧探驪龍；摩尼寶珠在手，直示宗門入處，禪味十足；若非大悟徹底，不能爲之。禪門精奇人物，允宜人手一冊，供作參究及悟後印證之圭臬。本書於2008年4月改版，增寫為大約500頁篇幅，以利學人研讀參究時更易悟入宗門正法，以前所購初版首刷及初版二刷舊書，皆可免費換取新書。平實導師著 500元（2007年起，凡購買公案拈提第一輯至第七輯，每購一輯皆贈送本公司精製公案拈提〈超意境〉CD一片，市售價格280元，多購多贈）。

宗門道眼——**公案拈提**第三輯：繼宗門法眼之後，再以金剛之作略、慈悲之胸懷、犀利之筆觸，舉示寒山、拾得、布袋三大士之悟處，消弭當代錯悟者對於寒山大士……等之誤會及誹謗。亦舉出民初以來與虛雲和尚齊名之蜀郡鹽亭袁煥仙夫子——南懷瑾老師之師，其「悟處」何在？並蒐羅許多眞悟祖師之證悟公案，顯示禪宗歷代祖師之睿智，指陳部分祖師、奧修及當代顯密大師之謬悟，作爲殷鑑，幫助禪子建立及修正參禪之方向及知見。假使讀者閱此書已，一時尚未能悟，亦可一面加功用行，一面以此宗門道眼辨別眞假善知識，避開錯誤之印證及歧路，可免大妄語業之長劫慘痛果報。欲修禪宗之禪者，務請細讀。平實導師著 售價500元（2007年起，凡購買公案拈提第一輯至第七輯，每購一輯皆贈送本公司精製公案拈提〈超意境〉CD一片，市售價格280元，多購多贈）。

楞伽經詳解：本經是禪宗見道者印證所悟眞僞之根本經典，亦是禪宗見道者悟後起修之依據經典；故達摩祖師於印證二祖慧可大師之後，將此經典連同佛缽祖衣一併交付二祖，令其依此經典佛示金言、進入修道位，修學一切種智。由此可知此經對於眞悟之人修學佛道，是非常重要之一部經典。此經能破外道邪說，亦破佛門中錯悟名師之謬說，亦破禪宗部分祖師之狂禪：不讀經典、一向主張「一悟即成究竟佛」之謬執。並開示愚夫所行禪、觀察義禪、攀緣如禪、如來禪等差別，令行者對於三乘禪法差異有所分辨；亦糾正禪宗祖師古來對於如來禪之誤解，嗣後可免以訛傳訛之弊。此經亦是法相唯識宗之根本經典，禪者悟後欲修一切種智而入初地者，必須詳讀。平實導師著，全套共十輯，已全部出版完畢，每輯主文約320頁，每冊約352頁，定價250元。

宗門血脈—**公案拈提**第**四**輯：末法怪象—許多修行人自以爲悟，每將無念靈知認作眞實；崇尚二乘法諸師及其徒眾，則將**外於如來藏之緣起性空**—無因論之無常空、斷滅空、一切法空—錯認爲 佛所說之般若空性。這兩種現象已於當今海峽兩岸及美加地區顯密大師之中普遍存在；人人自以爲悟，心高氣壯，便敢寫書解釋祖師證悟之公案，大多出於意識思惟所得，言不及義，錯誤百出，因此誤導廣大佛子同陷大妄語之地獄業中而不能自知。彼等書中所說之悟處，其實處處違背第一義經典之聖言量。彼等諸人不論是否身披袈裟，都非佛法宗門血脈，或雖有禪宗法脈之傳承，亦只徒具形式；猶如螟蛉，非眞血脈，未悟得根本眞實故。禪子欲知佛、祖之眞血脈者，請讀此書，便知分曉。平實導師著，主文452頁，全書464頁，定價500元（2007年起，凡購買公案拈提第一輯至第七輯，每購一輯皆贈送本公司精製公案拈提〈超意境〉CD一片，市售價格280元，多購多贈）。

宗通與說通：古今中外，錯誤之人如麻似粟，每以常見外道所說之靈知心，認作眞心；或妄想虛空之勝性能量爲眞如，或錯認物質四大元素藉冥性（靈知心本體）能成就吾人色身及知覺，或認初禪至四禪中之了知心爲不生不滅之涅槃心。此等皆非通宗者之見地。復有錯悟之人一向主張「宗門與教門不相干」，此即尚未通達宗門之人也。其實宗門與教門互通不二，宗門所證者乃是眞如與佛性，教門所說者乃說宗門證悟之眞如佛性，故教門與宗門不二。本書作者以宗教二門互通之見地，細說「宗通與說通」，從初見道至悟後起修之道、細說分明；並將諸宗諸派在整體佛教中之地位與次第，加以明確之教判，學人讀之即可了知佛法之梗概也。欲擇明師學法之前，允宜先讀。平實導師著，主文共381頁，全書392頁，只售成本價300元。

宗門正道—**公案拈提第五輯**：修學大乘佛法有二果須證解脫果及大菩提果。二乘人不證大菩提果，唯證解脫果；此果之智慧，名爲聲聞菩提、緣覺菩提。大乘佛子所證二果之菩提果爲佛菩提，故名大菩提果，其慧名爲一切種智函蓋二乘解脫果。然此大乘二果修證，須經由禪宗之宗門證悟方能相應。而宗門證悟極難，自古已然；其所以難者，咎在古今佛教界普遍存在三種邪見：1.以修定認作佛法，2.以無因論之緣起性空—否定涅槃本際如來藏以後之一切法空作爲佛法，3.以常見外道邪見（離語言妄念之靈知性）作爲佛法。如是邪見，或因自身正見未立所致，或因邪師之邪教導所致，或因無始劫來虛妄熏習所致。若不破除此三種邪見，永劫不悟宗門眞義、不入大乘正道，唯能外門廣修菩薩行。平實導師於此書中，有極爲詳細之說明，有志佛子欲摧邪見、入於內門修菩薩行者，當閱此書。主文共496頁，全書512頁。售價500元（2007年起，凡購買公案拈提第一輯至第七輯，每購一輯皆贈送本公司精製公案拈提〈超意境〉CD一片，市售價格280元，多購多贈）。

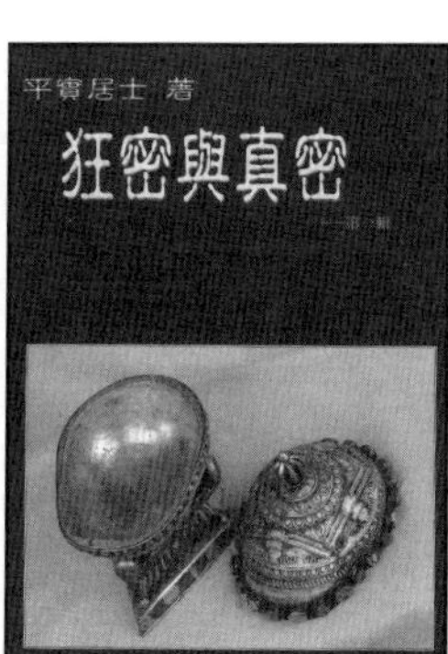

狂密與眞密：密教之修學，皆由有相之觀行法門而入，其最終目標仍不離顯教經典所說第一義諦之修證；若離顯教第一義經典、或違背顯教第一義經典，即非佛教。西藏密教之觀行法，如灌頂、觀想、遷識法、寶瓶氣、大聖歡喜雙身修法、喜金剛、無上瑜伽、大樂光明、樂空雙運等，皆是印度教**兩性生生不息**思想之轉化，**自始至終**皆以**如何能運用交合淫樂之法達到全身受樂**爲其中心思想，純屬欲界五欲的貪愛，不能令人超出欲界輪迴，更不能令人斷除我見；何況大乘之明心與見性，更無論矣！故密宗之法絕非佛法也。而其明光大手印、大圓滿法教，又皆同以常見外道所說**離語言妄念之無念靈知心**錯認爲佛地之眞如，不能直指不生不滅之眞如。西藏密宗所有法王與徒眾，都尚未開頂門眼，不能辨別眞僞，以**依人不依法、依密續不依經典**故，不肯將其上師喇嘛所說對照第一義經典，純依密續之藏密祖師所說爲準，因此而誇大其證德與證量，動輒謂彼祖師上師爲究竟佛、爲地上菩薩；如今台海兩岸亦有自謂其師證量高於 釋迦文佛者，然觀其師所述，猶未見道，仍在觀行即佛階段，尚未到禪宗相似即佛、分證即佛階位，竟敢標榜爲究竟佛及地上法王，誑惑初機學人。凡此怪象皆是狂密，不同於眞密之修行者。近年狂密盛行，密宗行者被誤導者極眾，動輒自謂已證佛地眞如，自視爲究竟佛，陷於大妄語業中而不知自省，反謗顯宗眞修實證者之證量粗淺；或如義雲高與釋性圓…等人，於報紙上公然誹謗眞實證道者爲「騙子、無道人、人妖、癩蛤蟆…」等，造下誹謗大乘勝義僧之大惡業；或以外道法中有爲有作之甘露、魔術……等法，誑騙初機學人，狂言彼外道法爲眞佛法。如是怪象，在西藏密宗及附藏密之外道中，不一而足，舉之不盡，學人宜應愼思明辨，以免上當後又犯毀破菩薩戒之重罪。密宗學人若欲遠離邪知邪見者，請閱此書，即能了知密宗之邪謬，從此遠離邪見與邪修，轉入眞正之佛道。

平實導師著 共四輯 每輯約400頁（主文約340頁）每輯售價300元。

宗門正義—公案拈提第六輯：佛教有六大危機，乃是藏密化、世俗化、膚淺化、學術化、宗門密意失傳、悟後進修諸地之次第混淆；其中尤以宗門密意之失傳，爲當代佛教最大之危機。由宗門密意失傳故，易令世尊本懷普被錯解，易令世尊正法被轉易爲外道法，以及加以淺化、世俗化，是故宗門密意之廣泛弘傳與具緣佛弟子，極爲重要。然而欲令宗門密意之廣泛弘傳予具緣之佛弟子者，必須同時配合錯誤知見之解析、普令佛弟子知之，然後輔以公案解析之直示入處，方能令具緣之佛弟子悟入。而此二者，皆須以公案拈提之方式爲之，方易成其功、竟其業，是故平實導師續作宗門正義一書，以利學人。全書500餘頁，售價500元（2007年起，凡購買公案拈提第一輯至第七輯，每購一輯皆贈送本公司精製公案拈提〈超意境〉CD一片，市售價格280元，多購多贈）。

心經密意—心經與解脫道、佛菩提道、祖師公案之關係與密意。二乘菩提所證之解脫道，實依第八識心之斷除煩惱障現行而立解脫之名；大乘菩提所證之佛菩提道，實依親證第八識如來藏之涅槃性、清淨自性、及其中道性而立般若之名；禪宗祖師公案所證之眞心，即是此第八識如來藏；是故三乘佛法所修所證之三乘菩提，皆依此如來藏心而立名也。此第八識心，即是《心經》所說之心也。證得此如來藏已，即能漸入大乘佛菩提道，亦可因證知此心而了知二乘無學所不能知之無餘涅槃本際，是故《心經》之密意，與三乘佛菩提之關係極爲密切、不可分割，三乘佛法皆依此心而立名故。今者平實導師以其所證解脫道之無生智及佛菩提之般若種智，將《心經》與解脫道、佛菩提道、祖師公案之關係與密意，以演講之方式，用淺顯之語句和盤托出，發前人所未言，呈三乘菩提之眞義，令人藉此《心經密意》一舉而窺三乘菩提之堂奧，迥異諸方言不及義之說；欲求眞實佛智者、不可不讀！主文317頁，連同跋文及序文…等共384頁，售價300元。

宗門密意——**公案拈提第七輯**：佛教之世俗化，將導致學人以信仰作爲學佛，則將以感應及世間法之庇祐，作爲學佛之主要目標，不能了知學佛之主要目標爲親證三乘菩提。大乘菩提則以般若實相智慧爲主要修習目標，以二乘菩提解脫道爲附帶修習之標的；是故學習大乘法者，應以禪宗之證悟爲要務，能親入大乘菩提之實相般若智慧中故，般若實相智慧非二乘聖人所能知故。此書則以台灣世俗化佛教之三大法師，說法似是而非之實例，配合眞悟祖師之公案解析，提示證悟般若之關節，令學人易得悟入。平實導師著，全書五百餘頁，售價500元（2007年起，凡購買公案拈提第一輯至第七輯，每購一輯皆贈送本公司精製公案拈提〈超意境〉CD一片，市售價格280元，多購多贈）。

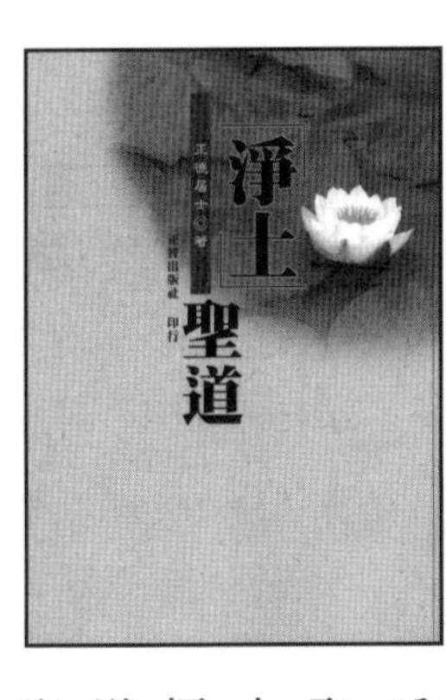

淨土聖道——兼評日本本願念佛：佛法甚深極廣，般若玄微，非諸二乘聖僧所能知之，一切凡夫更無論矣！所謂一切證量皆歸淨土是也！是故大乘法中「聖道之淨土、淨土之聖道」，其義甚深，難可了知；乃至眞悟之人，初心亦難知也。今有正德老師眞實證悟後，復能深探淨土與聖道之緊密關係，憐憫眾生之誤會淨土實義，亦欲利益廣大淨土行人同入聖道，同獲淨土中之聖道門要義，乃振奮心神、書以成文，今得刊行天下。主文279頁，連同序文等共301頁，總有十一萬六千餘字，正德老師著，成本價200元。

起信論講記：詳解大乘起信論**心生滅門**與**心眞如門**之眞實意旨，消除以往大師與學人對起信論所說**心生滅門**之誤解，由是而得了知眞心如來藏之非常非斷中道正理；亦因此一講解，令此論以往隱晦而被誤解之眞實義，得以如實顯示，令大乘佛菩提道之正理得以顯揚光大；初機學者亦可藉此正論所顯示之法義，對大乘法理生起正信，從此得以眞發菩提心，眞入大乘法中修學，世世常修菩薩正行。平實導師演述，共六輯，都已出版，每輯三百餘頁，售價各250元。

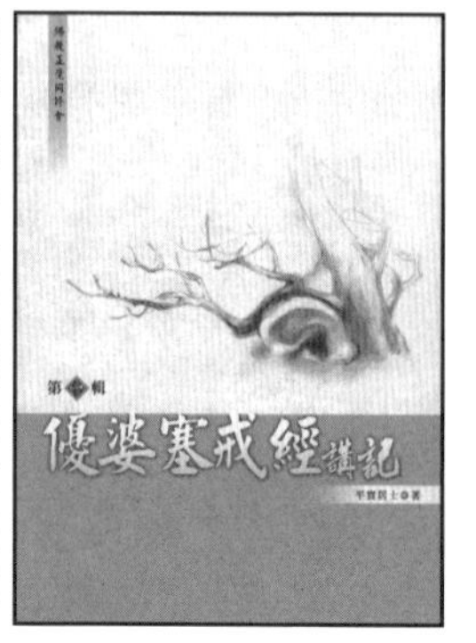

優婆塞戒經講記：本經詳述在家菩薩修學大乘佛法，應如何受持菩薩戒？對人間善行應如何看待？對三寶應如何護持？應如何正確地修集此世後世證法之福德？應如何修集後世「行菩薩道之資糧」？並詳述第一義諦之正義：五蘊非我非異我、自作自受、異作異受、不作不受……等深妙法義，乃是修學大乘佛法、行菩薩行之在家菩薩所應當了知者。出家菩薩今世或未來世登地已，捨報之後多數將如華嚴經中諸大菩薩，以在家菩薩身而修行菩薩行，故亦應以此經所述正理而修之，配合《楞伽經、解深密經、楞嚴經、華嚴經》等道次第正理，方得漸次成就佛道；故此經是一切大乘行者皆應證知之正法。平實導師講述，每輯三百餘頁，售價各250元；共八輯，已全部出版。

真假活佛——略論附佛外道盧勝彥之邪說：人人身中都有眞活佛，永生不滅而有大神用，但眾生都不了知，所以常被身外的西藏密宗假活佛籠罩欺瞞。本來就眞實存在的眞活佛，才是眞正的密宗無上密！諾那活佛因此而說禪宗是大密宗，但藏密的所有活佛都不知道、也不曾實證自身中的眞活佛。本書詳實宣示眞活佛的道理，舉證盧勝彥的「佛法」不是眞佛法，也顯示盧勝彥是假活佛，直接的闡釋第一義佛法見道的眞實正理。眞佛宗的所有上師與學人們，都應該詳細閱讀，包括盧勝彥個人在內。正犀居士著，優惠價140元。

阿含正義——唯識學探源：廣說四大部《阿含經》諸經中隱說之眞正義理，一一舉示佛陀本懷，令阿含時期初轉法輪根本經典之眞義，如實顯現於佛子眼前。並提示末法大師對於阿含眞義誤解之實例，一一比對之，證實唯識增上慧學確於原始佛法之阿含諸經中已隱覆密意而略說之，證實 世尊確於原始佛法中已曾密意而說第八識如來藏之總相；亦證實 世尊在四阿含中已說此藏識是名色十八界之因、之本——證明如來藏是能生萬法之根本心。佛子可據此修正以往受諸大師（譬如西藏密宗應成派中觀師：印順、昭慧、性廣、大願、達賴、宗喀巴、寂天、月稱、……等人）誤導之邪見，建立正見，轉入正道乃至親證初果而無困難；書中並詳說三果所證的**心解脫**，以及四果**慧解脫**的親證，都是如實可行的具體知見與行門。全書共七輯，已出版完畢。平實導師著，每輯三百餘頁，售價300元。

超意境ＣＤ：以平實導師公案拈提書中超越意境之頌詞，加上曲風優美的旋律，錄成令人嚮往的超意境歌曲，其中包括正覺發願文及平實導師親自譜成的黃梅調歌曲一首。詞曲雋永，殊堪翫味，可供學禪者吟詠，有助於見道。內附設計精美的彩色小冊，解說每一首詞的背景本事。每片280元。【每購買公案拈提書籍一冊，即贈送一片。】

鈍鳥與靈龜：鈍鳥及靈龜二物，被宗門證悟者說爲二種人：前者是精修禪定而無智慧者，也是以定爲禪的愚癡禪人；後者是或有禪定、或無禪定的宗門證悟者，凡已證悟者皆是靈龜。但後來被人虛造事實，用以嘲笑大慧宗杲禪師，說他雖是靈龜，卻不免被天童禪師預記「患背」痛苦而亡：「**鈍鳥離巢易，靈龜脫殼難。**」藉以貶低大慧宗杲的證量。同時將天童禪師實證如來藏的證量，曲解爲意識境界的離念靈知。自從大慧禪師入滅以後，錯悟凡夫對他的不實毀謗就一直存在著，不曾止息，並且捏造的假事實也隨著年月的增加而越來越多，終至編成「鈍鳥與靈龜」的假公案、假故事。本書是考證大慧與天童之間的不朽情誼，顯現這件假公案的虛妄不實；更見大慧宗杲面對惡勢力時的正直不阿，亦顯示大慧對天童禪師的至情深義，將使後人對大慧宗杲的誣謗至此而止，不再有人誤犯毀謗賢聖的惡業。書中亦舉證宗門的所悟確以第八識如來藏爲標的，詳讀之後必可改正以前被錯悟大師誤導的參禪知見，日後必定有助於實證禪宗的開悟境界，得階大乘眞見道位中，即是實證般若之賢聖。全書459頁，售價350元。

我的菩提路第一輯：凡夫及二乘聖人不能實證的佛菩提證悟，末法時代的今天仍然有人能得實證，由正覺同修會釋悟圓、釋善藏法師等二十餘位實證如來藏者所寫的見道報告，已爲當代學人見證宗門正法之絲縷不絕，證明大乘義學的法脈仍然存在，爲末法時代求悟般若之學人照耀出光明的坦途。由二十餘位大乘見道者所繕，敘述各種不同的學法、見道因緣與過程，參禪求悟者必讀。全書三百餘頁，售價300元。

我的菩提路第二輯：由郭正益老師等人合著，書中詳述彼等諸人歷經各處道場學法，一一修學而加以檢擇之不同過程以後，因閱讀正覺同修會、正智出版社書籍而發起抉擇分，轉入正覺同修會中修學；乃至學法及見道之過程，都一一詳述之。其中張志成等人係由前現代禪轉進正覺同修會，張志成原爲現代禪副宗長，以前未閱本會書籍時，曾被人藉其名義著文評論 平實導師（詳見《宗通與說通》辨正及《眼見佛性》書末附錄…等）；後因偶然接觸正覺同修會書籍，深覺以前聽人評論平實導師之語不實，於是投入極多時間閱讀本會書籍、深入思辨，詳細探索中觀與唯識之關聯與異同，認爲正覺之法義方是正法，深覺相應；亦解開多年來對佛法的迷雲，確定應依八識論正理修學方是正法。乃不顧面子，毅然前往正覺同修會面見平實導師懺悔，並正式學法求悟。今已與其同修王美伶（亦爲前現代禪傳法老師），同樣證悟如來藏而證得法界實相，生起實相般若眞智。此書中尙有七年來本會第一位眼見佛性者之見性報告一篇，一同供養大乘佛弟子。全書四百頁，售價300元。

我的菩提路第三輯：由王美伶老師等人合著。自從正覺同修會成立以來，每年夏初、冬初都舉辦精進禪三共修，藉以助益會中同修們得以證悟明心發起般若實相智慧；凡已實證而被平實導師印證者，皆書具見道報告用以證明佛法之眞實可證而非玄學，證明佛法並非純屬思想、理論而無實質，是故每年都能有人證明正覺同修會的「實證佛教」主張並非虛語。特別是眼見佛性一法，自古以來中國禪宗祖師實證者極寡，較之明心開悟的證境更難令人信受；至2017年初，正覺同修會中的證悟明心者已近五百人，然而其中眼見佛性者至今唯十餘人爾，可謂難能可貴，是故明心後欲冀眼見佛性者實屬不易。黃正倖老師是懸絕七年無人見性後的第一人，她於2009年的見性報告刊於本書的第二輯中，爲大眾證明佛性確實可以眼見；其後七年之中求見性者都屬解悟佛性而無人眼見，幸而又經七年後的2016冬初，以及2017夏初的禪三，復有三人眼見佛性，希冀鼓舞四眾佛子求見佛性之大心，今則具載一則於書末，顯示求見佛性之事實經歷，供養現代佛教界欲得見性之四眾弟子。全書四百頁，售價300元，預定2017年6月30日發行。

維摩詰經講記：本經係 世尊在世時，由等覺菩薩維摩詰居士藉疾病而演說之大乘菩提無上妙義，所說函蓋甚廣，然極簡略，是故今時諸方大師與學人讀之悉皆錯解，何況能知其中隱含之深妙正義，是故普遍無法爲人解說；若強爲人說，則成依文解義而有諸多過失。今由平實導師公開宣講之後，詳實解釋其中密意，令維摩詰菩薩所說大乘不可思議解脫之深妙正法得以正確宣流於人間，利益當代學人及與諸方大師。書中詳實演述大乘佛法深妙不共二乘之智慧境界，顯示諸法之中絕待之實相境界，建立大乘菩薩妙道於永遠不敗不壞之地，以此成就護法偉功，欲冀永利娑婆人天。已經宣講圓滿整理成書流通，以利諸方大師及諸學人。全書共六輯，每輯三百餘頁，售價各250元。

菩薩底憂鬱CD將菩薩情懷及禪宗公案寫成新詞，並製作成超越意境的優美歌曲。1.主題曲〈菩薩底憂鬱〉，描述地後菩薩能離三界生死而迴向繼續生在人間，但因尚未斷盡習氣種子而有極深沈之憂鬱，非三賢位菩薩及二乘聖者所知，此憂鬱在七地滿心位方才斷盡；本曲之詞中所說義理極深，昔來所未曾見；此曲係以優美的情歌風格寫詞及作曲，聞者得以激發嚮往諸地菩薩境界之大心，詞、曲都非常優美，難得一見；其中勝妙義理之解說，已印在附贈之彩色小冊中。2.以各輯公案拈提中直示禪門入處之頌文，作成各種不同曲風之超意境歌曲，值得玩味、參究；聆聽公案拈提之優美歌曲時，請同時閱讀內附之印刷精美說明小冊，可以領會超越三界的證悟境界；未悟者可以因此引發求悟之意向及疑情，眞發菩提心而邁向求悟之途，乃至因此眞實悟入般若，成眞菩薩。3.正覺總持咒新曲，總持佛法大意；總持咒之義理，已加以解說並印在隨附之小冊中。本CD共有十首歌曲，長達63分鐘，附贈二張購書優惠券。每片280元。

勝鬘經講記：如來藏爲三乘菩提之所依，若離如來藏心體及其含藏之一切種子，即無三界有情及一切世間法，亦無二乘菩提緣起性空之出世間法；本經詳說無始無明、一念無明皆依如來藏而有之正理，藉著詳解煩惱障與所知障間之關係，令學人深入了知二乘菩提與佛菩提相異之妙理；聞後即可了知佛菩提之特勝處及三乘修道之方向與原理，邁向攝受正法而速成佛道的境界中。平實導師講述，共六輯，每輯三百餘頁，售價各250元。

楞嚴經講記：楞嚴經係密教部之重要經典，亦是顯教中普受重視之經典；經中宣說明心與見性之內涵極爲詳細，將一切法都會歸如來藏及佛性──妙眞如性；亦闡釋佛菩提道修學過程中之種種魔境，以及外道誤會涅槃之狀況，旁及三界世間之起源。然因言句深澀難解，法義亦復深妙寬廣，學人讀之普難通達，是故讀者大多誤會，不能如實理解佛所說之明心與見性內涵，亦因是故多有悟錯之人引爲開悟之證言，成就大妄語罪。今由平實導師詳細講解之後，整理成文，以易讀易懂之語體文刊行天下，以利學人。全書十五輯，全部出版完畢。每輯三百餘頁，售價每輯300元。

明心與眼見佛性：本書細述明心與眼見佛性之異同，同時顯示了中國禪宗破初參明心與重關眼見佛性二關之間的關聯；書中又藉法義辨正而旁述其他許多勝妙法義，讀後必能遠離佛門長久以來積非成是的錯誤知見，令讀者在佛法的實證上有極大助益。也藉慧廣法師的謬論來教導佛門學人回歸正知正見，遠離古今禪門錯悟者所墮的意識境界，非唯有助於斷我見，也對未來的開悟明心實證第八識如來藏有所助益，是故學禪者都應細讀之。游正光老師著　共448頁　售價300元。

見性與看話頭：黃正倖老師的《見性與看話頭》於《正覺電子報》連載完畢，今結集出版。書中詳說禪宗看話頭的詳細方法，並細說看話頭與眼見佛性的關係，以及眼見佛性者求見佛性前必須具備的條件。本書是禪宗實修者追求明心開悟時參禪的方法書，也是求見佛性者作功夫時必讀的方法書，內容兼顧眼見佛性的理論與實修之方法，是依實修之體驗配合理論而詳述，條理分明而且極爲詳實、周全、深入。本書內文375頁，全書416頁，售價300元。

禪意無限CD平實導師以公案拈提書中偈頌寫成不同風格曲子，與他人所寫不同風格曲子共同錄製出版，幫助參禪人進入禪門超越意識之境界。盒中附贈彩色印製的精美解說小冊，以供聆聽時閱讀，令參禪人得以發起參禪之疑情，即有機會證悟本來面目，實證大乘菩提般若。本CD共有十首歌曲，長達69分鐘，每盒各附贈二張購書優惠券。每片280元。

金剛經宗通：三界唯心，萬法唯識，是成佛之修證內容，是諸地菩薩之所修；般若則是成佛之道（實證三界唯心、萬法唯識）的入門，若未證悟實相般若，即無成佛之可能，必將永在外門廣行菩薩六度，永在凡夫位中。然而實相般若的發起，全賴實證萬法的實相；若欲證知萬法的眞相，則必須探究萬法之所從來，則須實證自心如來—金剛心如來藏，然後現觀這個金剛心的金剛性、眞實性、如如性、清淨性、涅槃性、能生萬法的自性性、本住性，名爲證眞如；進而現觀三界六道唯是此金剛心所成，人間萬法須藉八識心王和合運作方能現起。如是實證《華嚴經》的「三界唯心、萬法唯識」以後，由此等現觀而發起實相般若智慧，繼續進修第十住位的如幻觀、第十行位的陽焰觀、第十迴向位的如夢觀，再生起增上意樂而勇發十無盡願，方能滿足三賢位的實證，轉入初地；自知成佛之道而無偏倚，從此按部就班、次第進修乃至成佛。第八識自心如來是般若智慧之所依，般若智慧的修證則要從實證金剛心自心如來開始；《金剛經》則是解說自心如來之經典，是一切三賢位菩薩所應進修之實相般若經典。這一套書，是將平實導師宣講的《金剛經宗通》內容，整理成文字而流通之；書中所說義理，迴異古今諸家依文解義之說，指出大乘見道方向與理路，有益於禪宗學人求開悟見道，及轉入內門廣修六度萬行。講述完畢後結集出版，總共9輯，每輯約三百餘頁，售價各250元。

真假外道：本書具體舉證佛門中的常見外道知見實例，並加以教證及理證上的辨正，幫助讀者輕鬆而快速的了知常見外道的錯誤知見，進而遠離佛門內外的常見外道知見，因此即能改正修學方向而快速實證佛法。游正光老師著。成本價200元。

空行母——性別、身分定位，以及藏傳佛教：本書作者為蘇格蘭哲學家，因為嚮往佛教深妙的哲學內涵，於是進入當年盛行於歐美的假藏傳佛教密宗，擔任卡盧仁波切的翻譯工作多年以後，被邀請成為卡盧的空行母（又名佛母、明妃），開始了她在密宗裡的實修過程；後來發覺在密宗雙身法中的修行，其實無法使自己成佛，也發覺密宗對女性歧視而處處貶抑，並剝奪女性在雙身法中擔任一半角色時應有的身分定位。當她發覺自己只是雙身法中被喇嘛利用的工具，沒有獲得絲毫應有的尊重與基本定位時，發現了密宗的父權社會控制女性的本質；於是作者傷心地離開了卡盧仁波切與密宗，但是卻被恐嚇不許講出她在密宗裡的經歷，也不許她說出自己對密宗的教義與教制下對女性剝削的本質，否則將被咒殺死亡。後來她去加拿大定居，十餘年後方才擺脫這個恐嚇陰影，下定決心將親身經歷的實情及觀察到的事實寫下來並且出版，公諸於世。出版之後，她被流亡的達賴集團人士大力攻訐，誣指她為精神狀態失常、說謊……等。但有智之士並未被達賴集團的政治操作及各國政府政治運作吹捧達賴的表相所欺，使她的書銷售無阻而又再版。正智出版社鑑於作者此書是親身經歷的事實，所說具有針對「藏傳佛教」而作學術研究的價值，也有使人認清假藏傳佛教剝削佛母、明妃的男性本位實質，因此洽請作者同意中譯而出版於華人地區。珍妮．坎貝爾女士著，呂艾倫 中譯，每冊250元。

霧峰無霧—給哥哥的信：本書作者藉兄弟之間信件往來論義，略述佛法大義；並以多篇短文辨義，舉出釋印順對佛法的無量誤解證據，並一一給予簡單而清晰的辨正，令人一讀即知。久讀、多讀之後即能認清楚釋印順的六識論見解，與眞實佛法之牴觸是多麼嚴重；於是在久讀、多讀之後，於不知不覺之間提升了對佛法的極深入理解，正知正見就在不知不覺間建立起來了。當三乘佛法的正知見建立起來之後，對於三乘菩提的見道條件便將隨之具足，於是聲聞解脫道的見道也就水到渠成；接著大乘見道的因緣也將次第成熟，未來自然也會有親見大乘菩提之道的因緣，悟入大乘實相般若也將自然成功，自能通達般若系列諸經而成實義菩薩。作者居住於南投縣霧峰鄉，自喻見道之後不復再見霧峰之霧，故鄉原野美景一一明見，於是立此書名爲《霧峰無霧》；讀者若欲撥霧見月，可以此書爲緣。游宗明　老師著　售價250元。

假藏傳佛教的神話—性、謊言、喇嘛教：本書編著者是由一首名叫「阿姊鼓」的歌曲爲緣起，展開了序幕，揭開假藏傳佛教—喇嘛教—的神秘面紗。其重點是蒐集、摘錄網路上質疑「喇嘛教」的帖子，以揭穿「假藏傳佛教的神話」爲主題，串聯成書，並附加彩色插圖以及說明，讓讀者們瞭解西藏密宗及相關人事如何被操作爲「神話」的過程，以及神話背後的眞相。作者：張正玄教授。售價200元。

達賴真面目—玩盡天下女人：假使您不想戴綠帽子，請記得詳細閱讀此書；假使您不想讓好朋友戴綠帽子，請您將此書介紹給您的好朋友。假使您想保護家中的女性，也想要保護好朋友的女眷，請記得將此書送給家中的女性和好友的女眷都來閱讀。本書爲印刷精美的大本彩色中英對照精裝本，爲您揭開達賴喇嘛的眞面目，內容精彩不容錯過，爲利益社會大眾，特別以優惠價格嘉惠所有讀者。編著者：白志偉等。大開版雪銅紙彩色精裝本。售價800元。

喇嘛性世界
—揭開假藏傳佛教譚崔瑜伽的面紗
The Sexual World of Lamas
–Unveiling the Truth about Tantric Yoga in Tibetan Buddhism
正智出版社

喇嘛性世界—揭開假藏傳佛教譚崔瑜伽的面紗：這個世界中的喇嘛，號稱來自世外桃源的香格里拉，穿著或紅或黃的喇嘛長袍，散布於我們的身邊傳教灌頂，吸引了無數的人嚮往學習；這些喇嘛虔誠地爲大眾祈福，手中拿著寶杵（金剛）與寶鈴（蓮花），口中唸著咒語：「唵．嘛呢．叭咪．吽……」，咒語的意思是說：「我至誠歸命金剛杵上的寶珠伸向蓮花寶穴之中」！「喇嘛性世界」是什麼樣的「世界」呢？本書將爲您呈現喇嘛世界的面貌。當您發現眞相以後，您將會唸：「噢！喇嘛．性．世界，譚崔性交嘛！」作者：張善思、呂艾倫。售價200元。

末代達賴—性交教主的悲歌：簡介從藏傳僞佛教（喇嘛教）的修行核心—性力派男女雙修，探討達賴喇嘛及藏傳僞佛教的修行內涵。書中引用外國知名學者著作、世界各地新聞報導，包含：歷代達賴喇嘛的祕史、達賴六世修雙身法的事蹟，以及《時輪續》中的性交灌頂儀式……等；達賴喇嘛書中開示的雙修法、達賴喇嘛的黑暗政治手段；達賴喇嘛所領導的寺院爆發喇嘛性侵兒童；新聞報導《西藏生死書》作者索甲仁波切性侵女信徒、澳洲喇嘛秋達公開道歉、美國最大假藏傳佛教組織領導人邱陽創巴仁波切的性氾濫，等等事件背後眞相的揭露。作者：張善思、呂艾倫、辛燕。售價250元。

第七意識與第八意識？—穿越時空「超意識」「三界唯心，萬法唯識」是佛教中應該實證的聖教，也是《華嚴經》中明載而可以實證的法界實相。唯心者，三界一切境界、一切諸法唯是一心所成就，即是每一個有情的第八識如來藏，不是意識心。唯識者，即是人類各各都具足的八識心王——眼識、耳鼻舌身意識、意根、阿賴耶識，第八阿賴耶識又名如來藏，人類五陰相應的萬法，莫不由八識心王共同運作而成就，故說萬法唯識。依聖教量及現量、比量，都可以證明意識是二法因緣生，是由第八識藉意根與法塵二法爲因緣而出生，又是夜夜斷滅不存之生滅心，即無可能反過來出生第七識意根、第八識如來藏，當知不可能從生滅性的意識心中，細分出恆審思量的第七識意根，更無可能細分出恆而不審的第八識如來藏。本書是將演講內容整理成文字，細說如是內容，並已在〈正覺電子報〉連載完畢，今彙集成書以廣流通，欲幫助佛門有緣人斷除意識我見，跳脫於識陰之外而取證聲聞初果；嗣後修學禪宗時即得不墮外道神我之中，得以求證第八識金剛心而發起般若實智。平實導師 述，每冊300元。

黯淡的達賴—失去光彩的諾貝爾和平獎：本書舉出很多證據與論述，詳述達賴喇嘛不為世人所知的一面，顯示達賴喇嘛並不是眞正的和平使者，而是假借諾貝爾和平獎的光環來欺騙世人；透過本書的說明與舉證，讀者可以更清楚的瞭解，達賴喇嘛是結合暴力、黑暗、淫欲於喇嘛教裡的集團首領，其政治行爲與宗教主張，早已讓諾貝爾和平獎的光環染污了。本書由財團法人正覺教育基金會寫作、編輯，由正覺出版社印行，每冊250元。

人間佛教—實證者必定不悖三乘菩提　「大乘非佛說」的講法似乎流傳已久，卻只是日本人企圖擺脫中國正統佛教的影響，而在明治維新時期才開始提出來的說法；台灣佛教、大陸佛教的淺學無智之人，由於未曾實證佛法而迷信日本人錯誤的學術考證，錯認爲這些別有用心的日本佛學考證的講法爲天竺佛教的眞實歷史；甚至還有更激進的反對佛教者提出「釋迦牟尼佛並非眞實存在，只是後人捏造的假歷史人物」，竟然也有少數人願意跟著「學術」的假光環而信受不疑，於是開始有一些佛教界人士造作了反對中國佛教而推崇南洋小乘佛教的行爲，使佛教的信仰者難以檢擇，導致一般大陸人士開始轉入基督教的盲目迷信中。在這些佛教及外教人士之中，也就有一分人根據此邪說而大聲主張「大乘非佛說」的謬論，這些人以「人間佛教」的名義來抵制中國正統佛教，公然宣稱中國的大乘佛教是由聲聞部派佛教的凡夫僧所創造出來的。這樣的說法流傳於台灣及大陸佛教界凡夫僧之中已久，卻非眞正的佛教歷史中曾經發生過的事，只是繼承六識論的聲聞法中凡夫僧依自己的意識境界立場，純憑臆想而編造出來的妄想說法，卻已經影響許多無智之凡夫僧俗信受不移。本書則是從佛教的經藏法義實質及實證的現量內涵本質立論，證明大乘佛法本是佛說，是從《阿含正義》尚未說過的不同面向來討論「人間佛教」的議題，證明「大乘眞佛說」。閱讀本書可以斷除六識論邪見，迴入三乘菩提正道發起實證的因緣；也能斷除禪宗學人學禪時普遍存在之錯誤知見，對於建立參禪時的正知見有很深的著墨。平實導師 述，內文488頁，全書528頁，定價400元。

童女迦葉考—論呂凱文〈佛教輪迴思想的論述分析〉之謬　童女迦葉是佛世率領五百大比丘遊行於人間的歷史事實，是以童貞行而依止菩薩戒弘化於人間的大菩薩，不依別解脫戒（聲聞戒）來弘化於人間。這是大乘佛教與聲聞佛教同時存在於佛世的歷史明證，證明大乘佛教不是從聲聞法中分裂出來的部派佛教的產物，卻是聲聞佛教分裂出來的部派佛教聲聞凡夫僧所不樂見的史實；於是古今聲聞法中的凡夫都欲加以扭曲而作詭說，更是末法時代高聲大呼「大乘非佛說」的六識論聲聞凡夫極力想要扭曲的佛教史實之一，於是想方設法扭曲迦葉菩薩爲聲聞僧，以及扭曲迦葉童女爲比丘僧等荒謬不實之論著便陸續出現，古時聲聞僧寫作的《分別功德論》是最具體之事例，現代之代表作則是呂凱文先生的〈佛教輪迴思想的論述分析〉論文。鑑於如是假藉學術考證以籠罩大眾之不實謬論，未來仍將繼續造作及流竄於佛教界，繼續扼殺大乘佛教學人法身慧命，必須舉證辨正之，遂成此書。平實導師　著，每冊180元。

中觀金鑑—詳述應成派中觀的起源與其破法本質　學佛人往往迷於中觀學派之不同學說，被應成派與自續派所迷惑；修學般若中觀二十年後自以爲實證般若中觀了，卻仍不曾入門，甫聞實證般若中觀者之所說，則茫無所知，迷惑不解；隨後信心盡失，不知如何實證佛法；凡此，皆因惑於這二派中觀學說所致。自續派中觀所說同於常見，以意識境界立爲第八識如來藏之境界，應成派所說則同於斷見，但又同立意識爲常住法，故亦具足斷常二見。今者孫正德老師有鑑於此，乃將起源於密宗的應成派中觀學說，追本溯源，詳考其來源之外，亦一一舉證其立論內容，詳加辨正，令密宗雙身法祖師以識陰境界而造之應成派中觀學說本質，詳細呈現於學人眼前，令其維護雙身法之目的無所遁形。若欲遠離密宗此二大派中觀謬說，欲於三乘菩提有所進道者，允宜具足閱讀並細加思惟，反覆讀之以後將可捨棄邪道返歸正道，則於般若之實證即有可能，證後自能現觀如來藏之中道境界而成就中觀。本書分上、中、下三冊，每冊250元，已全部出版完畢。

實相經宗通：學佛之目的在於實證一切法界背後之實相，禪宗稱之爲本來面目或本地風光，佛菩提道中稱之爲實相法界；此實相法界即是金剛藏，又名佛法之祕密藏，即是能生有情五陰、十八界及宇宙萬有（山河大地、諸天、三惡道世間）的第八識如來藏，又名阿賴耶識心，即是禪宗祖師所說的眞如心，此心即是三界萬有背後的實相。證得此第八識心時，自能瞭解般若諸經中隱說的種種密意，即得發起實相般若——實相智慧。每見學佛人修學佛法二十年後仍對實相般若茫然無知，亦不知如何入門，茫無所趣；更因不知三乘菩提的互異互同，是故越是久學者對佛法越覺茫然，都肇因於尚未瞭解佛法的全貌，亦未瞭解佛法的修證內容即是第八識心所致。本書對於修學佛法者所應實證的實相境界提出明確解析，並提示趣入佛菩提道的入手處，有心親證實相般若的佛法實修者，宜詳讀之，於佛菩提道之實證即有下手處。平實導師述著，共八輯，全部出版完畢，每輯成本價250元。

真心告訴您（一）——達賴喇嘛在幹什麼？這是一本報導篇章的選集，更是「破邪顯正」的暮鼓晨鐘。「破邪」是戳破假象，說明達賴喇嘛及其所率領的密宗四大派法王、喇嘛們，弘傳的佛法是仿冒的佛法；他們是假藏傳佛教，是坦特羅（譚崔性交）外道法和藏地崇奉鬼神的苯教混合成的「喇嘛教」，推廣的是以所謂「無上瑜伽」的男女雙身法冒充佛法的假佛教，詐財騙色誤導眾生，常常造成信徒家庭破碎、家中兒少失怙的嚴重後果。「顯正」是揭櫫眞相，指出眞正的藏傳佛教只有一個，就是覺囊巴，傳的是　釋迦牟尼佛演繹的第八識如來藏妙法，稱爲他空見大中觀。正覺教育基金會即以此古今輝映的如來藏正法正知見，在眞心新聞網中逐次報導出來，將箇中原委「眞心告訴您」，如今結集成書，與想要知道密宗眞相的您分享。售價250元。

真心告訴您（二）——達賴喇嘛是佛教僧侶嗎？補祝達賴喇嘛八十大壽：這是一本針對當今達賴喇嘛所領導的喇嘛教，冒用佛教名相、於師徒間或師兄姊間，實修男女邪淫，而從佛法三乘菩提的現量與聖教量，揭發其謊言與邪術，證明達賴及其喇嘛教是仿冒佛教的外道，是「假藏傳佛教」。藏密四大派教義雖有「八識論」與「六識論」的表面差異，然其實修之內容，皆共許「無上瑜伽」四部灌頂為究竟「成佛」之法門，也就是共以男女雙修之邪淫法為「即身成佛」之密要，雖美其名曰「欲貪為道」之「金剛乘」，並誇稱其成就超越於（應身佛）釋迦牟尼佛所傳之顯教般若乘之上；然詳考其理論，則或以意識離念時之粗細心為第八識如來藏，或如宗喀巴與達賴堅決主張第六意識為常恆不變之眞心者，分別墮於外道之常見與斷見中；全然違背　佛說能生五蘊之如來藏的實質。售價300元。

西藏「活佛轉世」制度——附佛、造神、世俗法：歷來關於喇嘛教活佛轉世的研究，多針對歷史及文化兩部分，於其所以成立的理論基礎，較少系統化的探討。尤其是此制度是否依據「佛法」而施設？是否合乎佛法眞實義？現有的文獻大多含糊其詞，或人云亦云，不曾有明確的闡釋與如實的見解。因此本文先從活佛轉世的由來，探索此制度的起源、背景與功能，並進而從活佛的尋訪與認證之過程，發掘活佛轉世的特徵，以確認「活佛轉世」在佛法中應具足何種果德。定價150元。

法華經講義：此書爲平實導師始從2009/7/21演述至2014/1/14之講經錄音整理所成。世尊一代時教，總分五時三教，即是華嚴時、聲聞緣覺教、般若教、種智唯識教、法華時；依此五時三教區分爲藏、通、別、圓四教。本經是最後一時的圓教經典，圓滿收攝一切法教於本經中，是故最後的圓教聖訓中，特地指出無有三乘菩提，其實唯有一佛乘；皆因眾生愚迷故，方便區分爲三乘菩提以助眾生證道。世尊於此經中特地說明如來示現於人間的唯一大事因緣，便是爲有緣眾生「開、示、悟、入」諸佛的所知所見——第八識如來藏妙眞如心，並於諸品中隱說「妙法蓮花」如來藏心的密意。然因此經所說甚深難解，眞義隱晦，古來難得有人能窺堂奧；平實導師以知如是密意故，特爲末法佛門四眾演述《妙法蓮華經》中各品蘊含之密意，使古來未曾被古德註解出來的「此經」密意，如實顯示於當代學人眼前。乃至〈藥王菩薩本事品〉、〈妙音菩薩品〉、〈觀世音菩薩普門品〉、〈普賢菩薩勸發品〉中的微細密意，亦皆一併詳述之，開前人所未曾言之密意，示前人所未見之妙法。最後乃至以〈法華大意〉而總其成，全經妙旨貫通始終，而依佛旨圓攝於一心如來藏妙心，厥爲曠古未有之大說也。平實導師述　已於2015/05/31起開始出版，每二個月出版一輯，共有25輯。每輯300元。

解深密經講記：本經係 世尊晚年第三轉法輪，宣說地上菩薩所應熏修之唯識正義經典，經中所說義理乃是大乘一切種智增上慧學，以阿陀那識—如來藏—阿賴耶識爲主體。禪宗之證悟者，若欲修證初地無生法忍乃至八地無生法忍者，必須修學《楞伽經、解深密經》所說之八識心王一切種智；此二經所說正法，方是眞正成佛之道；印順法師否定第八識如來藏之後所說萬法緣起性空之法，是以誤會後之二乘解脫道取代大乘眞正成佛之道，尚且不符二乘解脫道正理，亦已墮於斷滅見中，不可謂爲成佛之道也。平實導師曾於本會郭故理事長往生時，於喪宅中從首七開始宣講，於每一七各宣講三小時，至第十七而快速略講圓滿，作爲郭老之往生佛事功德，迴向郭老早證八地、速返娑婆住持正法。茲爲今時後世學人故，將擇期重講《解深密經》，以淺顯之語句講畢後，將會整理成文，用供證悟者進道；亦令諸方未悟者，據此經中佛語正義，修正邪見，依之速能入道。平實導師述著，全書輯數未定，每輯三百餘頁，將於未來重講完畢後逐輯出版。

佛法入門：學佛人往往修學二十年後仍不知如何入門，茫無所入漫無方向，不知如何實證佛法；更因不知三乘菩提的互異互同之處，導致越是久學者越覺茫然，都是肇因於尚未瞭解佛法的全貌所致。本書對於佛法的全貌提出明確的輪廓，並說明三乘菩提的異同處，讀後即可輕易瞭解佛法全貌，數日內即可明瞭三乘菩提入門方向與下手處。○○菩薩著 出版日期未定。

阿含經講記——小乘解脫道之修證：數百年來，南傳佛法所說證果之不實，所說解脫道之虛妄，所弘解脫道法義之世俗化，皆已少人知之；從南洋傳入台灣與大陸之後，所說法義虛謬之事，亦復少人知之；今時台灣全島印順系統之法師居士，多不知南傳佛法數百年來所說解脫道之義理已然偏斜、已然世俗化、已非眞正之二乘解脫正道，猶極力推崇與弘揚。彼等南傳佛法近代所謂之證果者多非眞實證果者，譬如阿迦曼、葛印卡、帕奧禪師、一行禪師……等人，悉皆未斷我見故。近年更有台灣南部大願法師，高抬南傳佛法之二乘修證行門爲「捷徑究竟解脫之道」者，然而南傳佛法縱使眞修實證，得成阿羅漢，至高唯是二乘菩提解脫之道，絕非究竟解脫，無餘涅槃中之實際尚未得證故，法界之實相尚未了知故，習氣種子待除故，一切種智未實證故，焉得謂爲「究竟解脫」？即使南傳佛法近代眞有實證之阿羅漢，尚且不及三賢位中之七住明心菩薩本來自性清淨涅槃智慧境界，則不能知此賢位菩薩所證之無餘涅槃實際，仍非大乘佛法中之見道者，何況普未實證聲聞果乃至未斷我見之人？謬充證果已屬逾越，更何況是誤會二乘菩提之後，以未斷我見之凡夫知見所說之二乘菩提解脫偏斜法道，焉可高抬爲「究竟解脫」？而且自稱「捷徑之道」？又妄言解脫之道即是成佛之道，完全否定般若實智、否定三乘菩提所依之如來藏心體，此理大大不通也！平實導師爲令修學二乘菩提欲證解脫果者，普得迴入二乘菩提正見、正道中，是故選錄四阿含諸經中，對於二乘解脫道法義有具足圓滿說明之經典，預定未來十年內將會加以詳細講解，令學佛人得以了知二乘解脫道之修證理路與行門，庶免被人誤導之後，未證言證，干犯道禁，成大妄語，欲升反墮。本書首重斷除我見，以助行者斷除我見而實證初果爲著眼之目標，若能根據此書內容，配合平實導師所著《識蘊眞義》《阿含正義》內涵而作實地觀行，實證初果非爲難事，行者可以藉此三書自行確認聲聞初果爲實際可得現觀成就之事。此書中除依二乘經典所說加以宣示外，亦依斷除我見等之證量，及大乘法中道種智之證量，對於意識心之體性加以細述，令諸二乘學人必定得斷我見、常見，免除三縛結之繫縛。次則宣示斷除我執之理，欲令升進而得薄貪瞋痴，乃至斷五下分結…等。平實導師述，共二冊，每冊三百餘頁。每輯300元。

修習止觀坐禪法要講記：修學四禪八定之人，往往錯會禪定之修學知見，欲以無止盡之坐禪而證禪定境界，卻不知修除性障之行門才是修證四禪八定不可或缺之要素，故智者大師云「性障初禪」；性障不除，初禪永不現前，云何修證二禪等？又：行者學定，若唯知數息，而不解六妙門之方便善巧者，欲求一心入定，未到地定極難可得，智者大師名之爲「事障未來」：障礙未到地定之修證。又禪定之修證，不可違背二乘菩提及第一義法，否則縱使具足四禪八定，亦不能實證涅槃而出三界。此諸知見，智者大師於《修習止觀坐禪法要》中皆有闡釋。作者平實導師以其第一義之見地及禪定之實證證量，曾加以詳細解析。將俟正覺寺竣工啓用後重講，不限制聽講者資格；講後將以語體文整理出版。欲修習世間定及增上定之學者，宜細讀之。平實導師述著。

★聲明★

本社於2015/01/01開始調整本目錄中部分書籍之售價，以因應各項成本的持續增加。

喇嘛教修外道雙身法，墮識陰境界，非佛教

弘揚如來藏他空見的覺囊派才是真正藏傳佛教

總經銷： 飛鴻 國際行銷股份有限公司

231 新北市新店區中正路 501 之 9 號 2 樓

Tel.02－82186688（五線代表號） Fax.02-82186458、82186459

零售：1.**全台連鎖經銷書局：**

三民書局、誠品書局、何嘉仁書店

敦煌書店、紀伊國屋、金石堂書局、建宏書局

2.**台北市：**佛化人生 羅斯福路 3 段 325 號 6 樓之 4　台電大樓對面

3.**新北市：**春大地書店 **蘆洲**中正路 117 號

4.**桃園市縣：**誠品書局 **桃園市**中正路 20 號遠東百貨地下室一樓

金石堂 **桃園市**大同路 24 號　金石堂 **桃園**八德市介壽路 1 段 987 號

諾貝爾圖書城 **桃園市**中正路 56 號地下室　御書堂 **龍潭**中正路 123 號

墊腳石文化書店 **中壢市**中正路 89 號

5.**新竹市縣：**大學書局 **新竹**建功路 10 號　誠品書局 **新竹**東區信義街 68 號

誠品書局 **新竹**東區中央路 229 號 5 樓　誠品書局 **新竹**東區力行二路 3 號

墊腳石文化書店 **新竹**中正路 38 號

6.**台中市：** **瑞成**書局、各大連鎖書店。

詠春書局 **台中市**永春東路 884 號　文春書局 **霧峰**中正路 1087 號

7.**彰化市縣：**心泉佛教流通處 **彰化市**南瑤路 286 號

員林鎮：墊腳石圖書文化廣場 中山路 2 段 49 號（04-8338485）

8.**台南市：**博大書局 **新營**三民路 128 號

藝美書局 **善化**中山路 436 號　宏欣書局 **佳里**光復路 214 號

9.**高雄市：**各大連鎖書店、**瑞成**書局

政大書城 **三民區**明仁路 161 號　政大書城 **苓雅區**光華路 148-83 號

明儀書局 **三民區**明福街 2 號　明儀書局 三多四路 63 號

青年書局 青年一路 141 號

10.**宜蘭縣市：**金隆書局 宜蘭市中山路 3 段 43 號

宋太太梅鋪 羅東鎮中正北路 101 號（039-534909）

11.**台東市：**東普佛教文物流通處 台東市博愛路 282 號

12.**其餘鄉鎮市經銷書局：**請電詢總經銷**飛鴻**公司。

13.**大陸地區請洽：**

香港：樂文書店

旺角店 :香港九龍旺角西洋菜街 62 號 3 樓

電話 : (852) 2390 3723　email: luckwinbooks@gmail.com

銅鑼灣店 :香港銅鑼灣駱克道 506 號 2 樓

電話 : (852) 2881 1150　email: luckwinbs@gmail.com

廈門：廈門外圖臺灣書店有限公司

地址：廈門市思明區湖濱南路809 號 廈門外圖書城3 樓 郵編：361004

電話：0592-5061658（臺灣地區請撥打 86-592-5061658）

E-mail：JKB118＠188.COM

14.**美國：世界日報圖書部：**紐約圖書部　電話 7187468889#6262

洛杉磯圖書部　電話 3232616972#202

15.**國內外地區網路購書：**

正智出版社 書香園地　http://books.enlighten.org.tw/

（書籍簡介、直接聯結下列網路書局購書）

三民 網路書局　http://www.Sanmin.com.tw

誠品 網路書局　http://www.eslitebooks.com

博客來 網路書局　http://www.books.com.tw

金石堂 網路書局　http://www.kingstone.com.tw

飛鴻 網路書局　http://fh6688.com.tw

附註：1.請儘量向各經銷書局購買：郵政劃撥需要十天才能寄到（本公司在您劃撥後第四天才能接到劃撥單，次日寄出後第四天您才能收到書籍，此八天中一定會遇到週休二日，是故共需十天才能收到書籍）若想要早日收到書籍者，請劃撥完畢後，將劃撥收據貼在紙上，旁邊寫上您的姓名、住址、郵區、電話、買書詳細內容，直接傳真到本公司 02-28344822，並來電 02-28316727、28327495 確認是否已收到您的傳真，即可提前收到書籍。 **2**.因台灣每月皆有五十餘種宗教類書籍上架，書局書架空間有限，故唯有新書方有機會上架，通常每次只能有一本新書上架；本公司出版新書，大多上架不久便已售出，若書局未再叫貨補充者，書架上即無新書陳列，則請直接向書局櫃台訂購。 **3**.若書局不便代購時，可於晚上共修時間向正覺同修會各共修處請購（共修時間及地點，詳閱**共修現況表**。每年例行年假期間請勿前往請書，年假期間請見共修現況表）。 **4**.郵購：郵政劃撥帳號 19068241。 **5**.正覺同修會會員購書都以八折計價（戶籍台北市者為一般會員，外縣市為護持會員）都可獲得優待，欲一次購買全部書籍者，可以考慮入會，節省書費。入會費一千元（第一年初加入時才需要繳），年費二千元。**6.尚未出版之書籍，請勿預先郵寄書款與本公司，謝謝您！** **7**.若欲一次購齊本公司書籍，或同時取得正覺同修會贈閱之全部書籍者，請於正覺同修會共修時間，親到各共修處請購及索取；**台北市讀者**請洽：103 台北市承德路三段 267 號 10 樓（捷運淡水線 圓山站旁）請書時間：週一至週五為 18.00~21.00，第一、三、五週週六為 10.00~21.00，雙週之週六為 10.00~18.00 請購處專線電話：25957295-分機 14（於請書時間方有人接聽）。

敬告大陸讀者：

大陸讀者購書、索書捷徑（尚未在大陸出版的書籍，以下二個途徑都可以購得，電子書另包括結緣書籍）：

1.**廈門外國圖書公司**：廈門市思明區湖濱南路 809 號 廈門外圖書城 3F
郵編：361004　電話：0592-5061658　網址：JKB118@188.COM

2.**電子書**：正智出版社有限公司及正覺同修會在台灣印行的各種局版書、結緣書，已有『**正覺電子書**』陸續上線中，提供讀者於手機、平板電腦上購書、下載、閱讀正智出版社、正覺同修會及正覺教育基金會所出版之電子書，詳細訊息敬請參閱『正覺電子書』專頁：
http://books.enlighten.org.tw/ebook

關於平實導師的書訊，請上網查閱：

成佛之道　http://www.a202.idv.tw

正智出版社 書香園地　http://books.enlighten.org.tw/

中國網採訪佛教正覺同修會、正覺教育基金會訊息：

http://big5.china.com.cn/gate/big5/fangtan.china.com.cn/2014-06/19/content_32714638.htm

http://pinpai.china.com.cn/

★ 正智出版社有限公司售書之稅後盈餘，全部捐助財團法人正覺寺籌備處、佛教正覺同修會、正覺教育基金會，供作弘法及購建道場之用；懇請諸方大德支持，功德無量。

★ 聲 明 ★

本社於 2015/01/01 開始調整本目錄中部分書籍之售價，以因應各項成本的持續增加。

＊ 喇嘛教修外道雙身法、墮識陰境界，非佛教 ＊

＊ 弘揚如來藏他空見的覺囊派才是真正藏傳佛教 ＊

售後服務—換書啓事（免附回郵）　2012/09/24

《楞嚴經講記》第 14 輯初版首刷本免費調換新書啓事：本講記第 14 輯出版前因 平實導師諸事繁忙，未將之重新閱讀而只改正校對時發現的錯別字，故未能發覺十年前所說法義有部分錯誤，於第 15 輯付印前重閱時才發覺第 14 輯中有部分錯誤尚未改正。今已重新審閱修改並已重印完成，煩請所有讀者將以前所購第 14 輯初版首刷本，寄回本社免費換新（初版二刷本無錯誤），本社將於寄回新書時同時附上您寄書回來換新時所付的郵資，並在此向所有讀者致上最誠懇的歉意。

《心經密意》初版書免費調換二版新書啓事：本書係演講錄音整理成書，講時因時間所限，省略部分段落未講。後於再版時補寫增加 13 頁，維持原價流通之。茲爲顧及初版讀者權益，自 2003/9/30 開始免費調換新書，原有初版一刷、二刷書籍，皆可寄來本來公司換書。

《宗門法眼》已經增寫改版爲 464 頁新書，2008 年 6 月中旬出版。讀者原有初版之第一刷、第二刷書本，都可以寄回本社免費調換改版新書。改版後之公案及錯悟事例維持不變，但將內容加以增說，較改版前更具有廣度與深度，將更能助益讀者參究實相。

換書者**免附回郵**，亦無截止期限；舊書請寄：111 台北郵政 73-151 號信箱 或 103 台北市承德路三段 267 號 10 樓 正智出版社有限公司。舊書若有塗鴨、殘缺、破損者，仍可換取新書；但缺頁之舊書至少應仍有五分之三頁數，方可換書。所有讀者不必顧念本公司是否有盈餘之問題，都請踴躍寄來換書；本公司成立之目的不是營利，只要能眞實利益學人，即已達到成立及運作之目的。若以郵寄方式換書者，免附回郵；並於寄回新書時，由本社附上您寄來書籍時耗用的郵資。造成您不便之處，再次致上萬分的歉意。

正智出版社有限公司 啓

國家圖書館出版品預行編目資料

楞嚴經講記／平實導師述.　—初版—
臺北市：正智，2009.11—　〔民98—　〕
冊；　公分

ISBN 978-986-6431-04-3（第1輯：平裝）
ISBN 978-986-6431-05-0（第2輯：平裝）
ISBN 978-986-6431-06-7（第3輯：平裝）
ISBN 978-986-6431-08-1（第4輯：平裝）
ISBN 978-986-6431-09-8（第5輯：平裝）
ISBN 978-986-6431-10-4（第6輯：平裝）
ISBN 978-986-6431-11-1（第7輯：平裝）
ISBN 978-986-6431-13-5（第8輯：平裝）
ISBN 978-986-6431-15-9（第9輯：平裝）
ISBN 978-986-6431-16-6（第10輯：平裝）
ISBN 978-986-6431-17-3（第11輯：平裝）
ISBN 978-986-6431-22-7（第12輯：平裝）
ISBN 978-986-6431-23-4（第13輯：平裝）
ISBN 978-986-6431-25-8（第14輯：平裝）
ISBN 978-986-6431-28-9（第15輯：平裝）

1.秘密部
221.94　　98019505

楞嚴經講記——第六輯

著　述　者：平實導師
音文轉換：曾邱賢 劉惠莉
校　　對：章乃鈞 陳介源 蔡禮政 傅素嫻 王美伶
出　版　者：正智出版社有限公司
電話：〇二 28327495　28316727（白天）
傳眞：〇二 28344822
111台北郵政 73-151號信箱
郵政劃撥帳號：一九〇六八二四一
正覺講堂：總機〇二 25957295（夜間）
總　經　銷：飛鴻國際行銷股份有限公司
231新北市新店區中正路501-9號2樓
電話：〇二 82186688（五線代表號）
傳眞：〇二 82186458　82186459
初版首刷：二〇一〇年九月三十日 二千冊
初版六刷：二〇一七年四月 二千冊
定　　價：三〇〇元